中公新書 2607

園田茂人著

アジアの国民感情

データが明かす人々の対外認識

中央公論新社刊

まえがき

近年、いくつかの調査機関が、国際関係をめぐる世界規模での世論調査を行うようになっています。

ピュー・リサーチ・センターというアメリカの研究機関は、中国の発展に対して各国がどのように評価しているかを経年的に調査しています。調査対象国は多いのですが、ここでは、日本、韓国、ベトナム、フィリピン、インドネシアの五ヵ国に限定して、結果を紹介してみましょう。

0－1は、「総じて、中国の経済発展は自国にとってよいことだと思いますか、悪いことだと思いますか」とする質問に対する回答を示しています。ベトナムの場合、二〇一四年と一七年の時点で、中国の経済発展を肯定的に捉えている回答は、それぞれ二一・五％と二七・九％。他国に比べて低くなっています。それに対してインドネシアや日本では、肯定的な意見が多数を占めます。この両国でも近年では、肯定的な評価は少しずつ低下していますが、それでもベトナムほどではありません。

0-1 中国の経済発展に対する評価（2005～17年）

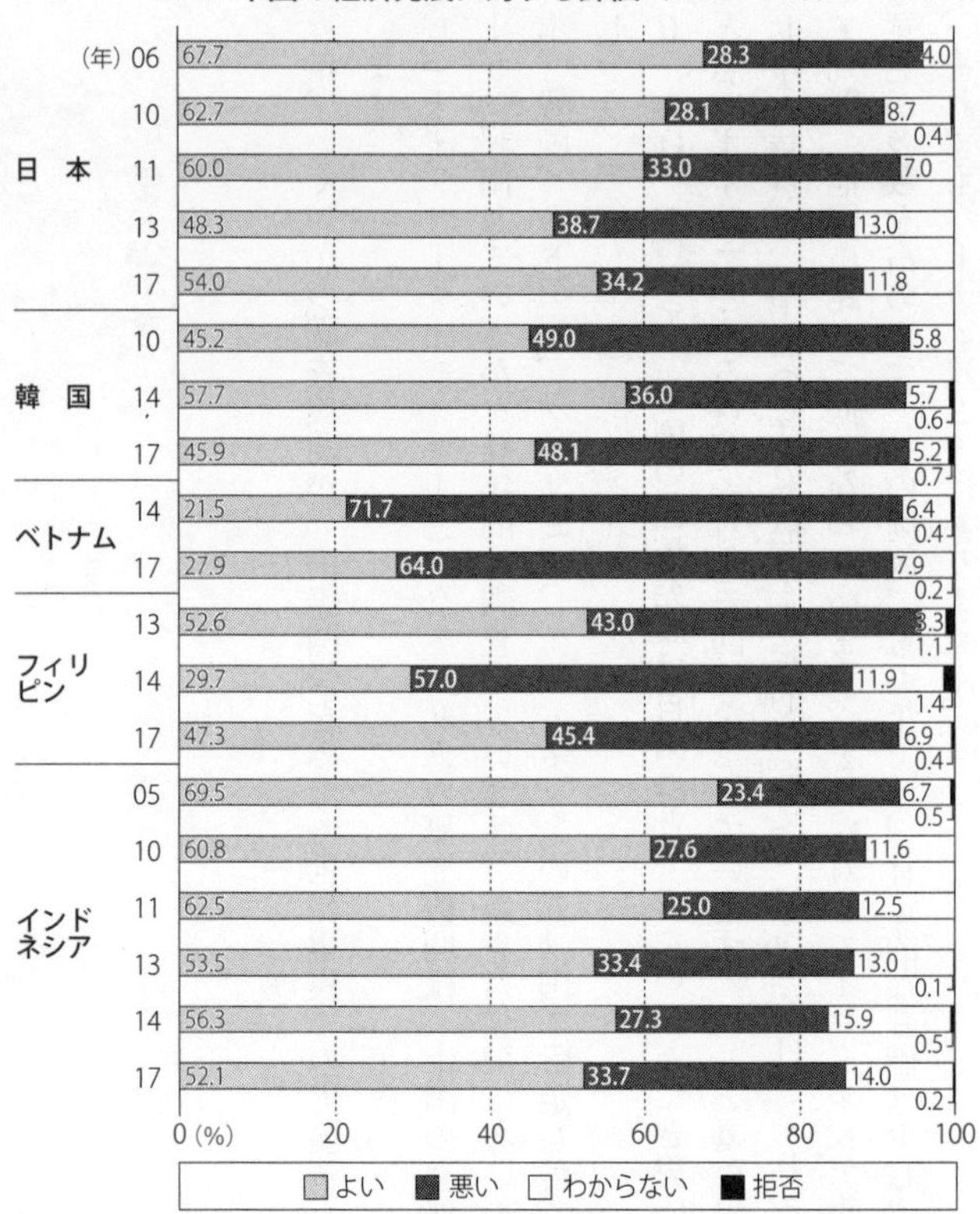

出典：ピュー・リサーチ・センター　Global Attitudes Survey

0-2　中国の軍事的発展に対する評価（2005～17年）

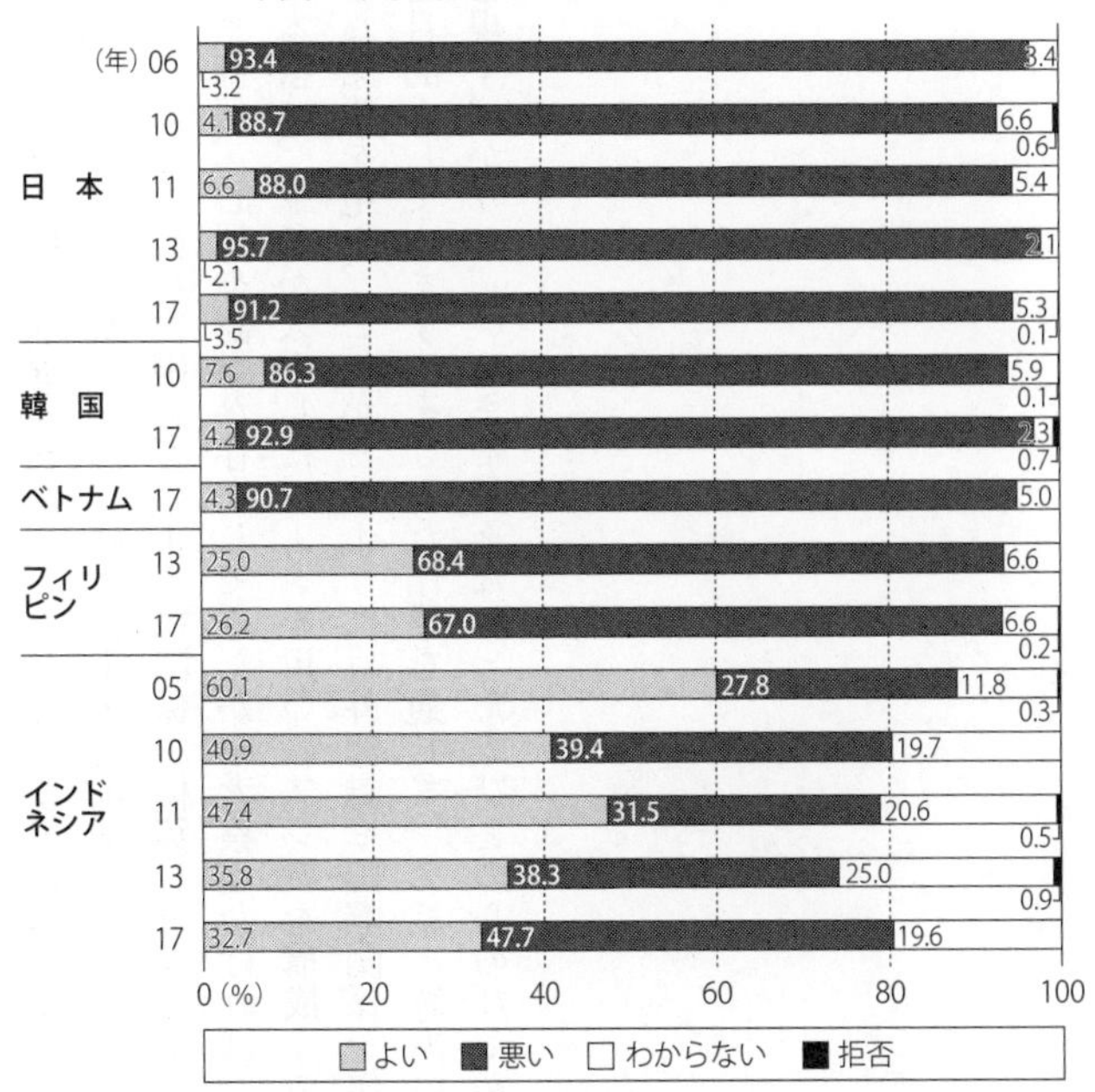

出典：ピュー・リサーチ・センター　Global Attitudes Survey

ところが、中国の軍事的発展に対する評価では、日本や韓国で0－1と異なる特徴が見られます。

0－2は、「総じて、中国の軍事的発展は自国にとってよいことだと思いますか、悪いことだと思いますか」とする質問に対する回答を示しています。インドネシアの場合、経済の発展であれ軍事的発展であれ、その発展をあまり懐疑的に見ていないのに対して、日本と韓国の場合、経済と軍事とで評価が大きく異なっています。

なぜ同じ中国の発展を対象に、これほどまでに国によって評価が異なっているのでしょうか。こうした謎を解くためには、日本・韓国やインドネシアなどが置かれた状況を分析し、これらの国ぐにが中国とどのように関係を構築してきたか、そしてその背後にどのような理念や価値、心理や認識が存在してきたかを考察しなければなりません。

本書は、筆者が入手したデータを用い、アジアを構成する国や社会が、それぞれにどのような感情を抱え、これがどのように対外認識や国際関係を作り上げているかを読み解くことを目的としています。そうした作業を通じて、アジア域内の国家間関係がくっきりした輪郭を現すばかりか、いままで見えなかった人びとの心のひだが明らかになるからです。

目次

図表作成・DTP　市川真樹子

アジアの国民感情——データが明かす人々の対外認識

11ヵ国・地域の概況

国・地域名	人口（万人）	面積（㎢）	名目GDP（10億USドル）	一人当たりGDP（ドル）	主な宗教	民族構成
日本	12,619	377,915	5,154	40,847	神道46.5%，仏教48.1%，キリスト教1.1%など	日本（大和）民族98.5%など
韓国	5,185	99,720	1,629	31,431	宗教人口比率53.1%（うち仏教42.9%，プロテスタント34.5%，カトリック20.6%，その他2.0%）	韓民族
中国	140,017	9,596,960	14,140	10,099	仏教，イスラム教，キリスト教など	漢族92%，及び55の少数民族
台湾	2,361	35,980	586	24,828	仏教35.1%，道教33.0%，キリスト教3.9%など	漢族97.8%，原住民1.4%など
香港	750	1,108	373	49,334	宗教人口比率43%（仏教，道教，プロテスタント，カトリックなど）	中国系91%など
ベトナム	9,549	331,210	262	2,740	仏教12.2%，カトリック6.9%，カオダイ教4.8%など	キン族86%，及び53の少数民族
フィリピン	10,831	300,000	357	3,295	カトリック83%，その他のキリスト教10%，イスラム教5%など	マレー系が主。ほかに中国系，スペイン系など
タイ	6,791	513,120	529	7,792	仏教94%，イスラム教5%など	タイ族が主。ほかに中国系，マレー系など
マレーシア	3,280	329,847	365	11,137	イスラム教61%，仏教20%，儒教・道教1%，ヒンズー教6%，キリスト教9%など	マレー系69%，中国系23%，インド系7%など
シンガポール	567	697	362	63,987	仏教33.2%，イスラム教14%，キリスト教18.8%，道教10%，ヒンズー教5%など	中国系74%，マレー系14%，インド系9%など
インドネシア	26,700	1,904,569	1,112	4,164	イスラム教87.2%，キリスト教9.9%，ヒンズー教1.7%など	大半がマレー系（ジャワ，スンダなど約300種族）

出典：IMF 2019年データ、外務省HPなどから作成

序章　なぜ国民感情なのか――対外認識を可視化する

近年、国際関係の研究では、社会構成主義（Social Constructionism）という考え方が地歩を得つつあります。社会構成主義とは、国際関係の状況を理解・解釈するにあたって、パワー（力）といった客観的な実態によって規定されているという前提を置かず、人びとが与える意味づけなどに注目し、理念や価値、アイデンティティーが政治過程に及ぼす影響を注視するアプローチの総称です。

従来の現実主義的なアプローチは、国際関係の力学を物質的な次元、つまり経済力や軍事力、それらを総合した国力などに還元する傾向にありました。社会構成主義は、こうしたアプローチを批判し、理念や価値、心理や認識といった要素を取り入れる必要性を強調します。実際、人びとの心理や認識への理解抜きには、「まえがき」の事例を解釈することは難しいでしょう。

国際関係を認識するのは誰か

もっとも国際関係を認識するのは、日本人、ベトナム人、インドネシア人といった個々の人間です。日本やベトナム、インドネシアといった国家ではありません。国家は国民の集合体としての擬人的な存在です。国家そのものが、海外の特定の国やその国との関係を認識・評価することはありません。

特定の国家に属するすべての人間が同じように認識・評価することは、多くの場合、ありません。特定の国との同盟関係を望むか望まないかなど、外交方針をめぐって世論が割れ、異なる政党が異なる主張をするといったことがよくあります。国家を擬人的存在に見立て、その対外認識を語る際にも、回答者の政治的信念や社会経済的地位、年齢などによって多様であり、しばしば摩擦が生じている現実を念頭に置かねばなりません。

中国の対米認識をテーマに研究をしているアモイ大学の張苾蕪は、従来の研究を精査し、研究者が対外認識の主体として、①単一主体としての国家、②最高指導者、③外交当局者、④影響力を持つエリート、⑤一般大衆の五つを想定してきたと指摘しています（Zhang 2012: 16）。

観察対象国が鎖国していたり、国交を持っていなかったりといった事情から、内部情報を入手することが困難な場合、①や②以外のオプションを取ることは難しいのですが、民主主義国家を論じる場合には、④や⑤を無視するわけにはいきません。

振り返ってみると、人びとが抱く対外認識は、従来の国際関係研究では、時にエピソード的に言及されるものの、本格的な研究対象とされてきませんでした。国際関係の研究者は国家間の制度や枠組み、あるいはその歴史や理念に特化して研究する傾向があるからです。

実際、対外認識の実態を捕まえるのは難しく、そのためには多額のコストを払わねばなりません。その結果得られたデータを利用したとしても、国際関係の現実を理解するのに役立たないと思われていれば、対外認識をテーマにした研究は進まなくて当然です。

ところが、時代は大きく変化しています。インターネットが普及し、多くの情報が入手可能となった現在、多くの人びとが国際関係に意見を述べるようになっています。また国家元首や外交当局者も、人びとの意見や感情を無視して活動することが難しくなってきています。

従来入手しづらかった情報もインターネットを通じて容易に手に入るようになり、権威主義体制下の国家も、これらの情報を政治的に利用するようになっています。情報化の進展は、国際関係に占める世論の重要性を浮かび上がらせているばかりか、国際関係をめぐる世論調査に必要なコストを下げています。

その結果、人びとの意識に社会調査のメスが入れられるようになり、その解釈をめぐって人びとが意見を述べるようになっています。しかも、こうした情報や意見は国境を越え、国際的に流通するようになっています。

「砂漠」から「オアシス」へ

アジアは長い間「データの砂漠」（猪口孝）といわれてきました。日本や韓国、台湾など、一部地域を除いては、社会調査のデータが蓄積されておらず、アジアを広く概観するデータが欠落してきたからです。

これも最近では様変わりしつつあります。

台湾大学の胡佛東亜民主研究中心が主導しているアジアン・バロメーターや、猪口孝をリーダーにしたアジア・バロメーターといったアジア規模での調査データが時系列的に積み上げられていますし、アメリカのピュー・リサーチ・センターやイギリスのBBCといった機関は、定期的に世界情勢に関する世論調査を実施するようになっています。

何より大きく変わったのが、アジア域内の研究機関やマスメディアなどが、この種の情報を積極的に収集・発信するようになってきたことです。日本では、外務省や内閣府、言論NPOが継続的に対外意識調査を行うなど、世論調査の歴史が最も長く、その規模も大きいのですが、他のアジア地域も急速にデータを集めつつあります。

韓国では、峨山（アサン）政策研究院といった民間のシンクタンクが調査を行い、その結果を対外的に公表するようになっています。台湾では、台湾智庫民調中心や台湾指標民調といったシンクタンクが、また中国では、環球輿情調査中心や零点調査公司、フィリピンでは、ソーシャル・ウェザー・ステーションズやパルス・アジア・リサーチといった、政府機関でない「民問」組織が精力的に世論調査を担っています。

それ以外にも、それぞれの国・地域を代表するマスメディアや政府系シンクタンク、大学の研究者も、一般市民が抱く国際関係に関する世論調査を行い、発表される各種レポートは、アジア各地における世論の動向を理解するのに役立ちます。アジアも従来の「データの砂漠」から、徐々に「データのオアシス」へと成長しつつあります。*

＊アジア域内で対外認識に関わる調査を行っている機関やその特徴、これらが集めているデータの概要については本書巻末の附録②で紹介しています。参照してください。

心理構造を読み解く際の困難

ところが、これらのデータを利用して、アジアの国際関係を支える心理構造を分析しようとすると、いくつかの問題に直面します。

第一に、世界規模の調査では、調査可能な大国が対象となりやすく、アジア域内のいくつかの国・地域が対象から抜け落ちる傾向にあります。

ピュー・リサーチ・センターの Global Attitudes Survey は、多くのアジア地域をカバーしていますが、* タイやシンガポールを調査対象としていません。調査内容もアメリカや中国についての評価など、大国の評価をめぐる質問項目にほぼ限定され、アジア域内の「ローカルな問題」は扱われていません。

＊ピュー・リサーチ・センターの公式ウェブサイトによれば、調査終了後二年して、一次データがウェブ上で一般に公開されることになっています。同センターの調査対象国は年々増えていますから、数年後には、もっと大規模なデータベースが出来上がっている可能性があります。世界中でピューのデータを利用する者が増えており、アメリカのソフトパワーを感じさせる一つの事例といえるでしょう。

第二に、アジア各地で実施されている調査結果を見ても、アジアを俯瞰するには調査対象地域が限られています。

アジアの多くの調査機関は、自国の市民を対象にした調査を実施しており、その内容や調査時期、サンプリングの方法は、国によってまちまちです。サンプリングの違いであれば、ある程度の修正で比較は可能になりますが、質問内容や調査時期が大きく異なると、国家横断的な比較は難しくなります。

第三に、多くの調査結果は、一次データまで公開されるケースが少なく、条件をコントロールして、比較を進めることが難しい状況にあります。

日本の外務省や内閣府が実施した調査のなかには、長い時期をカバーしているものも少なくなく、時系列で趨勢を分析しやすくなっているものの、一次データが公開されていないため、それ以上の深い分析ができません。*

＊内閣府が毎年実施している「外交に関する世論調査」の場合、細かなクロス表分析の結果が公開されていますが、一次データが公開されていないため、より深い分析ができません（http://survey.gov-online.go.jp/index-gai.html）。この点で、ピュー・リサーチ・センターとは、データ公開に対する姿勢が大きく異なっています。

アジア各地のマスメディア、シンクタンク、研究機関が実施している調査データについても同様です。

アジアン・バロメーターやアジア・バロメーターの場合、扱う対象が広いという点では例外的です。ところが、前者についてはデータの管理が各国ベースになっているため、統合データは出来ていません。後者については、統合データファイルは入手可能なものの、調査が二〇〇八年で終わってしまい、その後のデータがないといった難点があります。こうした困難は、アジア域内での比較が難しい現実を示していますが、ヨーロッパ統合に果たした世論調査の役割と大きな違いが見られます。

どこまでがアジアなのか

ところでアジアといった場合、具体的にどこを指すのでしょうか。

0-3は、二〇〇八年に実施されたアジア学生調査第一波調査の結果、アジアとして特定できる範域を示したものです。[*] 調査では、調査対象者に「アジアと聞いて抱く印象は何か」と質問し、アジアを空間的にイメージしてもらった後、リストアップされた三四の国・地域のうち、イメージしているアジアに含まれている国・地域はどこかと質問しています。

＊アジア学生調査の具体的な調査対象や調査プロセスなどについては、本書巻末の附録①で説明しています。

0-3は、回答者の半数以上がアジアに含まれていると回答した、一五の国・地域を示しています。具体的には日本、韓国、北朝鮮、中国、香港（ホンコン）（本書では香港を独立した地域として扱います）、台湾、フィリピン、ベトナム、カンボジア、タイ、マレーシア、ミャンマー、シンガポール、インドネシア、インドといった国・地域が含まれています。[*]

＊もっとも、回答のパターンや具体的に含まれる国の数は国・地域によって異なる特徴を示しています。日本はアジアの範域を広く解釈する傾向があり、中国やベトナムは逆に狭く理解し、その中間にタイとシンガポールが位置するといった特徴があります。この点は、本書の第4章でも再度触れます。また、どの国・地域でも自国を中心にアジアの範域を想い起こすため、中央アジアや南アジアで広く調査が行われれば、異なるアジアの範囲が示される可能性があります。

これら一五の国・地域をカバーする調査データがあれば理想的なのでしょうが、こうした条件を満たすデータは、この世に存在しません。北朝鮮での世論調査は、そもそも不可能ですし、アジア・バロメーターは北朝鮮以外の地域をカバーしていて便利ですが、域内の国際関係に関する質問はさほど多くありません。

0-3　アジア人学生の認識に見るアジアの範域

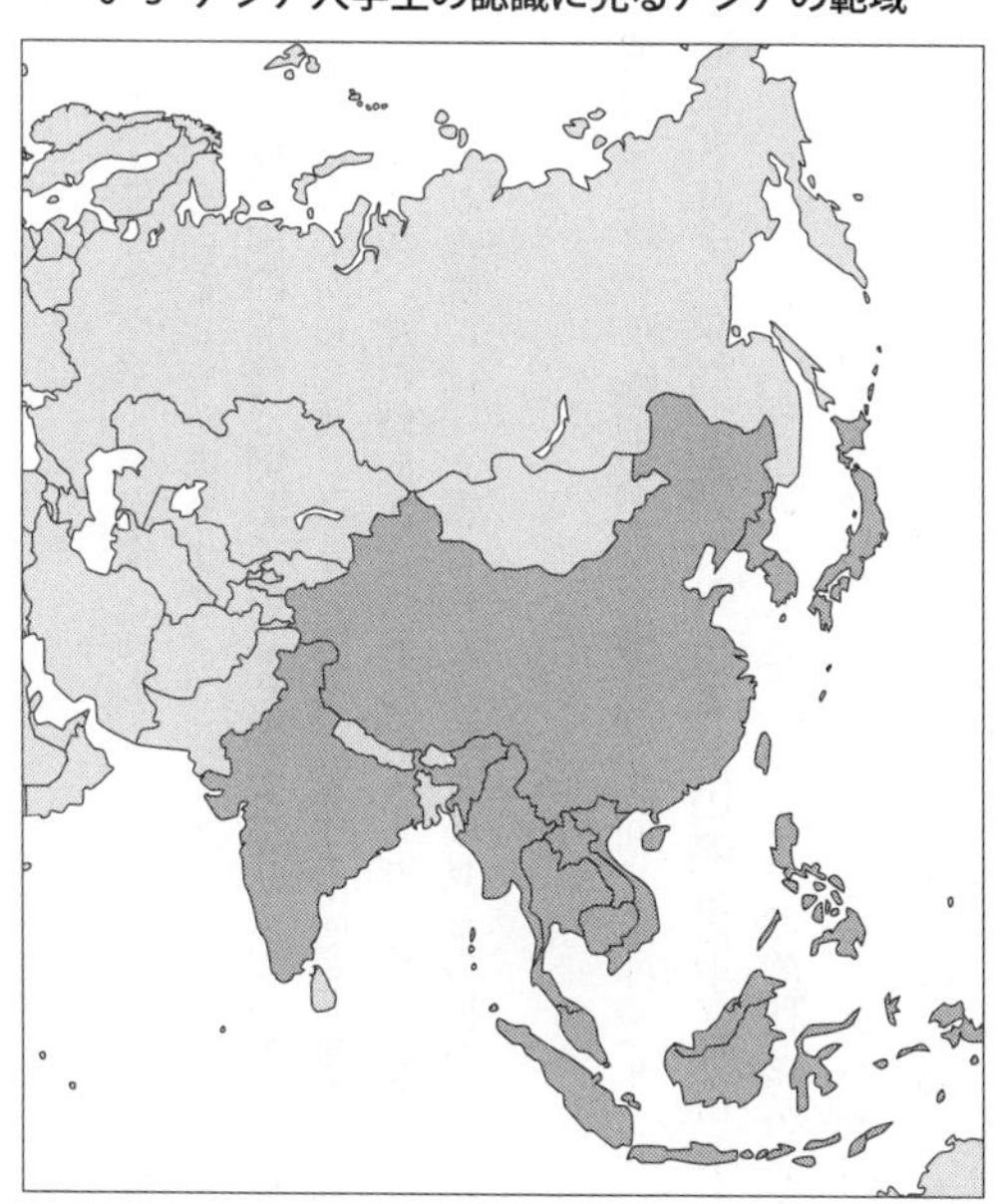

注記：濃い部分は、回答した学生の半数以上が「アジア」として想起した国・地域を示す
出典：アジア学生調査第１波調査

　多くの国・地域をカバーし、域内の国家間関係を広く質問している、しかも時系列でのデータがあるとなると、私たちが実施してきたアジア学生調査が最適です。ところが、アジア学生調査にも、①カンボジアやミャンマー、インドが調査の対象となっていない、②調査対象者が学生に限られている、といった制約があ

ります。*

＊学生にサンプルが限定されることで、どの程度、回答結果にバイアスがかかるかは、予想しにくいところがあります。アジア・バロメーターのデータを用い、年齢階層や学歴がどの程度、国際関係に関わる認識に影響を与えているかを検討してみても、一定の規則性が見つからないからです。多くの国で、若年の高学歴層で外国の影響を肯定的に評価する傾向がありますが、逆の傾向が見られる国もあります。将来、より大規模で信頼性の高いデータが獲得された暁には、本書で紹介された知見も再検討されねばならないでしょう。

他方で、アジア学生調査の場合、①同じ条件でサンプリングをしているため、比較可能性が確保されている、②調査対象者が国際事情を理解した各国のエリート学生であるため、「わからない」という回答が少ない、といった利点があります。何より、これらの学生が将来、それぞれの国・地域のリーダーとしてアジアを牽引する存在になることを考えると、彼らに注目してアジアの国際関係や国際心理を論じることには、大きな意味があります。先述した張苾蕪のカテゴリーを用いれば、アジアのエリート学生は、④影響力を持つエリートと、⑤一般大衆の両方の特徴を持った存在といえるでしょう。

心理構造をあぶり出すには

では、アジアの国際関係を支える心理や理念、価値を理解するのに、どのような質問をすればよいでしょうか。どのようなデータがあれば、アジアの対外認識を支える認識や心理、感情を捉えることができるでしょうか。

残念ながら、これらの問いをめぐる本格的な学術的議論は積み上げられていません。国際関係論と社会心理学の間に大きなギャップがあり、認識や態度を測定する尺度、基準をめぐって研究が蓄積されてきませんでした。実際には、政府機関や大学、シンクタンクやマスメディアが、それぞれの関心から質問文を作り上げてきたからで、どのような質問が妥当で有効な質問なのかといった学術的な検討がなされてこなかったのです。

近年、政治心理学（Political Psychology）やグローバル化の社会心理学（Social Psychology of Globalization）といった新たな研究領域が立ち上がりつつあります。また、人びとの対外認識をテーマにした研究も、徐々に報告されるようになってきています。

アメリカのギャラップ社が蓄積したデータを用い、アメリカ人の中国認識やその変化を分析したベンジャミン・ページらの研究や（Page and Xie 2010）、アメリカ国内で民主党と共和党の支持者の間で外交認識が異なることを指摘したピーター・グリースの研究などは、その一例ですが（Gries 2014）、これらの研究も、すでに誰かが実施した調査の二次データを利用し、自らのテーマに合うよう加工して用いられているにすぎません。

とはいえ、従来の政府系シンクタンクや研究機関などが、いい加減に質問票を設計してきたわけではありません。実際に起きている領土問題や紛争問題など、具体的な外交上の争点をめぐる質問以外に、国家間の関係に関する質問や個人間の関係に関する質問などが取り上げられてきました。

国家間の関係に関しては、①特定の国に関するイメージや影響に対する評価、②国際組織や地域協力機構に関する知識や信頼、③外交政策や世界秩序のあり方、国連の具体的な活動に対する質問などがあります。また、個人間の関係に関しては、①自らのアイデンティティーや相手国の市民に対する評価、②外国人の友人や知人の有無、及び個人的接触の許容度、③特定国の文化や言語に対する親近性などの質問があります。

本書では、アジア学生調査で用いられた質問を活用し、国や地域ごとに見られる対外認識、具体的には特定の国・地域の自国への影響に対する評価に見られる基本的な特徴を踏まえたうえで、これらの地域を対象に積み重ねられてきた知見と突き合わせ、それぞれの特徴を深掘りしていきます。

「わからない」の意味

ところで、どんな質問に対する回答にも「わからない」という選択肢が設けられています。回答者の妥当な回答を引き出しやすくする調査技法上の判断ゆえなのですが、国家間関係は日常生活から理解しにくいため、「わからない」という回答が多くなりがちです。この「わからない」とする回答には、①質問の内容がわからない、②判断するのに十分な知識を持ち合わせていない、③逆に、判断するには情報がありすぎて一言で判断しづらい、④判断することは可能だが口にするのが憚（はばか）られるなど、さまざまな意味があります。

本書ではそれぞれの国・地域の対外認識を読み解こうとするため、「わからない」という回答も含めた集計結果を提示します。ただし、回帰分析のような統計的な処理をする際には、「わからない」という回答を取り除くので、注意が必要です。

通常、量的なデータは、因果の推論を行ったり、潜在的なパターンを明らかにしたりするために利用されます。ところが、本書が扱うアジア域内の国際関係をめぐる心理や認識については、断片的な情報はあるものの、これらをまとめて体系的に検討した先行研究がありません。そのため、本書では単純集計レベルの記述を多用し、各国、各地域の基本特性を踏まえたうえで、必要に応じて高度な統計分析を行うことにします。

過去に発表された世論調査の結果についても、適宜言及します。本書が提示している調査結果を他の調査研究群と結びつけることができるからです。

五つの仮説――調査結果の解釈

もっとも、単純集計を集めただけではデータを切り貼（ば）りしただけになってしまいます。何より結果の全体像を描くことができません。そのため本書は五つの仮説を取り上げ、この仮説をめぐって調査の結果を解釈するスタイルを取ります。

第一は、フレーム仮説です。

私たちは、特定の社会事象を理解する際に、この事象をめぐる複数の説明のうち、いずれかを意識的・無意識的に選択し、これもとに判断する傾向があります。こうした理解の枠組みをフレームと呼びます。フレーム仮説とは、私たちが他国を理解し評価する際に、こうしたフレームに囚われているとするものです。

例えば第1章で扱う中国の台頭は、さまざまなフレームによって理解されています。中国の台頭は脅威なのか、チャンスの拡大なのか。中国の台頭は世界の秩序を脅かしているのか、それとも既存の秩序のなかで台頭しているのか。中国は台頭しているけれども国内的には脆弱なのか、あるいはそうではないのか。中国の現状をめぐっていろいろな説明がなされていますが、私たちは事象を理解する際に、このフレームに依拠しがちです。

競合するフレームのなかでどれが有力であるのかは、実際にデータをもとに検証してみなければわかりませんが、選択するフレームによっては、中国を高く評価するかもしれないし、低く評価するかもしれません。本書では、いくつかの競合するフレームを取り上げ、アジアの諸地域がどのように中国の台頭を理解しているかについて分析します。

第二に、相互予期仮説です。

筆者は以前、「ナショナリズム・ゲーム」という概念を用いて、日中の間で見られる相互嫌悪のプロセスを説明したことがあります（園田 2005）。二〇〇五年に発生した中国での反日デモは、日本の対中イメージを悪化させましたが、これがまた中国の対日イメージを悪化させるという悪循環を生み出しました。一方のナショナリズムの高揚が他方のナショナリズムを喚起するといった相互予期の関係にあることを指摘する際に用いたのが「ナショナリズム・ゲーム」ですが、こうした現象は他の二国間関係でも見られる可能性があります。

相手が自分たちを悪く思うがゆえに、自分たちも相手のことを悪く思う。自分たちが相手を悪く思うがゆえに、相手は自分たちを悪く思う。こういった心理メカニズムの説明を、本書では相互予期仮説と表現します。その妥当性を検証するには、二国間のペアが相手の影響に対する評価をどのように時間とともに変化させているかをチェックする必要があります。

第三に、ソフトパワー仮説です。

クールジャパンや韓流ブームが、日本や韓国の国家イメージを改善させているといった議論があります。国際政治学者のジョセフ・ナイ（2004）が「ソフトパワー」という新規な、しかし操作的な定義が難しい概念を用い、経済力や軍事力といった従来型のパワーとは異なる一種の魅力が、海外の共感を獲得するのに大きな力を発揮していると主張しました。もしナイの議論がアジアに当てはまるとすれば、結果的にはアジアの国民感情にも影響を与えることになるはずです。

アジア学生調査のなかでは、調査対象者の感じる日本や韓国、中国、アメリカの魅力、具体的にはこれらの国ぐにの大衆文化や言語の持つ魅力や、これらの国の大学が留学生を引き付ける力などを質問していますが、本書では、こういったソフトな力が特定の国に対する評価を高めることになっているのかを検証します。

第四に、接触仮説です。

接触仮説は、特定の国の友人や知人がいることによって、その人物がその国に対して抱いてきた偏見やマイナスのイメージが払拭(ふっしょく)され、イメージが向上するという仮説です。アジア学生調査のなかでは友人や知人の有無を質問していますが、本書ではこうした人的な接触によって、その友人・知人の母国である国・地域によいイメージを持つようになっているかどうかについて検証します。

最後に、ポスト冷戦仮説を取り上げましょう。

アジア、とりわけ東アジアは、しばしば「世界で唯一冷戦体制が崩壊していない地域」と表現されてきました。韓国と北朝鮮は依然として対峙(たいじ)していますし、中国と台湾が「内戦状態」にあることは周知のとおりです。こうした地政学的な特徴が、冷戦体制下に出来上がったメンタリティー――本書ではこれを「冷戦体制メンタリティー」と表現します――を永続させていると考えられます。

他方で調査の対象となった学生の多くが、冷戦体制崩壊後に生まれ育った世代であることから、冷戦体制下では考えられないメンタリティーを持っている可能性も否定できません。

冷戦によって出来上がった認識や評価——資本主義陣営と社会主義陣営が、それぞれ自陣に対して肯定的、相手に対して否定的な見方をする構図——が現在でも見られると想定するのがポスト冷戦仮説ですが、この仮説がアジアで当てはまるかを検証します。

これ以外にも、中国の台頭や覇権移行といった新たな国際秩序に関わる問題や、ASEAN（東南アジア諸国連合）で進行している地域統合への評価など、五つの仮説に部分的に関係しながらも、必ずしもこれらに還元されないテーマも取り上げます。

本書の構成

本書の構成を説明しましょう。

まず第1章では、中国の台頭をめぐって、アジアの近隣諸国がどのように評価しているかを論じます。「まえがき」で紹介したように、ピュー・リサーチ・センターは中国の台頭をめぐる経年調査を行ってきましたので、そこで見られる特徴を踏まえたうえで、アジア学生調査のデータを用い、フレーム仮説と接触仮説、ソフトパワー仮説を検討していきます。同時に、中国自身が中国の台頭をどう理解し、中国の内外でどのような違いが見られるかについても概観してみます。

第2章では、ASEAN地域統合をめぐる心理的な特徴を見ていきます。

ＡＳＥＡＮは東アジアの主要国を政治的に統合する機能を果たしてきました。近年では、「ＡＳＥＡＮ中心性」という概念が提示され、ＡＳＥＡＮを第一に考えるメンタリティーを普及させようという動きもあります。

それでは、ＡＳＥＡＮの域内の人たちは、ＡＳＥＡＮのこういう試みをどのように眺めているのでしょうか。第2章では、ＡＳＥＡＮのメンバー国に対して、他の国ぐにとは違う評価をしているのでしょうか。第2章では、こうした点に分析のメスを入れていきます。

第3章では、第2章で扱われない東アジアを取り上げ、その対外認識を概観し、アジア域内で相互予期仮設が当てはまるかを検証します。そして、その結果から、アジアにおける国家間関係の特徴を見ることにしましょう。

第4章では、第1章から第3章で提示されたデータを振り返りながら、アジア学生調査がカバーした国・地域の国民感情の特徴を深掘りします。

台湾や香港では、学生を中心に中国への対抗的な社会運動が行われていますが、同じような現象はタイやシンガポールでは見られません。このような違いは、それぞれの地域が置かれた地政学的な特徴と同時に、対外的な関係やそれに対する意味づけ、特定国との心理的な葛藤（かっとう）や複雑な交渉過程があるからです。第4章は、それぞれの地域の持つ特徴を確認することで、アジア各地の国民感情を理解する基礎知識の獲得を目的としています。

第5章では、アジアにおけるアメリカの存在に注目します。

アジアの人びと、特にアジアのエリート大学で学ぶ学生にとって、アメリカは大きな存在です。しかし、その存在がどのように理解され、それが他国に対する認識とどのように結びついているかの比較分析は、従来さほど行われてきませんでした。

近年では米中摩擦が苛烈（かれつ）なものとなり、アジア域内で「アメリカ側につくか、中国側につくか」といった、一種の政治的な踏み絵が行われるようになっていますが、第5章では、国や企業への評価、留学指向や大衆文化受容といった側面から、アメリカのプレゼンスを確認すると同時に、これを中国に対する評価と比べ、中国からアメリカへと覇権が動いていくとする「覇権移行フレーム」の妥当性について吟味します。

最後の第6章では、アジア域内の人びとが日本をどのように見ているのかを論じます。そして、ソフトパワー仮説を検証するとともに、日本がアジアをどう見ているかについても再確認します。

*

本書では合計九四の図表を中心に、さまざまなデータを提示します。データはそれぞれに興味深い結果を示すため、それだけで独立した話になってしまう可能性がありますが、これらをできるだけ体系的に結びつけ、全体としてアジア域内の国民感情が、どのような特徴を持っているのか、描いていくことができればと思っています。

第1章　台頭中国への錯綜する視線――何が評価を変えるのか

二一世紀の声を聞いてからというもの、世界の報道機関が中国を報道しない日がないほどに、中国の政治家の発言や行動、中国企業の動き、中国国内の政策やその海外へのインパクトなどが耳目を集めるようになってきています。とりわけ二〇〇八年のリーマンショック以降、アメリカの影響力が衰退したこともあって、G2や北京コンセンサスなど、中国の時代の到来が話題となることも多くなりました。

二〇一四年に中国の環球輿情調査中心が世界一六ヵ国を対象に行った調査によると、「中国は世界の大国となった」とする文言に賛成した者は、全調査対象者一万六〇三二名の六四・三％に達し、中国の周辺国以外では、この数値が七〇・一％であったという結果が出ています（環球輿情調査中心 2015: 41-43）。

世界は中国をアメリカに比肩する大国と見ています。

台頭が生む期待と不安

実際、急速な経済発展が中国のプレゼンスを向上させただけでなく、中国自身もそのプレゼンスの増大を前提とした政策を打ち出すようになり、これがまた世界的な議論の対象となるといった循環を生んでいます。

国際政治や外交・安全保障の専門家は、中国の安全保障政策や外交戦略の変化、アメリカから中国への覇権の移行の可能性、「一帯一路」など中国がイニシアチブをとる新たな地域協力の枠組みなどを取り上げるようになりました。国際経済学者は中国経済の巨大化という国際環境の下での新たな貿易体制のあり方や、中国への対外投資の一極集中がもたらすリスク回避の戦略として「チャイナ・プラス・ワン」などを議論するようになっています。[*]

＊チャイナ・プラス・ワンとは、中国だけに投資をするのはリスクが多いので、東南アジアを含め、別の地域にも投資をしてリスクを分散すべきだとする主張です。こうした議論は二〇〇〇年代後半から出始めました。米中摩擦が激化した現在にあって、多くの国・企業が、中国投資のリスクを意識するようになっています。

なかには、中国が新しい世界秩序を作り出そうとしており、中国モデルという名の一種の開発独裁モデルを海外に輸出しようとしていると主張する者、あるいはアメリカの衰退を見越したうえで、アメリカのプレゼンスを快く思わない国ぐにとの同盟関係を作っているとする者もいます。

中国が孔子学院（海外の中国語教育を支援するプログラム）の設立などさまざまな政策を通じて海外世論を誘導しようとし、国内では自由な言論を抑え込みつつも、言論の自由が認められている地域で自らの主張を強く行うことで、シャープパワー（世論操作などの方法を通じて自国に有利な状況を作る外交戦略）を行使しているといった議論さえ行われています。

このように、中国の台頭――本章では中国が経済発展を遂げ、世界的な存在感を高める過程で起きている、さまざまな変化を総称してこう表現します――といった歴史的な変化を目の当たりにして、世界には期待と不安、歓迎と警戒といった複雑な心理が存在しています。もちろん日本も、その例外ではありません。

対中評価をめぐる世界の分断

もっとも、日本で見られる中国台頭への懸念が世界全体で共有されているかというと、必ずしもそうとはいえません。「まえがき」で紹介したピュー・リサーチ・センターの Global Attitudes Survey 二〇一九年データによれば、世界では中国に対して肯定的な評価をしている国家群と、そうでない国家群が存在していて、日本は後者に属しています。また、その懸念の程度は、調査対象国のなかで最も強くなっています。

何より大きいのが、日本を含む周辺地域と中国との間に存在する認識のギャップです。台湾や香港では、中国の台頭がもたらすインパクトをめぐって、大陸の人びとと異なる認識を持ち、これが二〇一四年に台湾のひまわり学生運動や香港の雨傘運動、一九年の逃亡犯条例改正反対デモといった、若者を中心にした反中運動が起こる原因となっています。

このように、同じ中国の台頭という現象をめぐって、国や地域によって評価が違うのは、中国とこれらの国・地域が作り上げてきた関係やその関係に対する意味づけが異なり、中国認識のフレームが異なることを示唆しています。

ところが、こうした認識をテーマにした研究は、先述のように国際関係論と社会心理学の交錯する領域であることから、従来あまり深く探究されてきませんでした。

本章では、そのギャップを埋めるべく、アジア周辺地域と中国自身が中国の台頭をどのように理解しているのかを分析します。その結果、日本の対中認識が持っている特徴も明らかになるでしょう。

「フレーム」という考え方

中国に対する理解フレームを対象とした数少ない研究の一つに、高井潔司（2012）による日本の報道フレーム分析があります。

高井は一九七二年の日中国交正常化以降、日本の中国を対象にした報道フレームの変化に注目します。

日中間の友好関係を重視する政治原則の下で、中国への批判的報道を自主的に控える「友好フレーム」、一九八〇年代以降の改革の進展による自由な報道環境を享受しつつ、中国に対する客観的な事実を把握し、議論する必要があるとする「開放フレーム」への一時的変化、一九八九年の六・四天安門事件によって、人権や民主化といった普遍的な価値を共有できるかといった視点からの「普遍的価値フレーム」。高井は、日本における報道フレームの変化を、このように分析しています。

職業集団としてのジャーナリストが作る報道フレームを扱った高井のアプローチは、中国の台頭をめぐる理解にも役立ちます。

ところが、複数の国・地域を対象にして比較を行う場合、そもそもどのようなフレームがあるかを事前に知ることは困難です。また、中国の台頭をめぐる認識は、必ずしも自国のマスメディアによって作られる報道フレームだけの影響を受けるわけではありません。人びとの日常的な経験や海外の報道で用いられているフレーム、中国政府によるプロパガンダなどが競合・併存するなかで、人びとが自らのフレームを作り上げ、大きなイベントが起こったときにこれを自省したり、逆に強化したりすると理解するのがよいでしょう。

本章では、①経済的恩恵フレーム、②平和的台頭フレーム、③秩序への挑戦者フレーム、④脆弱国家フレームといった四つの、競合しつつも必ずしも論理的には背反しないフレームを取り上げ、これらのうちのどれが中国及びアジアの近隣地域で支配的かを検討します。

二〇年で変わってきた各国の評価

具体的なフレームを検討する前に、まずは歴史的な趨勢を見ていきましょう。アジア学生調査では、第二波調査と第三波調査でのみフレームを取り上げているので、もう少し長く期間を取ることで、台頭中国に対する評価を概観することができるからです。

1-1は、ピュー・リサーチ・センターのGlobal Attitudes Surveyで見られる中国に対する評価が、二〇〇二年から一九年の間にどのように変わってきたかを時系列的に示したグラフです。

興味深いのは、二〇〇二年の調査開始時に、日本、フィリピン、韓国――のちにベトナムも調査対象となります――の三ヵ国で、中国に対する肯定的な評価が五五%から六六%の範囲に収まり、あまり大きく違っていなかったことです。それが、時間とともに評価にばらつきが見えるようになります。

日本の場合、二〇〇二年時点で中国に対して肯定的な評価をしていたのは、全体の五五%でしたが、徐々に下がっていきます。二〇〇八年から一一年にかけて評価が一時的に向上しますが、尖閣（せんかく）諸島をめぐる対立ゆえでしょう、二〇一一年から一三年にかけて急速に評価が低下し、一三年には肯定的な評価をする者は五%にまで落ち込みました。二〇一九年になっても、肯定的な評価は〇二年の水準に戻っていません。*

1-1　中国に対する肯定的な評価（2002〜19年）

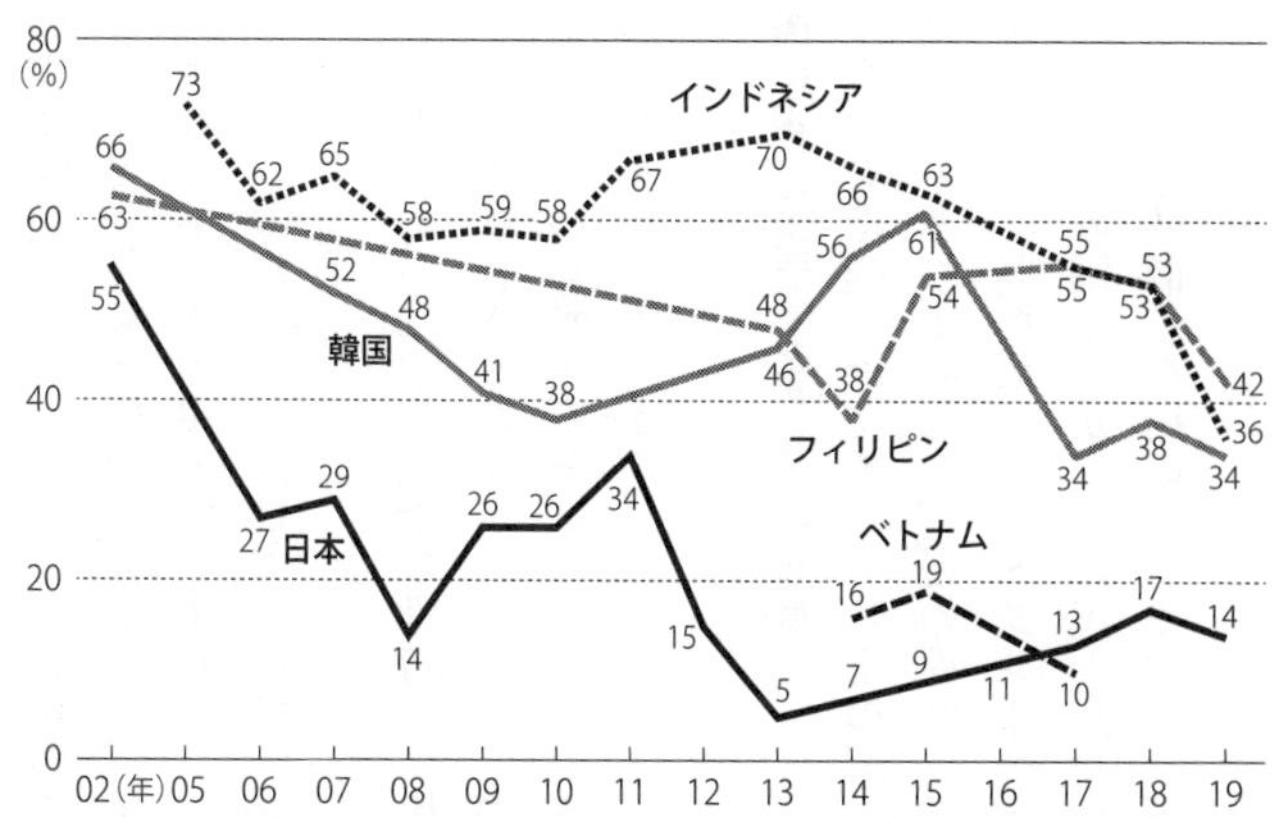

注記：数値は、「大変肯定的」「肯定的」と回答した者の割合を足したもの
出典：ピュー・リサーチ・センター　Global Attitudes Survey

＊言論ＮＰＯによる経年調査や内閣府の「外交に関する世論調査」からも、まったく同じ傾向を見て取ることができます。

日本と対照的なパターンを示しているのがインドネシアです。二〇〇五時点で七三％が中国を肯定的に評価しており、その後アップダウンを繰り返したものの、一八年まで中国を肯定的に評価している者は五三％と、過半数を維持していました。

それ以外の国ぐには、日本とインドネシアの中間に位置しています。フィリピンの場合、徐々に中国に対する評価が下がり、二〇一四年には、南シナ海の領土問題が原因だと思われますが、急落します。二〇一五年に一時的に評価が上がるものの、〇二年の水準までは回復していません。

同様に韓国の場合も、二〇〇二年の六六%から一〇年の三八%まで低下し、二〇一一年から一五年まで評価が回復するものの、THAADミサイル配備の問題を機に急落し、やはり〇二年の水準にまで戻っていません。

ベトナムのパターンは日本と似ていて、中国に対する強い警戒感と否定的な評価が支配しています。

このように、二〇〇二年の段階では比較的肯定的だったアジア域内の中国に対する評価も、その時々のさまざまなイベントや、その時々に支配するフレームの影響からか、徐々に否定的になっていきます。とはいえ、そのスピードやタイミング、インパクトは、それぞれの国によって異なっています。

国によって異なる意見の一致度

序章でも指摘したように、特定の国への評価をめぐって国民の意見が完全に一致することはほとんどありませんが、どの程度一致していないかは、国や地域によって異なっています。

1-2は、同様にピュー・リサーチ・センターのGlobal Attitudes Surveyのデータを用い、先述の五つの国のなかで、国民の意見がどの程度違っているかを時系列で示したグラフです。ここでは標準偏差を用いていますが、値がゼロに近くなるほど意見の違いが少ないことを意味しています。

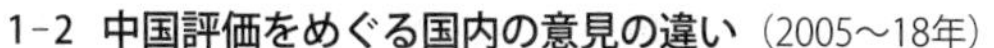

1-2 中国評価をめぐる国内の意見の違い（2005～18年）

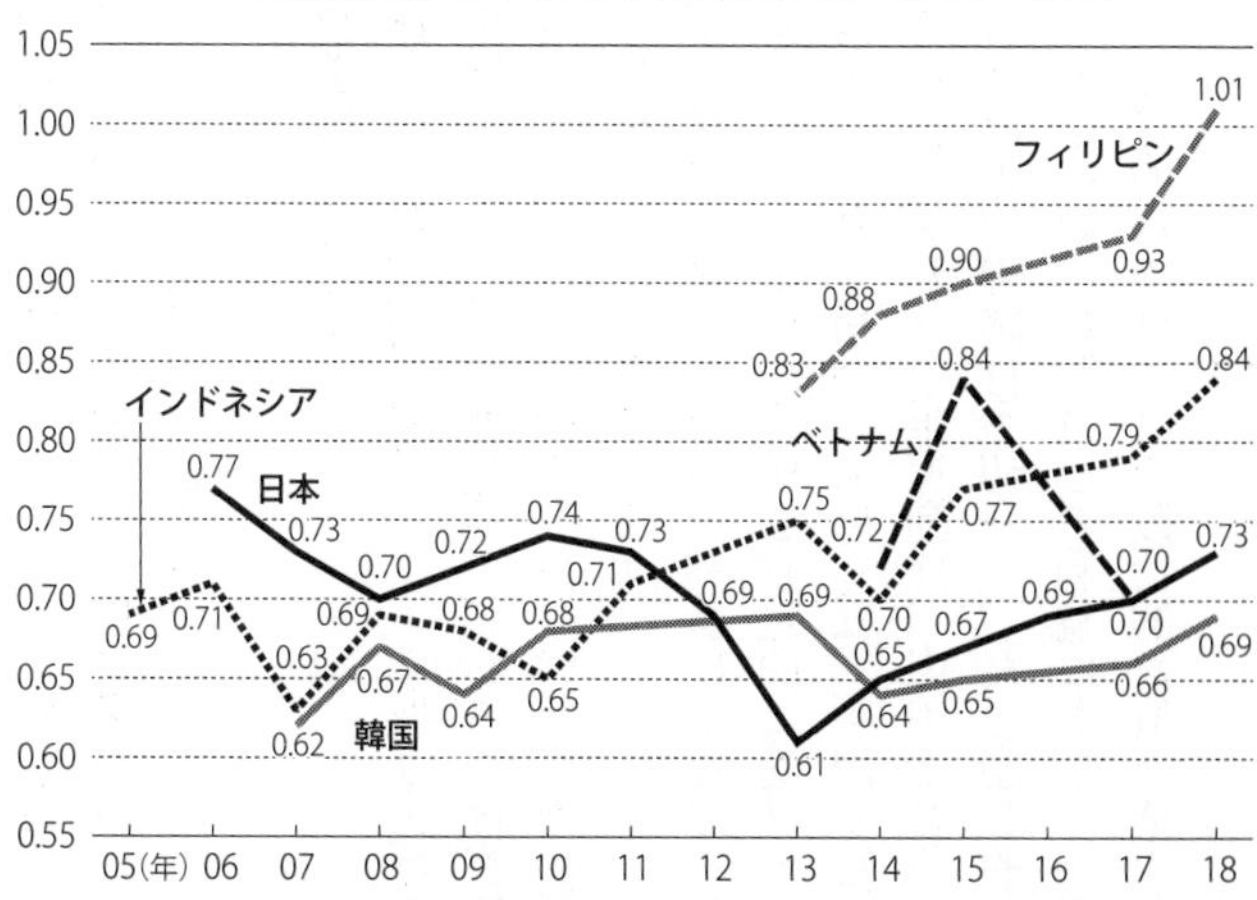

注記：数値は標準偏差。0に近いほど意見の違いが少ないことを示す。1次データは2018年までしか利用できないため、19年の数値は得られていない
出典：ピュー・リサーチ・センター　Global Attitudes Survey

日本とインドネシアは、イメージの良否では双極でしたが、国内における意見の違いはさほどありません。これらの五ヵ国のなかで例外的なのがフィリピンです。二〇一三年の標準偏差が〇・八三だったのが、一八年には一・〇一へと、値が上がってきています。中国をめぐる国内の意見が二〇一三年の時点でも割れていたのが、この五年間ほどの間にその分断がより大きくなっているのです。

中国に対する評価をめぐる国家間の違いもさることながら、国内での意見の違いも大きくなっているのは、なぜでしょうか。

残念なことに、ピュー・リサーチ・センターのデータには、フレームに関わる質問が入っておらず、意見の分断を生む

原因については探索できません。そのため、アジア学生調査の第二波調査と第三波調査のデータから、アジアの地域が中国をどのように理解し、その理解の仕方が時間とともにどう変わってきたかを見ていきましょう。

経済的恩恵フレーム

最初に、経済的恩恵フレームを取り上げましょう。

中国が経済的に発展を遂げているのは客観的な事実です。しかし、これを調査対象者が実感できているかどうか——あるいは、それをリアルなものだと考えているかどうか——は、国や地域によって異なります。

中国経済の成長が自らの利益にもなる、自分たちにとってのチャンス拡大につながると理解されれば、中国の台頭を肯定的に受け入れるでしょう。逆に自らの利益につながらないどころか、これを損なうと思えば、中国の台頭は否定的に評価されるでしょう。

台湾のひまわり学生運動は、中国と台湾の間のサービス分野での市場開放を目指すサービス貿易協定の審議打ち切りと、なし崩し的な実施に危機感を抱いた学生たちが先導しました。これも中国の成長が自らの利益にならないどころか、国内産業の衰退と就業機会の縮小を生み、最終的に中国による政治的な取り込みへの道を開くと考えられたからです。*

＊もちろん、こうした中国側の動きに台湾側が無策であるわけではありません。中国側の「統一工作」に対するさまざまな反発については、呉介民ら（2017）の研究成果が参考になります。

この経済的恩恵フレームに対する各国・各地域の学生の反応、対応を示したグラフが次ページの1-3です。先ほどのピュー・リサーチ・センターの調査結果と似ていますが、この経済的恩恵フレームに対して、最も警戒的な姿勢を示しているのが日本とベトナムです。特にベトナムの場合、二〇一三年に「中国の台頭は私たちに多くのチャンスをもたらしている」という文言に、「おおいに賛成」と回答したのが三・八％。「賛成」と回答したのが三一・八％と、両者を合わせても全体の三分の一強と、低い数値にとどまっています。

その逆に、大きな数値を示しているのが他の東南アジア諸国です。シンガポール、マレーシア、インドネシアといった国ぐにには、全体の七割から八割がこの経済的恩恵フレームを受け入れています。

興味深いのが、「わからない」と回答した割合が、二〇一八年のベトナムだと一六・八％なのが、台湾・香港では一三年、一八年の両時点ともに五％以下ときわめて少なくなっている点です。

また、反中運動が起こった台湾・香港でさえ、多くの学生たちが経済的恩恵フレームを受

1-3 「中国の台頭は私たちに多くのチャンスをもたらしている」という文言への賛否（2013〜19年）

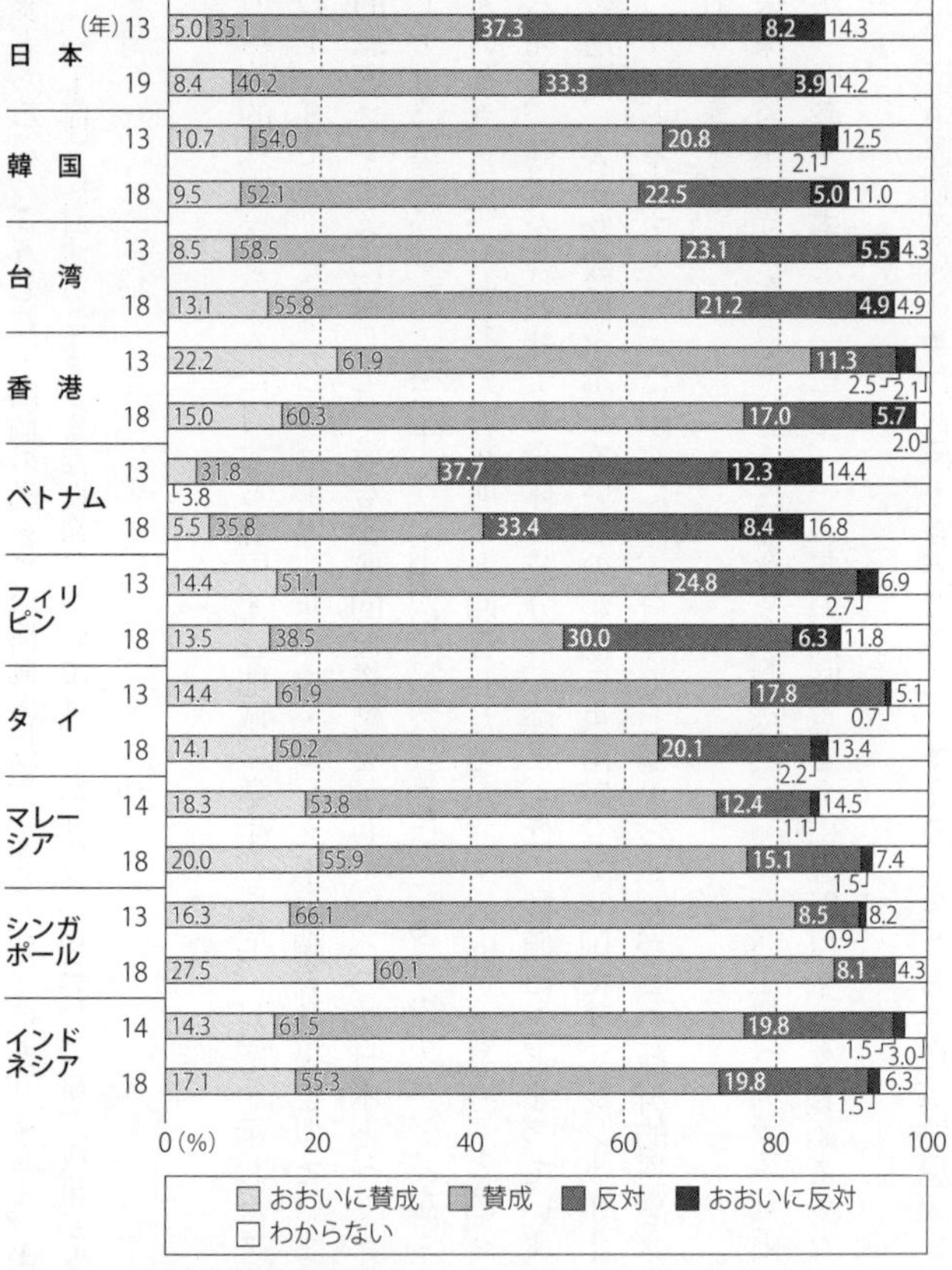

出典：アジア学生調査第2・第3波調査

け入れている点も注目に値します。香港の場合、二〇一三年から一八年にかけて肯定的な者の割合は若干下がっていますが、台湾では逆に少し上がっていることからも、必ずしも経済的恩恵フレームが、台湾・香港で否定されているわけではないことがわかります。

平和的台頭フレーム

次に、平和的台頭フレームを見てみましょう。

このフレームは、中国政府の公式的な見解といっていいものです。当時の国家主席である胡錦濤（こきんとう）のブレーンだった鄭必堅（ていひっけん）（2014）が二〇〇三年の博鰲（ボアオ）アジアフォーラムで、「和平崛起（くっき）（「平和的台頭」と翻訳されます）」という概念を提起し、広く知られるようになりました。その後、公式文書には「和平崛起」という言葉が見られなくなりますが、中国政府は、自らの台頭を平和的なものだと、内外に説明し続けています。

日本を含め、多くの地域で中国脅威論が叫ばれるなか、中国が経済的に発展し続けるには、平和的な関係が必要であることから、中国の方から平和的な関係を崩そうとはしないとする見方が、この平和的台頭フレームです。海外の研究者にも、こうした主張に賛同する者も少なくありません。

このフレームについては、経済的恩恵フレームに比べてアジア域内の温度差が大きいのが特徴です。例えばタイ、マレーシア、インドネシアでは、平和的台頭フレームは広く受け入れられているように見えます（1－4参照）。第二波調査から第三波調査にかけて、どの国・地域でも肯定的な割合が減っているので、中国の公式的な立場に疑問を持っている――あるいは少なくとも肯定しない――人たちが増えていると推測されますが、いずれにせよ、フィリピンとベトナムを除く東南アジアの地域で、平和的台頭フレームが比較的受け入れられていることは確かです。

反対に懐疑的なのが日本、韓国、台湾、それに中国との領海問題を抱えるベトナム、フィリピンです。[*] 香港では、この平和的台頭フレームをめぐって、完全に意見が分かれています。

＊ピュー・リサーチ・センターの二〇一五年調査では、「中国と周辺地域との間に領土紛争があるとした場合、あなたはどの程度心配しますか」との質問がなされ、フィリピン（九一％）、日本（八三％）、ベトナム（八三％）といった地域では軒並み「大変心配」「ある程度心配」と回答しています。回答者は、こうした領土問題を念頭に置いていると推測されます（http://www.pewglobal.org/2015/09/02/how-asia-pacific-publics-see-each-other-and-their-national-leaders/）。

経済的恩恵フレームに比べて、平和的台頭フレームについて域内の温度差が大きいことは、近年になって国家間の対中評価のばらつきが大きくなっている謎を解くのに重要な手がかりとなります。

1-4「中国は興隆しているが、アジア各国との関係を平和的に保つだろう」という文言への賛否（2013～19年）

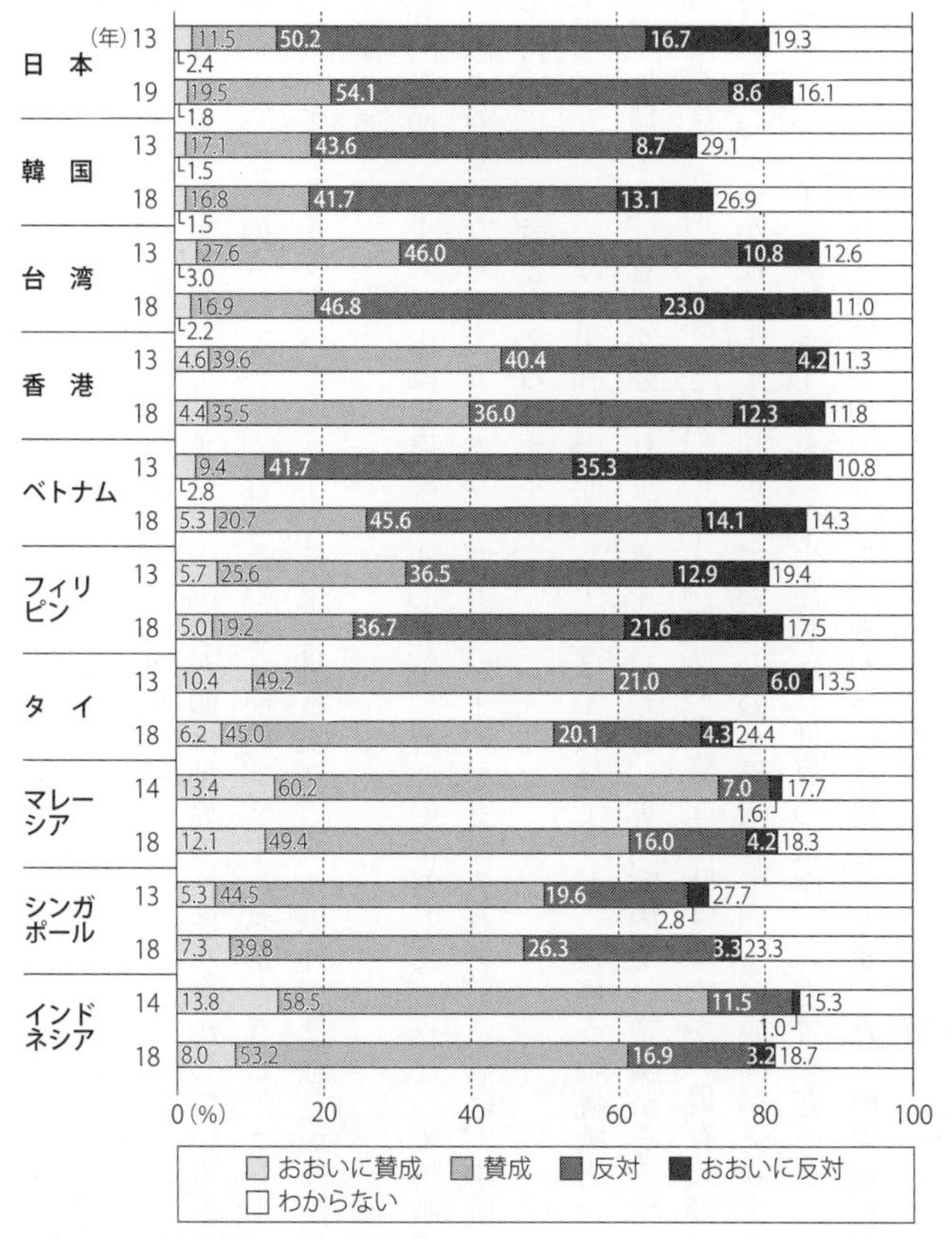

出典：アジア学生調査第2・第3波調査

秩序への挑戦者フレーム

第三に、秩序への挑戦者フレームを見てみましょう。

1-5にこの結果を示しています。中国の台頭は世界の秩序を脅かしているという、国際政治でしばしば指摘されている文言をそのまま使い、学生たちがこうしたフレームをどの程度受け入れているかを調べています。結果を見る限り、タイ以外では意見が分かれていることがわかります。

平和的台頭フレームが中国政府の公式的見解に近いのに対して、秩序への挑戦者フレームは、これと対照的な考え方でもあり、このフレームを受け入れている者は、中国に対する警戒感を持っている者と考えられます。

日本やベトナムでは、平和的台頭フレームは不人気ですが、秩序への挑戦者フレームは、どの国・地域でも、意見が分かれています。*ただし、専門家内での議論がそうであるように、「世界の秩序」が何を意味するのか――国際法の順守を意味するのか、既存の通商体制を念頭に置いているのかなど――、想定しているものが異なっている可能性があります。実際、私たちが行ったインタビューでも、学生たちは「世界の秩序」の文言をどのように理解すべきかで苦しんでおり、回答の内容もばらつきが多い結果となりました（園田 2019b: 273）。

1-5「中国の台頭は世界の秩序を脅かしている」という文言への賛否
（2013〜19年）

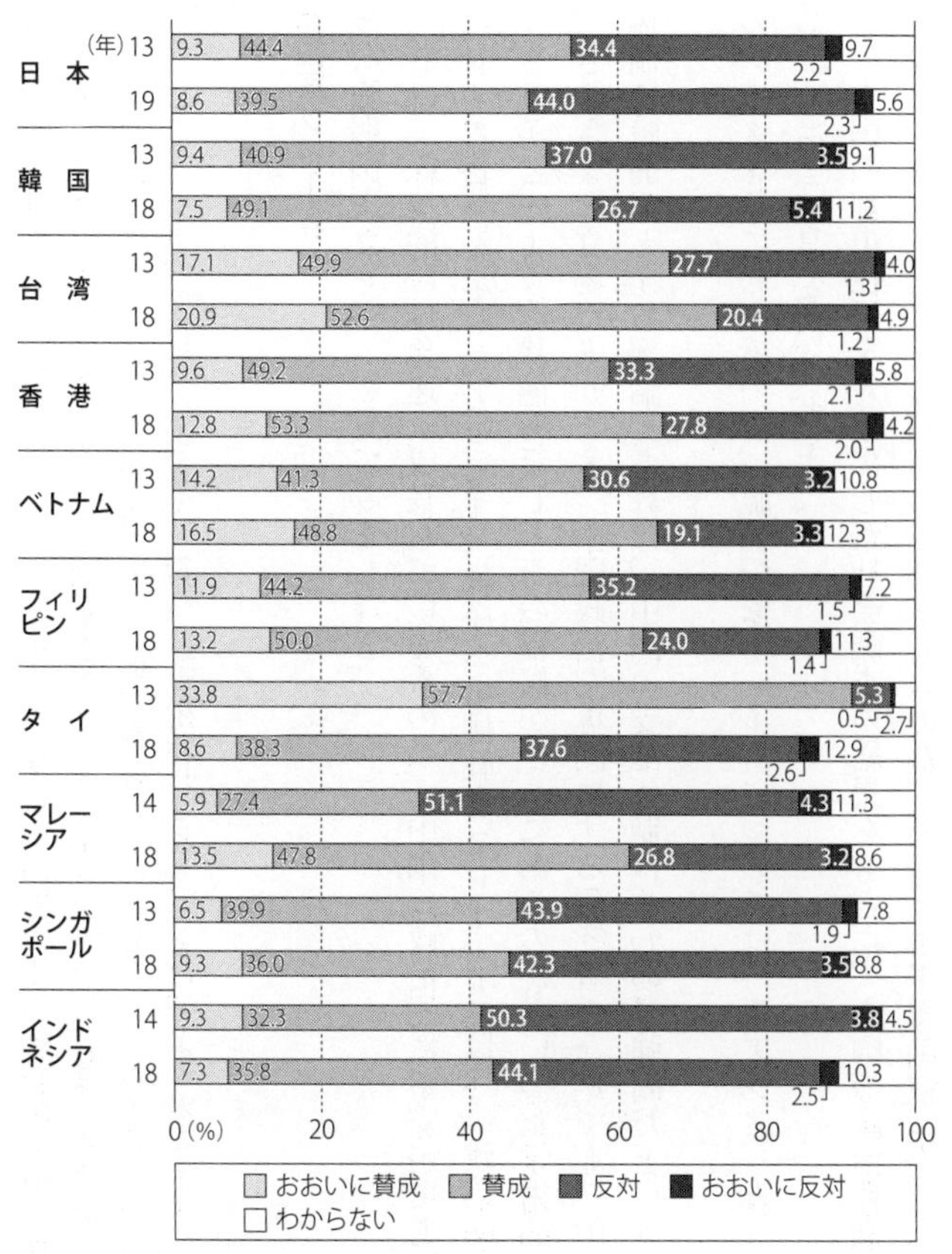

出典：アジア学生調査第2・第3波調査

＊唯一の例外が、第二波調査（二〇一三年）でのタイの回答です。総じて中国を肯定的に評価しているタイで、なぜ九割以上の回答者がこのフレームを受け入れているのか、タイの研究者に質問しても、なかなか納得がいく説明が得られていません。このように、何かを明らかにしようと思って行った調査で、新しい謎が発見されることは、よくあります。

脆弱国家フレーム

最後に脆弱国家フレームを見てみましょう。

1-6は「経済的には急速に成長しているものの、中国は政治的に不安定である」という文言に対する賛否を示したものです。秩序への挑戦者フレームと同様、「政治的に不安定」という文言がどのような状態を示し、その根拠がどこにあるのかといった学術的な議論になると、さまざまな立場があります。中国政治を専門にする研究者のなかでも、中国共産党の支配体制は脆弱だとする議論もあれば、中国の支配体制はきわめて強固だという議論もあります。

このデータを見てわかるのは、脆弱国家フレームについては、東アジア、とりわけ日本で「そうだ」と思う者が多いことです。

筆者は中国の都市住民を対象にした社会調査の結果をもとに、中国の政治体制が堅固であると主張してきました。その論拠の一部としたのが、前著『不平等国家 中国』で指摘した、

1-6「経済的には急速に成長しているものの、中国は政治的に不安定である」という文言への賛否（2013〜19年）

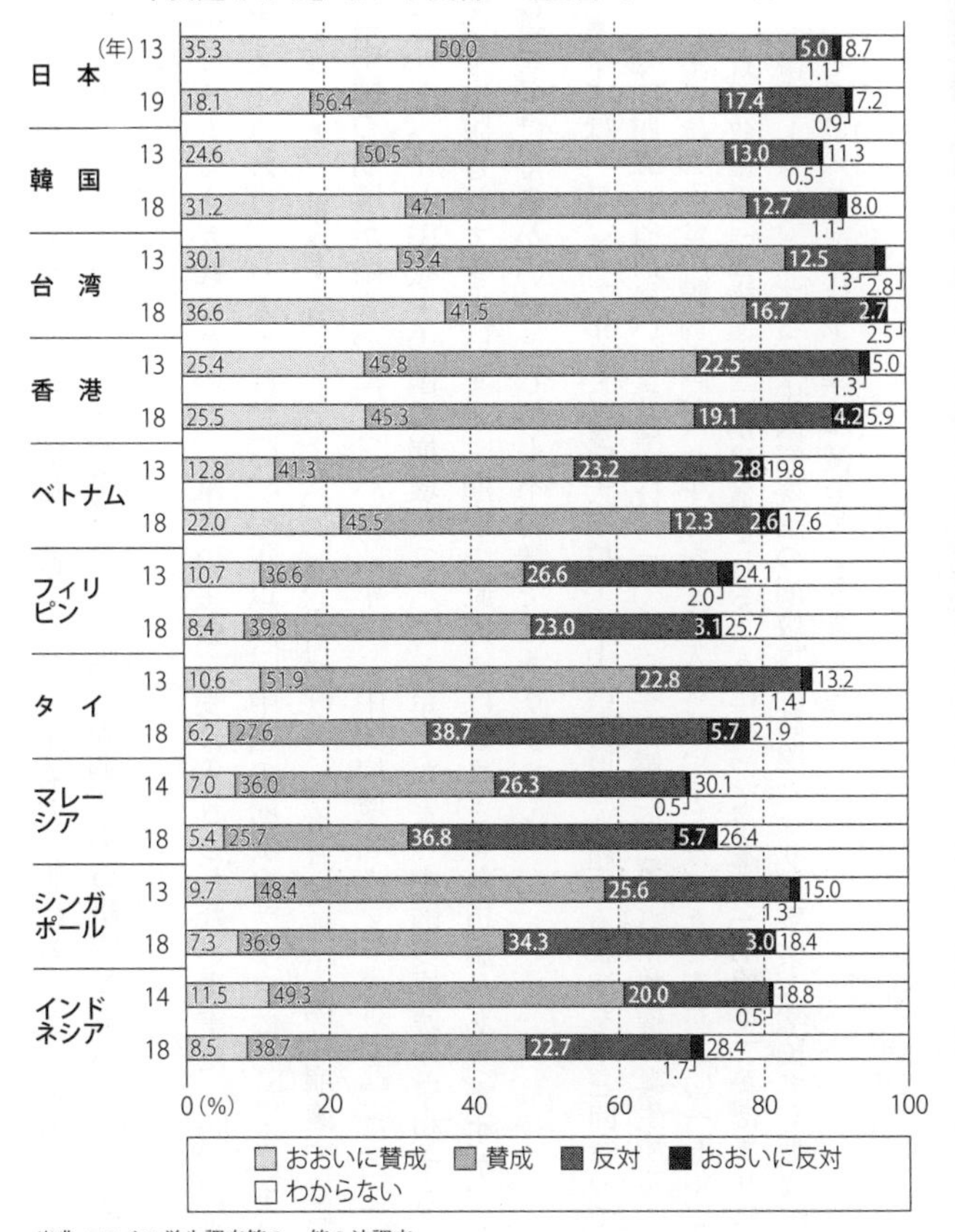

出典：アジア学生調査第２・第３波調査

党・国家の統治に対する市民の評価の高さです。筆者の主張に対して、反対する人が少なからずいました。なかには、「この筆者は、中国が脆弱である事実を知らない」と投書してくる方もいました。

なぜこんなことが起こるのか。筆者の主張が受け入れられない現実に一時、戸惑いましたが、考えてみれば、日本では二〇〇〇年以降、中国の崩壊をテーマにした本が大量に出版されていました。前著を刊行した二〇〇八年以降も、『それでも中国は崩壊する』(二〇〇八年)、『中国の崩壊が始まった』(二〇〇八年)、『中国崩壊カウントダウン』(二〇一四年)、『戸籍アパルトヘイト国家・中国の崩壊』(二〇一七年)など、中国の崩壊を予想する「崩壊本」は数多く出版されてきています。崩壊の原因にはさまざまな指摘がありますが、これらの本の影響を受けた者がいたとしても不思議ではありません。*

*筆者は、二〇一二年から警察大学校で「中国事情」と題する講演を年三回行ってきました。毎回四五〇名前後いた受講生は、二〇一六年の第二期習近平(しゅうきんぺい)政権が誕生するくらいまで、そのほとんどが脆弱国家フレームを受け入れていました。ところが二〇一七年ごろから、習近平政権の「強権ぶり」が報道されるようになって以降、「崩壊本」があまりに無責任な議論をしているとする「中国崩壊論の崩壊」が話題となり、警察大学校でも脆弱国家フレームを受け入れる者は少しずつ減っていきました。

ともあれ、脆弱国家フレームが受け入れられているのは中国と隣接する国・地域で、中国から離れれば離れるほど「わからない」とする回答と否定的な意見が多くなるなど、意見の分裂が生じています。

中国の影響に対する評価

以上、中国の台頭をめぐる四つの競合するフレームを取り上げ、調査対象となった国・地域がどの程度、これらのフレームを受け入れているかを見てきました。では、総体として見た場合、これらの国・地域では中国の影響は肯定的に評価されているのか、あるいは否定的に評価されているのか。回答結果をまとめたのが次ページの1-7です。

日本、韓国、ベトナム、フィリピン、タイ、シンガポールの六ヵ国では三時点のデータがありますので、この一〇年間の変化をトレースすることができます。情報量が多いので、このグラフを一目見ただけでは解釈しづらいと思いますが、いくつか重要な知見を指摘してみましょう。

第一に、ベトナムとフィリピンを除く東南アジア（タイ、マレーシア、シンガポール、インドネシア）では、中国の影響は肯定的に評価されており、時期によって若干の変化はあるものの、一貫しています。特にタイの場合、三時点で比較的安定した回答の分布が見られ、中国の影響が好意を持って受け入れられていることがわかります。

1-7 中国の影響への評価（2008〜19年）

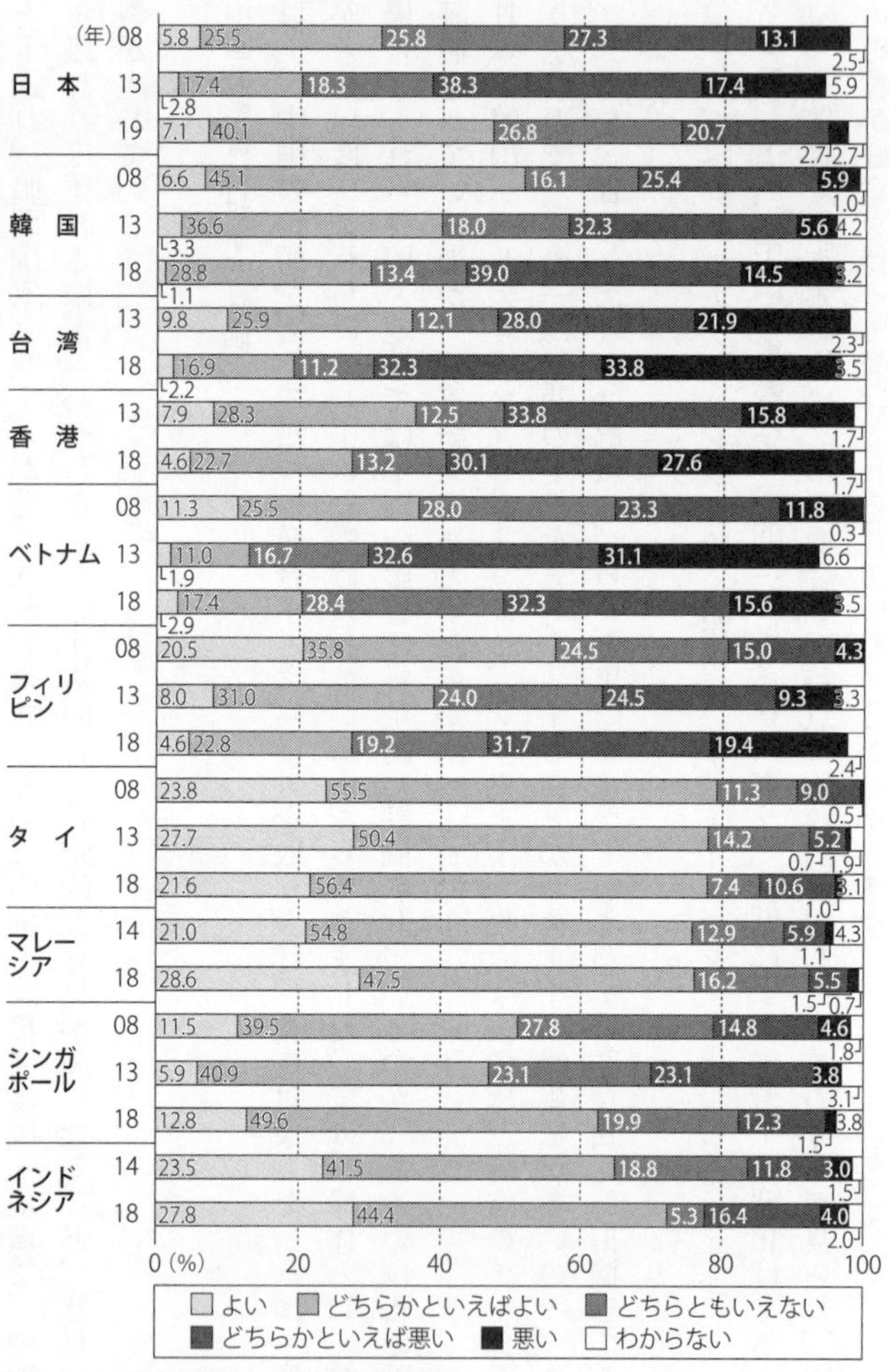

出典：アジア学生調査第１・第２・第３波調査

第二に、それ以外の地域は、地域ごとに特徴的な傾向を示しています。

東南アジア四ヵ国以外は、日本とベトナムを除き、第一波調査時よりは第二波調査時、第二波調査時よりは第三波調査時の方が、中国に対する評価が悪くなっています。韓国とフィリピンでは、二〇〇八年に中国の影響を「よい」「どちらかといえばよい」と肯定的に回答した者が過半数を超えていたものの、一三年には四割程度、一八年には三割程度と、この一〇年間で二割から三割、数値を低下させています。台湾と香港でも、二〇一三年から一八年にかけて数値が低下しています。

ベトナムと日本では二〇一三年の評価が低すぎたためか、一八年にいったんバックラッシュが見られます。[*] 日本では跳ね返りの割合が大きいものの、ベトナムはいまでも中国の影響を肯定的に感じている者は二割程度しかいません。

*言論NPOの二〇一九年データと比べてみると、学生調査の結果の方が肯定的に評価している割合が大きくなっています。その理由としては、①特に理科系学生は中国におけるITの産業利用を高く評価する傾向にある、②一般市民に比べて優秀な中国人留学生と日常的に接している、といった要因が考えられます。

いずれにせよ、アジア学生調査の結果からも、中国評価をめぐる地域的な違いが確認されています。

評価を説明する三つの仮説

では、こうした評価は何によって決まっているのでしょうか。

原因を特定するには、統計的な分析をしなければなりませんが、そのためには仮説が必要です。本章ではフレーム仮説と接触仮説、ソフトパワー仮説の三つを取り上げ、その妥当性について考えてみましょう。

フレーム仮説では、本章で取り上げた四つのフレーム（経済的恩恵フレーム、平和的台頭フレーム、秩序への挑戦者フレーム、脆弱国家フレーム）が、どの程度、対中評価を決定しているか／いないかを検討します。

四つのフレームのなかで、平和的台頭フレームと秩序への挑戦者フレームは、いずれも国際秩序や安全保障に関わり、対照的な結果ながら類似した傾向を示す可能性が高いものです。ただし、先ほど説明したように、「世界の秩序を脅かしている」といった場合、「世界の秩序」が何を意味するかをめぐって異なる解釈がなされている可能性があるため、それぞれ独立したフレームとして分析したいと思います。

個々のフレームについては、中間的な回答が用意されておらず、「わからない」という回答を除いたうえで、「おおいに賛成」に四点、「賛成」に三点、「反対」に二点、「おおいに反対」に一点を与えることで得られる、四ポイントスコアを用います。

次に接触仮説では、中国の友人・知人がいるか／いないかが、対中評価に影響を与えているかどうかをチェックします。中国を母国とする「友人がいる」とする回答に三点、「知人がいる」とする回答に二点、「友人も知人もいない」とする回答に一点を与えてできる三ポイントスコアを説明変数として利用します。*

＊どの程度中国を母国とする友人・知人がいるかの地域別の検討は、第2章と第3章で行っていますので、そちらを参照してください。

最後のソフトパワー仮説では、言語の問題を扱います。中国語を知ることによって、中国国内の言論や主張により近い情報を手に入れることができることを考えると、中国語を習得することで、中国の国内の世論や、中国の人たちの考え方に同調しやすくなる可能性があります。事実、中国政府が孔子学院といった中国語教育を中心としたプログラムを世界中に作り、中国語の学習を奨励しているのは、中国の実情と自分たちの主張を知ってほしいと考えているからです。

中国語ができるようになることが、中国の影響を肯定的に評価することにつながるかどうかを検証するにあたり、中国語が「流暢（りゅうちょう）」と回答した者に四点、「日常会話レベル」と回答した者に三点、「あまりできない」と回答した者に二点、「まったくできない」と回答した者に一点を与え、四ポイントスコアを作りました。このスコアが高ければ高いほど、中国語の能力が高いことを意味します。*

＊調査対象地における中国語能力の状況については、第4章の4－5を参照してください。

分析にあたっては、回帰分析と呼ぶ統計手法を用います。

被説明変数には1－7で示した中国の影響への評価を用います。「わからない」という回答を取り除き、「よい」とする回答に五点、「どちらかといえばよい」という回答に四点、「どちらともいえない」という回答に三点、「どちらかといえば悪い」という回答に二点、「悪い」という回答に一点をそれぞれ与えて五ポイントスコアを作り、以下のような回帰方程式で、それぞれの説明変数の持つ影響力を推定します。

Y（中国の影響への評価）$= \alpha_1 X_1$（脆弱国家フレーム）$+ \alpha_2 X_2$（経済的恩恵フレーム）$+ \alpha_3 X_{31}$（秩序への挑戦者フレーム）$+ \alpha_4 X_{32}$（平和への台頭フレーム）$+ \alpha_5 X_4$（友人・知人の有無）$+ \alpha_6 X_5$（中国語能力）$+ \beta$（定数）

回帰分析による結果の解釈

二時点における対象地全体の結果を示したものと、国・地域ごとの結果を示したものを、それぞれグラフにしたものが、五〇ページ以降の1－8から1－10にまとめられています。

1-8は、第二波調査のデータを全部集めた結果です。注目してほしいのは、t値と記したスコアの絶対値です。この絶対値が大きくなればなるほど、その変数の影響力が大きいことを示します。また、そのスコアがマイナスだと負の効果、プラスだと正の効果があることを意味します。

二〇一三年から一四年の第二波調査で、対中評価に一番大きな影響を与えているのが平和的台頭フレーム。そのt値がプラスの値を示していますから、中国が平和的に台頭しているとする文言に賛成している者ほど、中国の影響を肯定的に評価していたことを意味しています。

次に大きな影響を持つのが経済的恩恵フレーム。中国の台頭が自分たちに多くのチャンスをもたらしていると思う人ほど、中国の影響を肯定的に評価する傾向にあります。この二つのフレームほどの影響力はありませんが、脆弱国家フレームはマイナス、中国語能力もマイナスの効果を持っています。

1-9にあるように、国別・地域別で見ると、その影響はバラバラで、同じパターンがあるわけではないことがわかります。

中国語能力は、全体をまとめたデータでは効果が表れますが、国・地域別レベルで見ると、その効果は表れません。国・地域別で見ても、平和的台頭フレームの影響力が確認され、その影響力が最も強い国・地域が日本、ベトナム、フィリピン、タイ、マレーシア、シンガポ

1-8 中国の影響への評価を決定する要因：第2波調査（全体）

	t値	有意性
（定数）	9.98	0.00
脆弱国家フレーム	**-7.66**	0.00
経済的恩恵フレーム	**10.97**	0.00
秩序への挑戦者フレーム	0.67	0.51
平和的台頭フレーム	**12.66**	0.00
友人・知人の有無	-0.77	0.44
中国語能力	**-4.18**	0.00

注記：太字は統計的に有意であることを示す。各フレームは1点から4点までの4ポイントスコア、友人・知人の有無は1点から3点までの3ポイントスコア、中国語能力は1点から4点までの4ポイントスコアを、それぞれ用いている。1-9、1-10、1-11も同様

出典：アジア学生調査第2波調査

1-9 中国の影響への評価を決定する要因：第2波調査（国・地域別）

	日本	韓国	台湾	香港	ベトナム	フィリピン	タイ	マレーシア	シンガポール	インドネシア
（定数）	2.68	2.79	8.63	2.73	2.02	2.38	0.75	2.22	4.65	2.22
脆弱国家フレーム	-1.46	-1.60	**-3.31**	**-3.48**	-1.84	-1.58	-0.39	-1.48	**-2.57**	-1.48
経済的恩恵フレーム	1.99	**6.52**	**3.74**	**4.95**	1.35	1.60	**2.84**	1.06	**3.36**	1.06
秩序への挑戦者フレーム	-1.77	-1.61	-0.56	0.31	0.08	-1.16	-0.26	-0.60	-0.21	-0.60
平和的台頭フレーム	**3.83**	**2.46**	**2.50**	3.45	**2.52**	**4.47**	**4.16**	**3.23**	**3.45**	**3.23**
友人・知人の有無	2.30	0.64	0.94	-1.07	1.10	-0.26	0.32	2.09	0.55	2.09
中国語能力	2.26	1.65	—	0.74	0.10	1.41	1.31	-1.77	-0.25	-1.77

出典：アジア学生調査第2波調査

ール、インドネシアと七ヵ国あり、経済的恩恵フレームの影響力が最も強い国・地域（韓国、台湾、香港）の数を凌駕（りょうが）しています。*

＊香港では、学生調査が実施された二〇一三年時点で、まだ雨傘運動に代表される学生運動が起きていません。そのためか、経済的恩恵フレームの方が対中認識を決定する要因として強い影響を持っていました。ところがこれも、二〇一八年になると状況が変わります。

これらの知見は、第4章で各国の国民感情を深掘りする際に、再度触れることにしましょう。

多様化する対中評価の背後にあるもの

五年後の第三波調査（二〇一八〜一九年）の結果からは、より複雑な状況を見て取れます。どの変数も中国の影響への評価を決定する要因として効果を持つようになっているからです。異なるフレーム、中国人の友人の有無や中国語能力など、多くの要因が対中認識に関連するようになったため、国家間、国家内の意見の分断が進んでいます（1-10参照）。

第二波調査の際もそうでしたが、第三波調査でも中国語能力は対中認識にマイナスの影響を与えており、それは五年前に比べても大きくなっています。これは大変皮肉な結果です。というのも、この間進んだ中国のソフトパワー外交が逆機能を示している可能性があるからです。

中国語を理解し、中国の国内事情がわかるような人たちが、中国の影響を否定的に見ているという現実は、中国の外交当局者にとって耳の痛い、不都合な結果に違いありません。

1-11は個別の地域ごとに見たものですが、平和的台頭フレームが、調査対象となったすべての国・地域で重要なフレームとして受け入れられるようになったことがわかります。

このように、平和的台頭を信じられるかどうかが、中国の影響を肯定的に見るかどうかに強く影響するようになったのは、中国の台頭が自分たちにとって軍事的脅威か否かという安全保障上の懸念がアジア全域に広まったからです。1-4にあるように、平和的台頭フレームへの懐疑がこの五年の間で進んだ結果、中国の影響に対する評価が低下したと解釈できます。*

＊二〇一四年にアメリカ、ロシア、韓国、インド、インドネシア、オーストラリア、台湾の対中認識を比較した日本国際問題研究所の研究グループは、これらの国・地域の中国認識は、中国との協調的関係を維持すべきだとする力と、その勢力の伸長に警戒すべきだとする力とが働く、両義性を持つと結論づけています（日本国際問題研究所 2015：111）。同グループは、慎重に「経済＝協調、安全保障＝脅威といった単純な二分法で割り切れるものではない」（日本国際問題研究所 2015：113）と指摘していますが、中国の台頭をチャンスと見る力と脅威と見る力が作用しつつ、周辺地域の対中認識が形成されているとする指摘は、本章

1-10 中国の影響への評価を決定する要因：第3波調査（全体）

	t値	有意性
(定数)	10.40	0.00
脆弱国家フレーム	**-10.54**	0.00
経済的恩恵フレーム	**11.78**	0.00
秩序への挑戦者フレーム	**-3.98**	0.00
平和的台頭フレーム	**15.90**	0.00
友人・知人の有無	**4.92**	0.00
中国語能力	**-8.07**	0.00

出典：アジア学生調査第3波調査

1-11 中国の影響への評価を決定する要因：第3波調査（国・地域別）

	日本	韓国	台湾	香港	ベトナム	フィリピン	タイ	マレーシア	シンガポール	インドネシア
(定数)	4.06	3.59	6.88	1.87	2.02	2.38	0.75	2.22	4.65	2.22
脆弱国家フレーム	**-2.87**	**-2.5**	**-3.15**	**-3.47**	-1.84	-1.58	-0.39	-1.48	**-2.57**	-1.48
経済的恩恵フレーム	**3.54**	**4.38**	**5.78**	**3.05**	1.35	1.6	**2.84**	1.06	**3.36**	1.06
秩序への挑戦者フレーム	-0.48	**-3.13**	**-2.56**	1.03	0.08	-1.16	-0.26	-0.6	-0.21	-0.6
平和的台頭フレーム	**3.68**	**4.3**	**3.69**	**3.64**	**2.52**	**4.47**	**4.16**	**3.23**	**3.45**	**3.23**
友人・知人の有無	0.9	**2.64**	**1.22**	1.76	1.1	-0.26	0.32	2.09	0.55	2.09
中国語能力	-0.11	1.34	―	0.13	0.1	1.41	1.31	-1.77	-0.25	-1.77

出典：アジア学生調査第3波調査

の分析結果と一致します。

中国を政治的に不安定とみる脆弱国家フレームは、第二波調査時点では、韓国、台湾、シンガポールでマイナスの効果が見られましたが、第三波調査時点では、これに日本と香港が加わります。脆弱国家フレームを受け入れている国・地域で、その対中評価に対する影響が見られるのです。これらの国・地域の学生は中国の政治体制に対して違和感、異質感を持ち、これが否定的な対中評価を生み出しているものと考えられます。

とはいえ中国政治への違和感は、他の東南アジアの国ぐにではさほどありません。対中評価が低下したベトナムとフィリピンでは、安全保障上の懸念以外、対中評価に影響を与える要因は特定できず、漠然とした中国への嫌悪感が広がった結果、対中評価が低下したと考えられます。

このように細かく見ていくと、それぞれの地域の置かれた政治的、国際的な環境が、中国に対する評価に陰に陽に影響を与えていることがわかります。

中国自身のフレーム選好

では中国は、自分たちの台頭をどのように理解しているのでしょうか。

結論から先にいえば、フレームの内容によって、アジアの近隣地域と似た回答パターンと、異なる回答パターンがあります。

「中国は急速な経済成長のために多くの社会問題を抱えている」という文言や、「中国の台頭は中国人の努力の結果である」といった文言については、中国の内外で回答の分布はさほど変わりません。中国の学生たちも、その他の国・地域の学生たちも、中国の台頭が中国人の努力の賜物(たまもの)であるが、その結果、多くの社会問題を抱えるようになったと思っています。

他方で、政治や安全保障に関わるフレームについては、異なる回答パターンが見られます。本章で扱った四つのフレームに限定すると、中国の内と外では、大きな違いが見られます。

ここでは対中評価が最も低い国の一つである日本を取り上げ、そのフレーム受容のあり方を中国のそれと比較してみましょう。その際、東京大学で学んでいる中国系二世＝中国系の第二世代（中国に出自を持つものの日本の中等・高等教育を受けた人たち）の学生三〇人を対象にしたインタビュー結果を両者の間に入れ、これらの三者の間でどのような特徴が見られるかを概観します。[*]

＊三〇名というサンプル数は小さいものの、その回答パターンがユニークであるため、ここでは参考のために数値を紹介しています。中国系二世調査については、本書の附録①で、その説明がなされているので参照してください。

１－12は、経済的恩恵フレームをめぐる日中比較の結果です（１－４も合わせて読むと、ア

1-12「中国の台頭は私たちに多くのチャンスをもたらしている」という文言への賛否

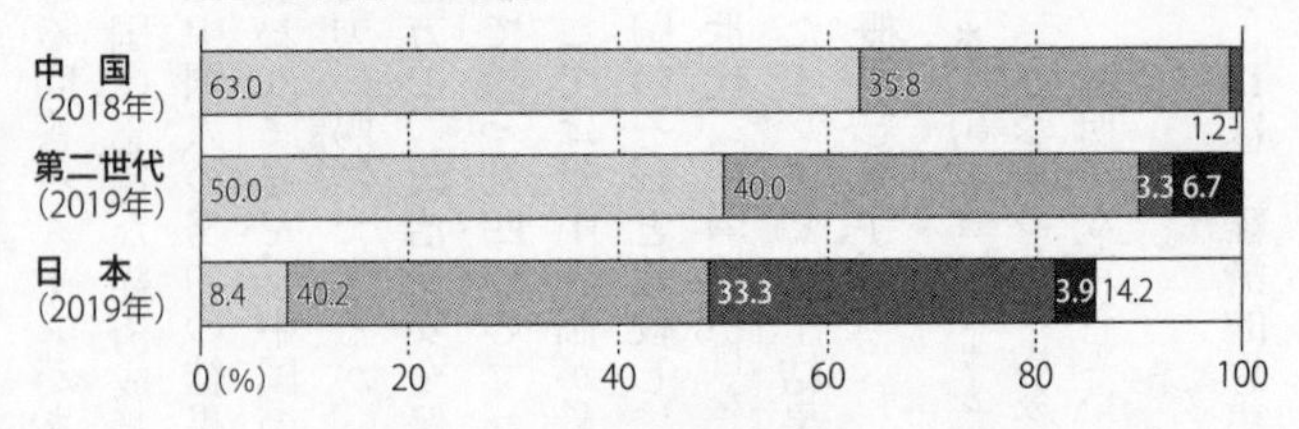

1-13「中国は興隆しているが、アジア各国との関係を平和的に保つだろう」という文言への賛否

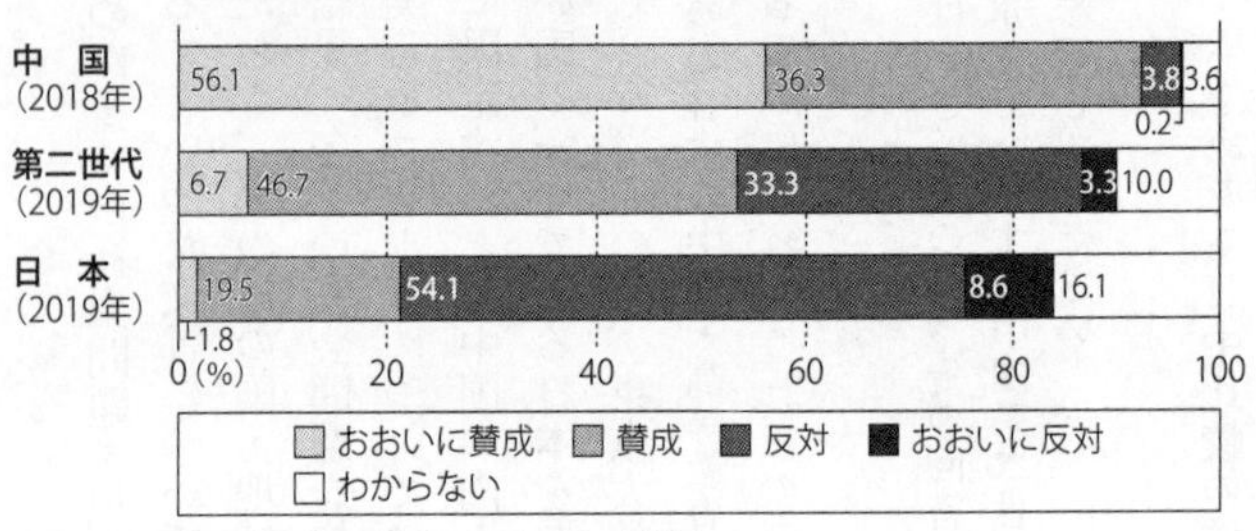

出典：アジア学生調査第３波調査及び中国系二世調査

ジア域内の全体像が把握できます）。彼我の違いは大きく、中国系の第二世代は、日本と中国の中間的な回答をする傾向にあります。

1-13の平和的台頭フレームについても同様です。日本で平和的台頭フレームは人気がありませんが、中国では「アジア各国との関係を平和的に保つだろう」とする文言に賛成している者は九〇%を超えています。日中でこれだけ大きな温度差が存在するなかで、日中の間に挟まれた第二世代の学生は、その中間的な回答を示す傾向が見られます。

1-14「中国の台頭は世界の秩序を脅かしている」という文言への賛否

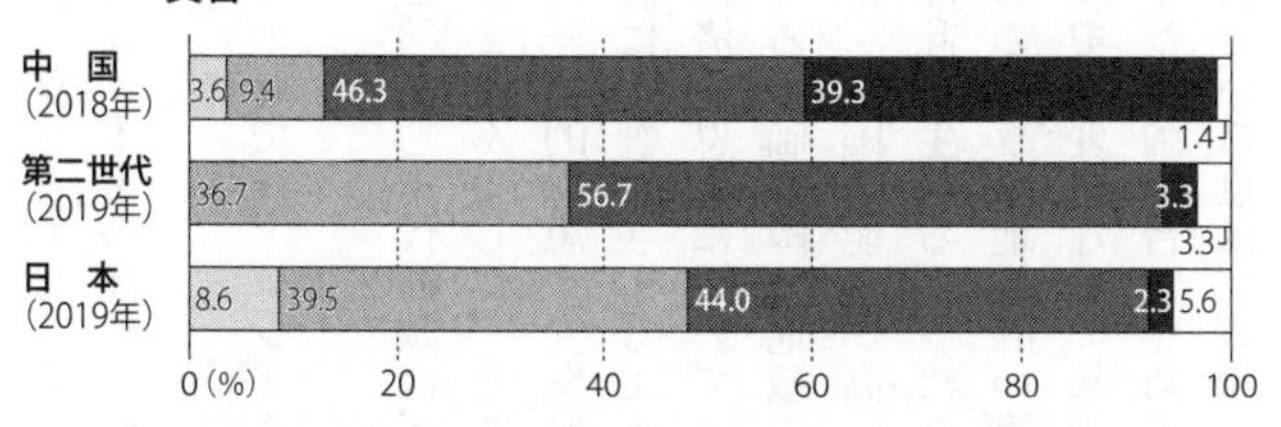

1-15「経済的には急速に成長しているものの、中国は政治的に不安定である」という文言への賛否

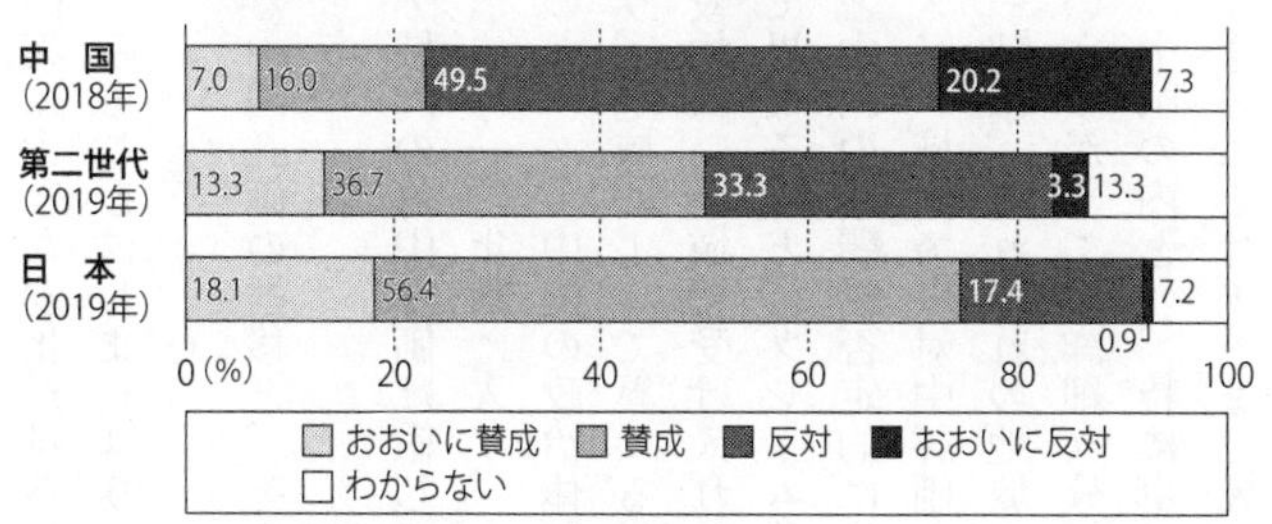

出典：アジア学生調査第3波調査及び中国系二世調査

1-14の秩序への挑戦者フレームや1-15の脆弱国家フレームについても、同じ傾向にあります。特に1-15については、日本と中国は対照的な考え方を抱いているといって過言ではありません。

このように中国の台頭をめぐって、中国の国内では総じて楽観的、肯定的な理解が支配しています。この五年ほどの間に、台湾・香港の学生ばかりか、韓国の学生も、安全保障上の脅威、中国の政治的な体制の異質さを強く意識するようになり、中国の及ぼす影響を否定的に評価するようになっているのに対して、中国の学生たちは、この間の回答に大きな変化が見られません。これが何を意味するかについては、本書の後半で検討してみることにしましょう。

この章では、アジアにおける中国評価の推移と、その変化の原因について検討してきました。

*

二〇〇〇年代初頭は、アジア域内の対中評価は総じて高く、地域間の違いもさほど大きくありませんでした。ところが、二〇一〇年代に入り、中国の大国化傾向が顕著になるなかで、その経済的恩恵や安全保障上のリスク、中国の政治体制への違和感など、複数の要因が対中評価に影響を与えるようになり、地域によって異なる対中評価が見られるようになります。

経済的恩恵については、比較的広い地域で受け入れられているものの、政治・安全保障をめぐる評価は国・地域によって異なるなど、フレーム間の受容度の違いも広がっています。また、中国語能力が高い者ほど中国の影響を否定的に見るようになるなど、対中評価をめぐる混乱が生じるようになり、アジア域内でも対中評価をめぐる分裂が大きくなっています。

このような地域間の違いの一部は、それぞれの地域の置かれた地政学な特徴や、対中関係の歴史的変化などに起因していますが、この詳細な分析は、本書の後半で行います。

また中国の台頭をめぐって、中国の内と外、特に東アジアの民主主義圏と異なる理解がなされている点は、強調してしすぎることはありません。

次章ではＡＳＥＡＮに目を移し、ＡＳＥＡＮ域内でどのような対外認識が見られるのかを概観してみることにしましょう。

第2章　ＡＳＥＡＮの理想と現実──域内諸国への冷めた目

次ページの2－1を見てください。これは二〇〇八年の第一波調査の際に得られた結果で、「東アジア共同体は二〇二〇年までに可能だ」という文言への賛否の割合を示しています。

二〇二〇年現在、東アジア共同体は成立していません。この現実から見ると、「おおいに反対」が最もよい回答で、次に「反対」となるでしょう。調査対象となった七ヵ国のなかで、「わからない」とする回答が最も多かった日本で、「おおいに反対」とする正解が多かったとは、皮肉な結果です。

2－1からもわかるように、二〇〇八年当時、ベトナム、フィリピン、タイ、シンガポールといったＡＳＥＡＮ域内の学生は、日本、韓国、中国といった東アジアの学生に比べて、東アジア共同体の可能性を信じていました。

実際、一九九七年の第二回ＡＳＥＡＮ非公式首脳会議で、二〇二〇年までにＡＳＥＡＮ共同体の実現を目指すとする「ＡＳＥＡＮビジョン二〇二〇」が採択されるなど、ＡＳＥＡＮ

はアジアにおける地域統合のパイオニアとなっていました。

2-1「東アジア共同体は2020年までに可能だ」という文言への賛否

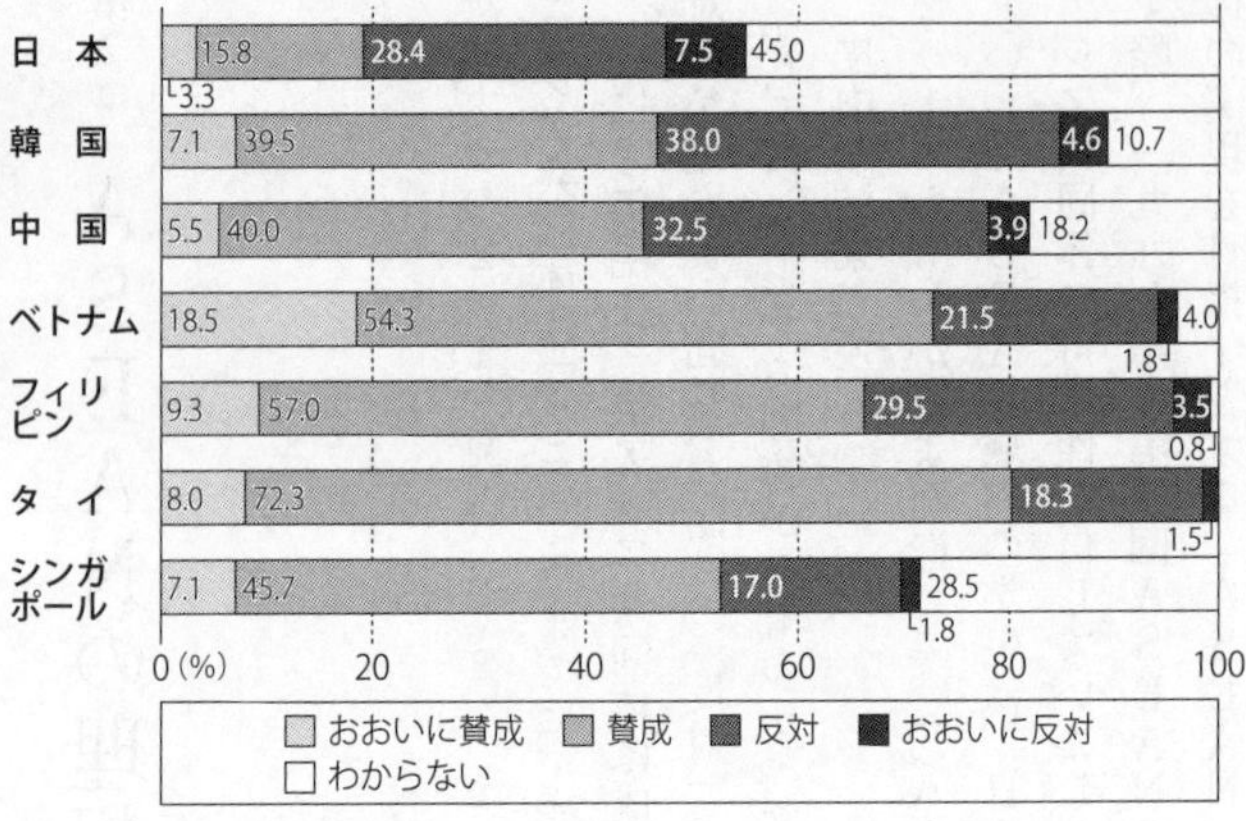

出典：アジア学生調査第1波調査

「ASEAN中心性」とは

本書の基本データとしているアジア学生調査は、二〇〇八年に早稲田大学大学院アジア太平洋研究科を拠点としたグローバルCOEプログラム「アジア地域統合のための世界的人材育成拠点」という、東アジア共同体の構築を考える知的な活動の一環として始まりましたが、これも二〇〇五年一二月の第一回東アジアサミット開催に触発されてのことです。

東アジア共同体構想は、いまでは動きが止まっているようですが、完全に消えたわけではありません。事実、二〇一八年一一月にシンガポールで開催されたASEANプラス3首脳会議の際に、「ASEAN中心性（ASEAN Centrali-

ty)」という考え方が提示され、東アジア域内の一層の関係強化が謳われました。
米中の覇権争いが激しさを増す現在、中国の「一帯一路」構想や、アメリカを中心にした「自由で開かれたアジア太平洋構想」など、さまざまな国際的な協力枠組みが錯綜・対立しています。こうしたなかで、ＡＳＥＡＮが自らの凝集性を強く意識し、域内の協力枠組みのハブとして機能していこうとする考え方がＡＳＥＡＮ中心性です。
ＡＳＥＡＮ中心性は、首脳会議の議長声明で、次のように説明されています。

ここに集まった首脳は、この地域の平和と安定を維持・発展させるだけではなく、対話と協調を継続し、この地域の国家間関係を支配する国際法を維持し、ルールを順守すべく今後も努力することを再確認した。地域協力の枠組みを発展させる際のＡＳＥＡＮ中心性の重要性を強調したのである。

（外務省 https://www.mofa.go.jp/files/000389368.pdf からの翻訳。傍点は引用者）

このように、ＡＳＥＡＮがＡＳＥＡＮ中心性という考え方を自ら打ち出し、アメリカ、中国の覇権争いに巻き込まれない独自な動きをしようとしていることは、注目に値します。
もっとも、ＡＳＥＡＮ中心性も、いざ実行に移そうとすると、多くの困難に直面するはずです。国際関係論の泰斗アミタフ・アチャリアは、ＡＳＥＡＮ中心性が成立するには、①メンバー国間の凝集性の低下、②中立性維持の難しさ、③地域協力枠組みへの中国の関与拡大、④トランプ政権下におけるアメリカ主導のリベラルな国際秩序の衰退、といった四つの困難を乗り越える必要があるとしています（Acharya 2017 : 276-278）。

半世紀に及ぶ歴史と背景

ＡＳＥＡＮは一九六七年に五ヵ国（フィリピン、タイ、マレーシア、シンガポール、インドネシア）が参加して成立しました。その目的として、①域内における経済成長と社会文化的発展の促進、②地域における政治・経済的安定の確保、③域内諸問題に関する協力、の三つを掲げていました。

当時中国では文化大革命が進行し、社会主義革命をＡＳＥＡＮに輸出しようとしていました。アメリカがベトナム戦争への関与を強めるなか、東南アジア諸国もベトナムの共産化を警戒していました。こうした国際環境にあって、ＡＳＥＡＮは当初、反共防波堤的な意味合いを持っていました。その後、加盟国が徐々に増え、その性格も変わっていきます。

ＡＳＥＡＮが成立してから五〇年以上が経ち、多くの変化が生まれました。一九九七年にはアジア通貨危機に対応する形でＡＳＥＡＮ＋３（日本、韓国、中国）が始まりました。二〇〇五年の東アジアサミットでＡＳＥＡＮ＋６（日韓中、オーストラリア、ニュージーランド、インド）が生まれ、一一年にはロシアとアメリカが合流して、現在の東アジアサミットが出来上がります。依然構想段階ではあるものの、ASEAN＋6を母体とした東アジア地域包括的経済連携（RCEP）も提唱されるようになりました。

これらすべての地域協力の枠組みの中心にASEANがあり、合意形成重視と内政不干渉の原則から、しばしば「議論はするが行動はしない」と揶揄（やゆ）されるASEANウェイも、それなりに機能してきました。

では、ASEAN加盟国の人びとは、この地域を特別な存在とみなすようになったのでしょうか。東アジア共同体の基盤となり得るような心理特性、すなわち、この地域への特別な共属感情は生まれているのでしょうか。

本章では、この問いを軸に、東南アジアにおける対外認識の特徴を見ていくことにします。

共属感情を測る三つの尺度

ところで地域に対する共属感情は、どのように測定したらよいでしょうか。「あなたはASEANに対して愛着を感じますか」といった直接的な質問を使うことも考えられますが、それでは表面的な意見しか聴取できません。* そこで本章では、以下の三つの尺度を用いることにします。

＊シンガポールの東南アジア研究所が二〇〇七年と一四年の二回、ASEAN一〇ヵ国の学生

を対象にした調査で、「あなたはASEANの市民だと感じますか」といった質問をしています。そこではASEANの設立年を正しく答えられない学生が半数以上いるタイやフィリピンでも、ASEANの市民だと感じると回答した学生が七割以上いました（Thompson and Thianthai 2008; Thompson, et al. 2017）。

第一に、他国による自国への影響の評価です。これは第1章で対中評価を測定した際に用いた質問と同じで、掲げられた一六の国・地域が自国に対してどのような影響を与えているかという質問に対する回答を、国ごとに見ていきます。もしこの地域に対する共属感情が強ければ、ASEAN加盟国の自国に対する影響をASEAN以外の国に比べても高く評価し、「対外認識のヒエラルキー（スコアの上下関係）」で上位に位置しているだろうと考えられます。

第二に、近隣諸国との社会的結合が行われているかどうかです。「社会的結合」というと抽象的な感じがしますが、学生調査では影響に対する評価を尋ねた一五の国・地域出身の友人・知人がいるかを聞いています。相手国に対する影響が高くても、友人や知人がいなければ、影響を自らの経験より、ニュースやイメージをもとに判断している可能性があるからです。

他方で、友人や知人を持っていても、影響を悪く評価すれば、その関係が国レベルと個人レベルで分断している可能性があります。いずれにせよ、ASEAN域内の学生同士がどのような個人的結びつきを持っているかを見ることで、共属感情を推定することができます。第三に、ASEANの学生が、域内の国ぐにに留学・就職したいと考えているかどうかです。

ASEANは従来、経済的な統合を意識しながら活動してきました。もしこれが奏功し、域内の学生にインパクトを与えているとすると、域内の大学に留学・進学し、域内の企業に勤めようとする心理力学が働くはずです。

このように、対外認識だけでなく、どこの国の人と結びつき、どこの国の大学や企業に行きたいと思うのかという、利益に関わる設問への回答を通じて、共属感情を見ていきます。*

＊従来、ASEANを対象にした意識調査は、日本も含めていくつかの地域では行われてきました。例えば日本の外務省は、二〇〇八年にASEAN六ヵ国を対象にした調査を、一四年には七ヵ国、一七年には一〇ヵ国を対象にした調査を行っています。またピュー・リサーチ・センターも中国やアメリカの影響を測定するために、ASEANを対象にした調査を行っています。しかし、日本の外務省の調査も、アメリカのピュー・リサーチ・センターの調査も、日本やアメリカ、中国といった大国への評価は調べていますが、近隣諸国やASEANのメンバー国に対する考え方については質問をしていません。幸運なことに、アジア学生調査には、日本、アメリカ、中国といった大国以外、ASEAN地域に関してもどのような

意識を持っているかを聞いており、ASEAN域内の共属感情を調べるのに最適なデータとなっています。

以下の小見出しでは、言及する国の下に、対外認識のヒエラルキーで最上位にある国・地域と、最下位にある国・地域を記しています。そうすることで、各国における対外認識の特徴が一目瞭然(りょうぜん)となるからです。また、それぞれの国における対外認識と社会的結合の状況を精査した後、最後に留学・就職の希望先をまとめて見ていくことにしましょう。

ベトナム――日本/中国

2-2は、ベトナムの対外認識を、影響を好意的に評価している国から順番に並べたものです。五ポイントスコアで五点が「よい」、一点が「悪い」、三点が「どちらともいえない」ですから、スコアが三以上であれば、相対的に高く評価されていることを意味します。

東南アジアに共通した特徴ですが、対外認識については、多くの国が肯定的に評価をしています。逆にいうと、否定的に評価するのは例外で、そこには特別な事情が存在していると推察されます。

二〇一三年のデータを見ると、日本が四・四九と最も高く、ロシア、シンガポール、オーストラリアと続きます。

第4章でも詳述しますが、ベトナムの場合、他のASEAN諸国とは異なり、ロシアに対する評価が高くなっています。二〇一八年のデータでは、三・九七とスコアは低下しますが、それでも他のASEAN諸国に比べてスコアが高い点では変わりません。

これに対して、中国に対する評価は極端に低くなっています。特に二〇一三年では、下から二番目の北朝鮮が三・一二と三を超えているのに対し、中国は二・一四と、両者の間に一ポイント近い差があります。二〇一八年には、評価が若干改善するとはいえ、中国が一番低く評価されている点では変わりません。

このようにベトナム人学生の対外認識のヒエラルキーにあって、底辺を構成するのが中国と北朝鮮です。ベトナムが共産主義陣営に加わった時点では、北朝鮮や中国は「自分たちの味方」との認識があったはずです

2-2 ベトナムの対外認識

2013年		2018年	
日　本	4.49	日　本	4.36
ロシア	4.28	シンガポール	4.16
シンガポール	4.23	韓　国	4.14
オーストラリア	4.15	アメリカ	4.09
アメリカ	3.99	オーストラリア	4.01
韓　国	3.91	ロシア	3.97
タ　イ	3.74	タ　イ	3.78
インド	3.71	台　湾	3.64
マレーシア	3.70	マレーシア	3.47
インドネシア	3.64	インド	3.44
フィリピン	3.53	インドネシア	3.38
ミャンマー	3.47	フィリピン	3.30
台　湾	3.43	ミャンマー	3.26
北朝鮮	3.12	北朝鮮	2.86
中　国	2.14	中　国	2.58

注記：数値は、「よい」に5点、「どちらかといえばよい」に4点、「どちらともいえない」に3点、「どちらかといえば悪い」に2点、「悪い」に1点を与えてスコア化したもの。「わからない」とする回答は集計から除いている。本書で用いる対外認識については、以下、同じ方法でスコア化されている
出典：アジア学生調査第2・第3波調査

2-3 ベトナムの社会的結合

2013年		2018年	
アメリカ	1.55	アメリカ	1.99
日　本	1.41	日　本	1.82
中　国	1.39	オーストラリア	1.76
オーストラリア	1.31	韓　国	1.65
韓　国	1.26	シンガポール	1.51
シンガポール	1.18	中　国	1.48
台　湾	1.15	台　湾	1.37
ロシア	1.15	ロシア	1.36
インド	1.10	タ　イ	1.22
タ　イ	1.10	マレーシア	1.18
フィリピン	1.07	フィリピン	1.16
マレーシア	1.06	インド	1.15
インドネシア	1.06	インドネシア	1.13
ミャンマー	1.02	ミャンマー	1.09
北朝鮮	1.01	北朝鮮	1.05

注記：これらの国・地域からの出身者を「友人に持っている」と回答した場合に３点、「知人に持っている」と回答した場合に２点、「どちらもいない」と回答した場合に１点をスコアとして与えたもの。「わからない」とする回答は集計から除いている。本書で用いる社会的結合は、以下、同じ方法でスコア化されている

出典：アジア学生調査第２・第３波調査

から、この結果は当時からすればショッキングなものです。

冷戦体制メンタリティーの消失は、アメリカへの高い評価からも見て取ることができます。二〇一三年のスコアは三・九九、一八年のスコアは四・〇九と、ベトナムではアメリカの影響が肯定的に評価されています。

このように、東アジアの社会主義国を低く評価し、ベトナム戦争で戦ったアメリカや韓国を高く評価している点が、現在のベトナムにおける国民感情の特徴といえます。

では、他のASEAN諸国の影響はどのように評価されているか。ベトナムでは、シンガポールが例外的に高く評価されている以外は、北朝鮮や中国ほど悪くないとはいえ、日本やアメリカ、韓国ほど高い評価ではなく、中位グループを形成しています。

2-3は、ベトナムにおける社会的結合の状態を示した表です。三点が「友人がいる」、二点が「知人がいる」、一点は「どちらもいない」としてスコア化しています。スコアが大きくなるほど親密な関係を持った人がいることを意味します。平均値はその時々に変わるので、細かなスコアより相対的な位置を意識して見てください。

2-2を説明した際にも指摘しましたが、アメリカ人との社会的結合という点では、社会主義国のベトナムは「社会主義的特徴」を示していません。多くのベトナム難民がアメリカに移民していることを考えれば、これも十分に理解できます。

アメリカの次に多くの友人・知人がいるのが日本です。二〇一九年時点で、日本がベトナム人労働者の最大の受け入れ国です。労働輸出全体の五四%を占め、これに台湾が続きます。また日本国内の留学生数も、二〇一八年時点で七万二〇〇〇人強と、中国に次ぐ第二の留学生数であり（JASSO外国人留学生在籍状況調査）、ベトナムにとっては日本が最大の留学先となっています。

二〇一三年の調査時点で、日本の次に社会的結合が強いのが中国です。二〇一八年には、中国の位置は下がりますが、それでもスコアが一・四八ですから、回答者の半数近くに中国人の友人・知人がいる計算になります。*

＊事実、二〇一六年時点で、ベトナムに六・八万人近くいる外国人派遣労働者の三割近くが中

国人で、これに韓国人（一・五万人）、台湾人（一・一万人）が続きます（https://globalexpatrecruiting.com/number-foreign-workers-vietnam-rise/）。

中国同様に低い評価の北朝鮮については、社会的結合がほとんどありません。接触機会がないため、ベトナムの人びとは北朝鮮に対する悪いイメージを改善するチャンスを持ち合わせていないのです。

さて、ASEANの位置づけは、どうでしょうか。

ベトナムは、ASEANに加盟したのが一九九五年と遅いのですが、タイ、フィリピン、マレーシア、インドネシア、ミャンマーといった他のASEAN諸国との社会的結合は、アメリカ、日本、中国、韓国とのそれに比べて、さほど強くありません。高い評価のロシアについては、社会的結合は中位に位置しています。

このように、日本やアメリカのように社会的結合が強く評価も高い国もあれば、北朝鮮のように社会的結合も弱くイメージも悪い国がある一方で、中国のように社会的結合は強いものの評価が低い国も、ロシアのように評価は高いものの社会的結合はそれほど強くない国も存在しています。

また、二〇一三年、一八年のいずれの時点でも、ASEAN諸国は、対外認識、社会的結合のいずれでも中位に位置しています。

一般にASEAN諸国間の対外認識は良好で、社会的結合は深いようにイメージしがちですが——そして、それこそASEAN設立の目的なはずですが——、調査結果は、これを裏切るものとなっています。これがベトナムの特徴といえるでしょう。

フィリピン——日本／北朝鮮

次に、フィリピンに目を向けてみましょう。

フィリピンの対外認識を示したものが2-4です。日本、シンガポール、韓国、オーストラリアが対外認識のヒエラルキーで上位に来ている点で、ベトナムと似ています。

興味深いのが、アメリカへの評価です。アメリカのスコアは二〇一三年で三・五〇、一八年では三・四〇と、決して悪くはないものの、日本やシンガポール、韓国のように四を超えてはいません。

2-4 フィリピンの対外認識

2013年		2018年	
シンガポール	4.13	日　本	4.39
日　本	4.13	シンガポール	4.25
韓　国	4.06	韓　国	4.14
オーストラリア	3.80	オーストラリア	4.01
タ　イ	3.68	台　湾	3.80
マレーシア	3.66	タ　イ	3.69
インドネシア	3.51	マレーシア	3.67
アメリカ	3.50	インドネシア	3.51
ベトナム	3.50	ベトナム	3.44
台　湾	3.49	アメリカ	3.40
インド	3.39	ミャンマー	3.33
ミャンマー	3.34	インド	3.29
ロシア	3.04	ロシア	2.81
中　国	3.04	中　国	2.60
北朝鮮	2.37	北朝鮮	2.27

出典：アジア学生調査第2・第3波調査

2-5　フィリピンの社会的結合

2013年		2018年	
アメリカ	2.51	アメリカ	2.32
韓　国	1.82	日　本	1.82
オーストラリア	1.80	オーストラリア	1.81
中　国	1.74	シンガポール	1.72
日　本	1.74	中　国	1.62
シンガポール	1.66	韓　国	1.59
台　湾	1.33	台　湾	1.38
インド	1.29	インドネシア	1.29
タ　イ	1.27	インド	1.29
マレーシア	1.24	マレーシア	1.21
インドネシア	1.23	タ　イ	1.17
ベトナム	1.13	ベトナム	1.17
ロシア	1.09	ロシア	1.07
北朝鮮	1.08	ミャンマー	1.04
ミャンマー	1.06	北朝鮮	1.02

出典：アジア学生調査第２・第３波調査

第4章で触れますが、フィリピンはアメリカと複雑な歴史的関係があります。もともとアメリカの植民地だったこともあり、フィリピン出身の永住移民者の約三分の二はアメリカで暮らしています。日常的に英語が用いられ、アメリカの文化的影響を強く受けています。ところが、アメリカは日本、シンガポール、韓国ほど、評価は高くありません。

日本、シンガポール、韓国と対極にあるのが中国と北朝鮮です。中国は二〇一三年で三・〇四と、かろうじて三を超えていましたが、一八年には二・六〇まで低下し、中国に対する評価が急激に悪化したことがわかります。北朝鮮が対外認識のヒエラルキーで最下位にある点では、二〇一三年、一八年も変わりません。

アメリカ、カナダに次いで永住移民者が多いオーストラリアのスコアが高いのは理解できますが、タイ、マレーシア、インドネシア、ベトナム、ミャンマーといったASEAN諸国はベトナムと同様、中位に位置しています。

社会的結合を示した2－5でも、2－4と似た特徴を見て取ることができます。ただ、アメリカの友人・知人の多さは、他のASEAN諸国に比べても突出しています。同様に、近年、フィリピン移民の受け入れ先となりつつある日本との社会的結合が強い点も確認できます。

韓国の友人・知人が多いのは、「キロギアッパ（雁の父親：妻子を教育のために海外に行かせ、単身韓国に残って仕送りをする父親を表現したもの）」現象といわれる韓国からの教育移民が、フィリピンに多いことと関係しているように思えます。

ベトナム同様、北朝鮮、ミャンマーとの接触は少なく、ここでもASEAN諸国との社会的結合が中位に位置しています。

タイ——日本／北朝鮮

次にタイを取り上げましょう。

ベトナムの項でも指摘したように、東南アジアでは対外認識について多くの国が肯定的な評価をします。2－6でみるようにタイで唯一の例外が北朝鮮です。二〇一三年では二・五一、一八年では二・六〇と、唯一、三を下回っています。

逆に日本は、二時点ともに四・二七と高く評価されています。他方でフィリピンとは異なり、アメリカへの評価は相対的に高くなっています。

タイがベトナムやフィリピンと決定的に違うのが中国への評価です。二〇一三年では四・〇一、一八年には三・九〇と若干スコアが下がるものの、ともに第三位の評価を受けています。ベトナムやフィリピンでは、中国よりも台湾の評価が高かったのですが、タイではこれが逆転しています（この点では、次に説明するマレーシアも同様です）。

2-6　タイの対外認識

2013年		2018年	
日　本	4.27	日　本	4.27
アメリカ	4.06	韓　国	3.92
中　国	4.01	中　国	3.90
シンガポール	3.87	シンガポール	3.89
韓　国	3.80	台　湾	3.72
オーストラリア	3.55	アメリカ	3.67
マレーシア	3.52	オーストラリア	3.58
台　湾	3.48	マレーシア	3.36
ベトナム	3.40	ベトナム	3.28
インドネシア	3.40	インドネシア	3.24
インド	3.39	ミャンマー	3.22
ミャンマー	3.34	フィリピン	3.20
フィリピン	3.34	インド	3.20
ロシア	3.17	ロシア	3.17
北朝鮮	2.51	北朝鮮	2.60

出典：アジア学生調査第２・第３波調査

東南アジア諸国については、シンガポールを除き、対外認識のヒエラルキーでは、さほど高い位置に置かれていません。これはベトナム、フィリピンと同様です。

2-7の社会的結合について見てみましょう。フィリピン同様、アメリカとの結びつきが一番強く、これに中国が続きます。*

＊質問票では、調査対象者に「あなたは（列挙された）これらの国ぐにを母国にする友人や知人がいるか」と聞いているのですが、タイを含めた東南アジア諸国では、中国人が中国からやってきて間もない人たち（「ニューカマー」と呼ばれます）なのか、三世、四世になった華人なのか、判然としないといった問題があります。東南アジアでこの種の調査を行う際には、どのような中国人かを特定しないと、解釈を間違ってしまう可能性があります。

2-7　タイの社会的結合

2013年		2018年	
アメリカ	1.60	アメリカ	1.65
中　国	1.45	中　国	1.57
日　本	1.43	日　本	1.48
オーストラリア	1.27	韓　国	1.31
フィリピン	1.22	オーストラリア	1.28
韓　国	1.21	台　湾	1.27
シンガポール	1.20	フィリピン	1.26
台　湾	1.17	シンガポール	1.26
インド	1.14	インド	1.16
インドネシア	1.13	インドネシア	1.14
マレーシア	1.13	ミャンマー	1.13
ミャンマー	1.12	マレーシア	1.13
ベトナム	1.11	ベトナム	1.11
ロシア	1.09	ロシア	1.08
北朝鮮	1.04	北朝鮮	1.02

出典：アジア学生調査第２・第３波調査

フィリピン同様、ロシア、北朝鮮が下位グループを作り、ベトナムも下位グループに属しています。タイでは、（中国を除く）社会主義諸国の人びととの間に心理的距離があるようです。

また、ＡＳＥＡＮ諸国との社会的結合については、ベトナム、フィリピン同様、タイでも中位にあります。

マレーシア——日本／北朝鮮

２－８のように、マレーシア人の対外

認識のヒエラルキーで、上位に位置するのは日本とオーストラリア。これに中国、シンガポール、韓国が続きます。

タイと同様に、マレーシアでは台湾より中国の影響が相対的に高く評価されています。

楊國慶（2018）によると、マレーシアの華人はマレー人との民族的対立のなかで、中国の経済成長をテコに、自分たちの優位性を政治的な交渉過程で利用しているようです。もしそうであれば、台湾より中国の利用価値が高いはずですが、二〇一四年と一八年のデータは、この説明を裏付けています。この点は第4章で、再度確認することにしましょう。*

2-8 マレーシアの対外認識

2014年		2018年	
日　本	4.37	日　本	4.56
オーストラリア	4.06	オーストラリア	4.21
中　国	3.93	シンガポール	4.06
シンガポール	3.80	韓　国	3.98
韓　国	3.69	中　国	3.97
台　湾	3.64	台　湾	3.65
タ　イ	3.54	アメリカ	3.60
インド	3.53	タ　イ	3.50
ロシア	3.38	ロシア	3.36
フィリピン	3.35	ベトナム	3.22
ベトナム	3.35	フィリピン	3.17
インドネシア	3.34	インド	3.15
ミャンマー	3.28	インドネシア	3.06
北朝鮮	3.04	ミャンマー	2.88
アメリカ	2.88	北朝鮮	2.68

出典：アジア学生調査第２・第３波調査

＊実はこの結果を台湾の研究者の前で報告する機会があったのですが、彼らは一様にびっくりし、がっかりしていました。というのも、多くの台湾の人たちは、マレーシアの華人が台湾で中国語を学習してきた長い歴史を知っており、いまでもマレーシアに特別な感情を抱いて

いるからです。

マレーシアの北朝鮮評価は、二〇一四年では三・〇四とわずかに肯定的な評価がなされていたのが、一八年には二・六八へと、〇・四ポイント近く下がっています。これには、二〇一七年二月一三日にマレーシアのクアラルンプール国際空港で生じた、金正男（キムジョンナム）暗殺事件が影響していると推測されます。

マレーシアの対外認識は、アメリカへの評価が相対的に低いことが大きな特徴です。二〇一八年には三・六〇へと改善しますが、それでも他の地域に比べると、評価はさほど高くありません。インドネシアでも似た特徴が見られますから、イスラム教徒が多い国では、アメリカは厳しい評価を受けているようです。*

＊ピュー・リサーチ・センターのGlobal Attitudes Surveyは、数は多くないものの、イスラム教国も調査対象としています。ヨルダン、トルコ、チュニジア、パキスタン、パレスチナ国といった中東のイスラム諸国は、アメリカへの評価が最も低い国家群を形成しています。

では、ASEAN諸国の影響はどのように評価されているでしょうか。

マレーシアでも、シンガポールが一番高く評価され、それ以外のタイ、フィリピン、ベトナム、インドネシア、ミャンマーについては、北朝鮮ほどではないにせよ、さほど高い評価

2-9 マレーシアの社会的結合

2014年		2018年	
インドネシア	1.91	インドネシア	1.94
シンガポール	1.67	シンガポール	1.71
中　国	1.47	日　本	1.52
日　本	1.41	中　国	1.51
タ　イ	1.35	タ　イ	1.37
韓　国	1.30	韓　国	1.31
インド	1.28	インド	1.31
アメリカ	1.20	オーストラリア	1.29
フィリピン	1.19	アメリカ	1.27
オーストラリア	1.16	フィリピン	1.25
ミャンマー	1.16	台　湾	1.20
ベトナム	1.12	ベトナム	1.11
台　湾	1.12	ロシア	1.11
ロシア	1.11	ミャンマー	1.10
北朝鮮	1.09	北朝鮮	1.07

出典：アジア学生調査第２・第３波調査

を受けていません。

　なかでも興味深いのは、マレーシアと多くの共通性を持つインドネシアへの評価が、二時点とも低くなっていることです。ところが、2-9にあるように、マレーシア人が一番多くの友人・知人を持っているのはインドネシア人です。

　北朝鮮については、他国同様に、社会的結合がほとんどありません。そのため金正男暗殺事件のような国家イメージを悪化する事件が起こると、北朝鮮への評価は下げ止まらなくなってしまうのです。

　社会的結合が比較的強いのは、日本や中国、韓国といった東アジアの国ぐにで、フィリピン、ミャンマー、ベトナムとは、社会的結合がさほど強くありません。

シンガポール――日本／北朝鮮

　多くの国から高く評価されているシンガポールは、どのような対外認識上の特徴を持っているのでしょうか。2-10がその結果です。

二〇一三年、一八年両時点で最も高く評価されているのは日本で、その次に韓国／オーストラリアが位置します。北朝鮮が最も低いスコアを示していますが、同様に、マレーシアとインドネシアといった隣国も、比較的厳しく評価されています。

特に二〇一三年では、マレーシアが三・〇三、インドネシアが二・九八と、他のASEAN加盟国に比べて辛い評価となっています。それ以外のASEAN諸国（ベトナム、フィリピン、ミャンマー）はそれよりも上に位置しますが、これも日本、オーストラリア、韓国といった国ほど高くはありません。

2-10 シンガポールの対外認識

2013年		2018年	
日　本	3.95	日　本	4.21
韓　国	3.80	オーストラリア	3.99
台　湾	3.76	韓　国	3.93
オーストラリア	3.73	台　湾	3.90
アメリカ	3.67	アメリカ	3.83
タ　イ	3.48	中　国	3.62
インド	3.33	タ　イ	3.56
ベトナム	3.30	インド	3.45
中　国	3.23	ベトナム	3.42
フィリピン	3.21	ミャンマー	3.34
ミャンマー	3.19	インドネシア	3.20
ロシア	3.11	フィリピン	3.10
マレーシア	3.03	マレーシア	3.08
インドネシア	2.98	ロシア	3.03
北朝鮮	2.18	北朝鮮	2.54

出典：アジア学生調査第2・第3波調査

ベトナムの二〇一三年調査の結果で、中国ほどではないにせよ、台湾の評価も低かったことを思い出してほしいのですが（2-2参照）、調査の翌年、南沙（なんさ）諸島の領有をめぐる衝突を契機に、ベトナムでは反中デモが起こりました。そして、多くの台湾企業も打ちこわしの対象になっていました。同じ漢字を使っているため、ベトナムでは台湾と中国が同一視されていたのです。

ところがシンガポールでは、華人が多数であることもあり、この両者がはっきりと弁別されています。中国より台湾への評価が高いのは、漢字を識別できる華人の存在に負うところが大きいでしょう。しかも多文化主義を掲げるシンガポールにとって、台湾の政治体制の方が親しみやすく、中国よりも高い評価を得やすい条件が整っています。*

*近年では、台湾での就職難や中国との政治的緊張関係から、シンガポールに職を求める台湾人の若者が増えています。彼らの多くはサービス産業に入り、マレーシア人やインドネシア人、バングラデシュ人のように肉体労働に従事しているのと一線を画しているのも、こうした好印象の一因になっていると考えられます。

中国は「一つの中国」を原則に、さまざまな外交圧力を掛けています。最近では、ヨーロッパのチェコ共和国に対して「台湾に接近しないように」と大きな圧力を掛けてニュースになりましたが、*シンガポールは台湾と共同軍事演習を行うなど、ユニークな「等距離外交」を展開しています。

*その後、中国がチェコに「コロナ禍対策用に」と、大量のマスクと人工呼吸器を寄贈したと

ころ、チェコの対中姿勢が一変しました（『日本経済新聞』二〇二〇年三月二七日）。筆者は、物質的な結合を通じて信頼関係を作ろうとする中国（人）の行動特性を「関係主義」と表現してきましたが（園田 2001）、こうした姿勢は、後掲のグラフ２‐16からも、その精神構造の一端を見て取ることができます。

2-11 シンガポールの社会的結合

2013年		2018年	
マレーシア	2.50	マレーシア	2.48
中　国	2.09	中　国	2.12
インドネシア	2.02	インドネシア	1.88
インド	1.77	台　湾	1.71
オーストラリア	1.72	インド	1.69
アメリカ	1.61	フィリピン	1.66
台　湾	1.61	韓　国	1.64
フィリピン	1.60	オーストラリア	1.62
韓　国	1.51	日　本	1.55
日　本	1.49	アメリカ	1.48
タ　イ	1.42	タ　イ	1.45
ベトナム	1.40	ミャンマー	1.38
ミャンマー	1.29	ベトナム	1.34
ロシア	1.07	ロシア	1.08
北朝鮮	1.02	北朝鮮	1.04

出典：アジア学生調査第２・第３波調査

社会的結合については、シンガポールの隣国であるマレーシアと、多くの華人にとっての故郷である中国との個人的な結びつきが強く見られます（２‐11参照）。また、国レベルでは厳しく評価されていたインドネシアとの社会的結合も強く見られます。

ロシア、北朝鮮といった（旧）社会主義国との結びつきが弱いという点では、フィリピンなどと似た特徴があります。

ＡＳＥＡＮ域内の国ぐにから、例外的に高く評価されていたシンガポールは、

2-12　インドネシアの対外認識

2014年		2018年	
日　本	4.35	日　本	4.44
シンガポール	3.97	シンガポール	4.15
韓　国	3.83	韓　国	4.07
オーストラリア	3.76	オーストラリア	3.97
タ　イ	3.72	中　国	3.77
中　国	3.72	タ　イ	3.74
インド	3.67	台　湾	3.65
フィリピン	3.55	インド	3.56
台　湾	3.54	ベトナム	3.44
ロシア	3.46	ロシア	3.40
ベトナム	3.43	アメリカ	3.40
ミャンマー	3.39	フィリピン	3.37
アメリカ	3.15	ミャンマー	3.26
北朝鮮	3.01	マレーシア	3.16
マレーシア	2.92	北朝鮮	2.84

出典：アジア学生調査第２・第３波調査

隣国とは社会的結合が強いものの、その影響をさほど高く評価していません。筆者はそこに、シンガポールの国際感情の特徴を見出しますが、詳細は第4章で触れましょう。

インドネシア――日本／北朝鮮

最後にインドネシアを見てみましょう。人口二・六億強と日本の倍以上の人口を抱えるインドネシアの対外認識を2-12、社会的結合の状況を2-13に、それぞれ示しました。

インドネシアでは対日イメージがきわめてよく、これに、シンガポールと韓国が続いています。第1章で見たように、中国に対する評価は高いものの、これも日本、シンガポール、韓国に次いでです。

評価対象となった一五の国・地域のなかで、唯一否定的な評価をされているのが二〇一四年時点でマレーシア、一八年時点で北朝鮮です。シンガポール、マレーシア以外のASEA

N諸国は、その中間に位置しています。フィリピン、ベトナム、ミャンマーといった国ぐには、北朝鮮、マレーシアほどではないにせよ、さほど高く評価されていません。

社会的結合については、先述したように、マレーシアとの個人的結びつきが強く見られます。移民や留学先として人気のアメリカ、日本、オーストラリアとの結びつきが強く、ベトナム、北朝鮮、ミャンマーといった発展途上の国ぐにとは、さほど社会的結合が強くありません。

2-13 インドネシアの社会的結合

2014年		2018年	
マレーシア	1.68	マレーシア	1.66
日　本	1.53	日　本	1.57
アメリカ	1.51	アメリカ	1.54
オーストラリア	1.47	シンガポール	1.51
シンガポール	1.42	オーストラリア	1.51
中　国	1.35	中　国	1.36
韓　国	1.32	韓　国	1.30
タ　イ	1.21	インド	1.20
インド	1.20	タ　イ	1.18
フィリピン	1.16	台　湾	1.14
台　湾	1.13	フィリピン	1.13
ロシア	1.09	ロシア	1.08
ベトナム	1.07	ベトナム	1.05
北朝鮮	1.04	ミャンマー	1.04
ミャンマー	1.03	北朝鮮	1.02

出典：アジア学生調査第2・第3波調査

希望する留学先
――人気が高い英米豪の大学

次に、ASEANの凝集性を見るうえでも、希望する留学先や就職先として、ASEAN域内の国や企業が想定されているかについて見ることにしましょう。

2-14は、列挙された国・地域への留学にどの程度興味があるかをASEAN六ヵ国で調査したもので、四ポイントスコアで示したものです。留学先として

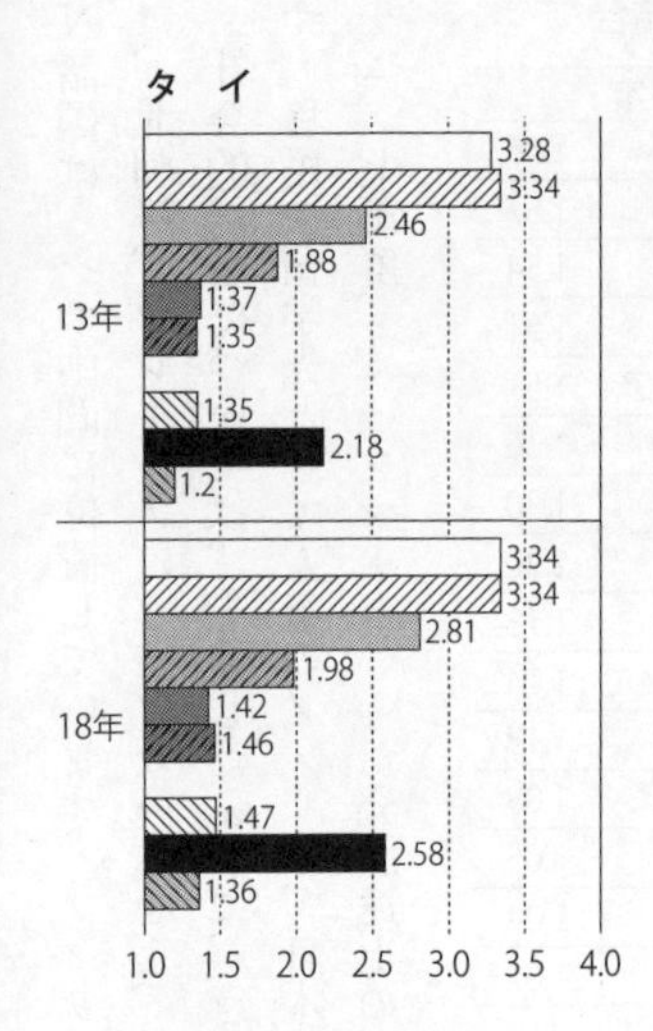

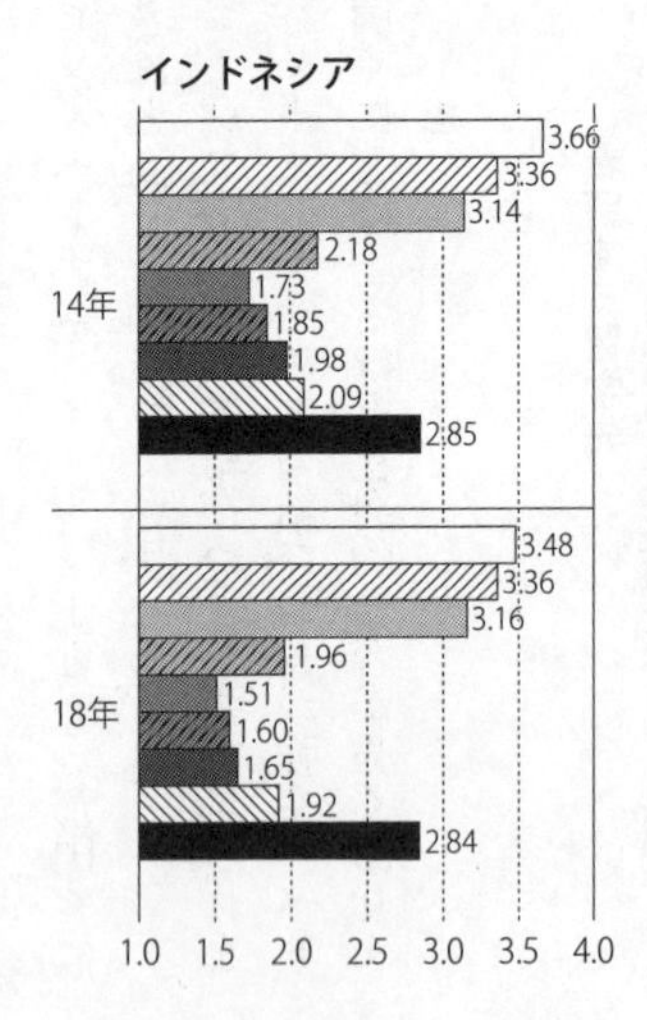

注記：列挙された国への留学に「非常に興味がある」を4点、「ある程度興味がある」を3点、「あまり興味がない」を2点、「まったく興味がない」を1点としてスコア化した。「わからない」とする回答は集計から除いている

出典：アジア学生調査第2・第3波調査

2-14 国別留学指向：東南アジア（2013〜18年）

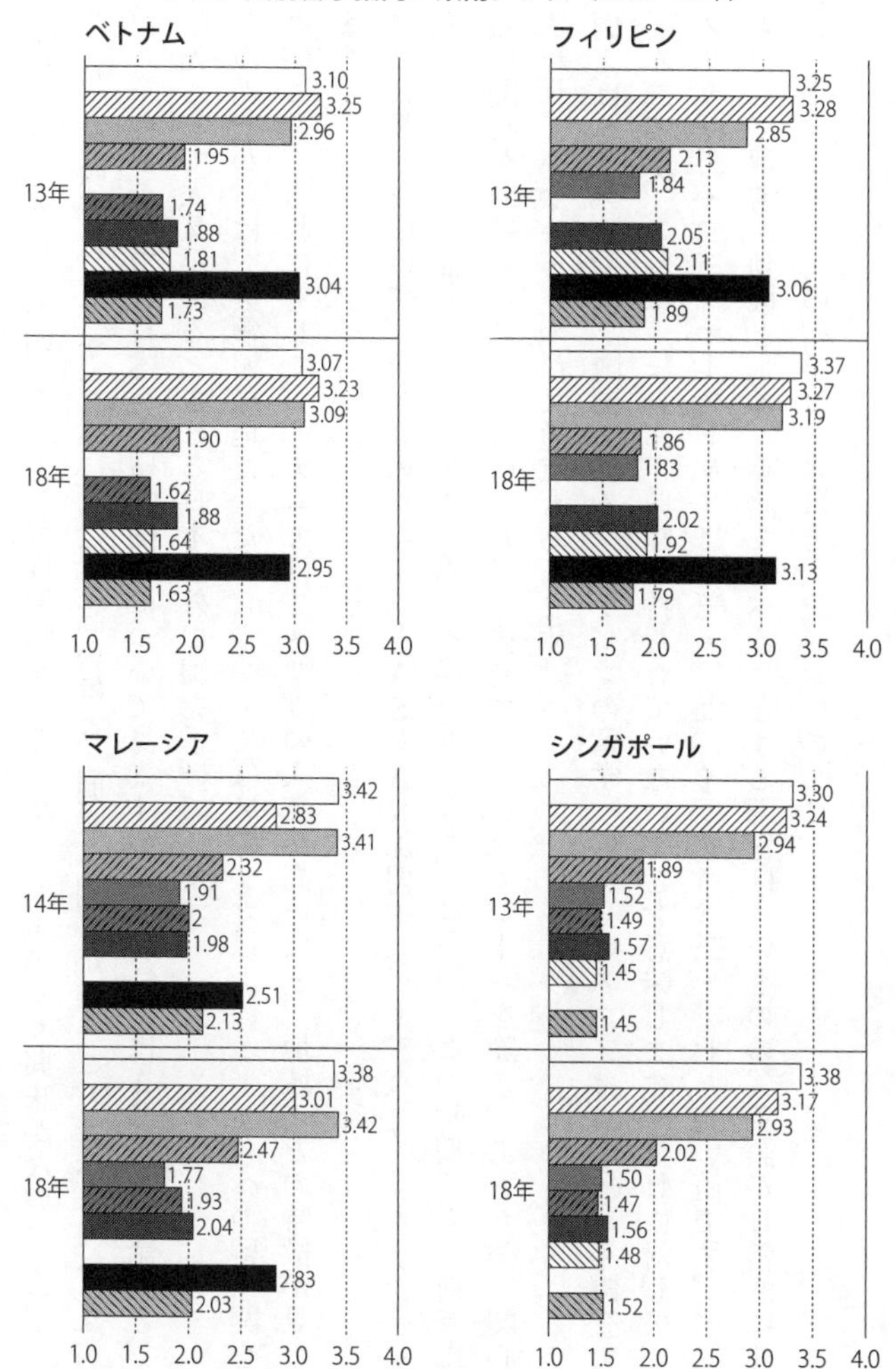

「非常に興味がある」が四点、「ある程度興味がある」が三点、「あまり興味がない」が二点、「まったく興味がない」が一点で、数値が高いほど、興味・関心が強いことを示しています。

第6章の6-3で、日本への留学関心について見ますので、ここではASEAN諸国と、留学先として人気があるとされる日本以外の国を挙げています。

この調査からは、英領植民地だったマレーシアではアメリカ以上にイギリスへの留学関心が高いこと、それに対してベトナムではアメリカの人気が高いなど、地域ごとの特徴が見られます。

さらに視野を広げて、英米豪のグループとASEAN加盟国（ベトナム、フィリピン、タイ、マレーシア、シンガポール、インドネシア）を比べてみると、どの国、どの時期でも、前者には強い関心が向けられているのに対して、後者には、シンガポールを除き、あまり強い関心が払われていないといった共通点もあります。

例えばベトナムでは、隣国であるフィリピンの留学への関心のスコアは二〇一八年調査で一・六二です。これは、ほとんど興味が持たれていないことを意味します。これに対して、アメリカは三・二三、オーストラリアは三・〇九、イギリスは三・〇七と高い値です。ベトナムでも、留学の動機として「英語で学べる」とする回答は多いものの、英語が日常的に使われるフィリピンへの留学は、さほど人気がないのです。

希望する就職先——欧米系・日系企業への強い関心

同じことは、次ページの2-15の希望する就職先でもいえます。

2-15は、卒業後にどんな企業に勤めたいかを聞いた結果を示したものです。回答者の四分の一は新入生なので、どの地域でも「わからない」という回答が多く見られるのは仕方ないでしょう。

ともあれ、2-15からは、以下の知見を読み取ることができます。

第一に、フィリピン、マレーシア、シンガポール、インドネシアには自国企業で働きたい者が多く、ベトナムやタイには外資系企業で働きたい者が多くいます。ASEANに属していながら、希望する就職先は国によって異なるのです。

第二に、日系企業での就職を希望する者が、一定の割合でいます。後述するように、日本への留学関心と比べても、日系企業への関心は高いようです。

第三に、アメリカ系やヨーロッパ系企業への関心も高く見られます。しかし同じ外資系でも、ベトナムでは日系企業の人気が高く、インドネシアではヨーロッパ系の人気が強いなど、国によって好まれる外資系は異なります。

最も重要なのは、「他のアジア系企業」です。ASEAN域内の企業は、この「他のアジア系企業」に類別されますが、マレーシアで例外的にある程度の数がいる以外、「他のアジア系企業」で働きたいと思っている学生は、ASEAN域内にはほとんどいません。ASE

2-15　希望する就職先：東南アジア（2013～18年）

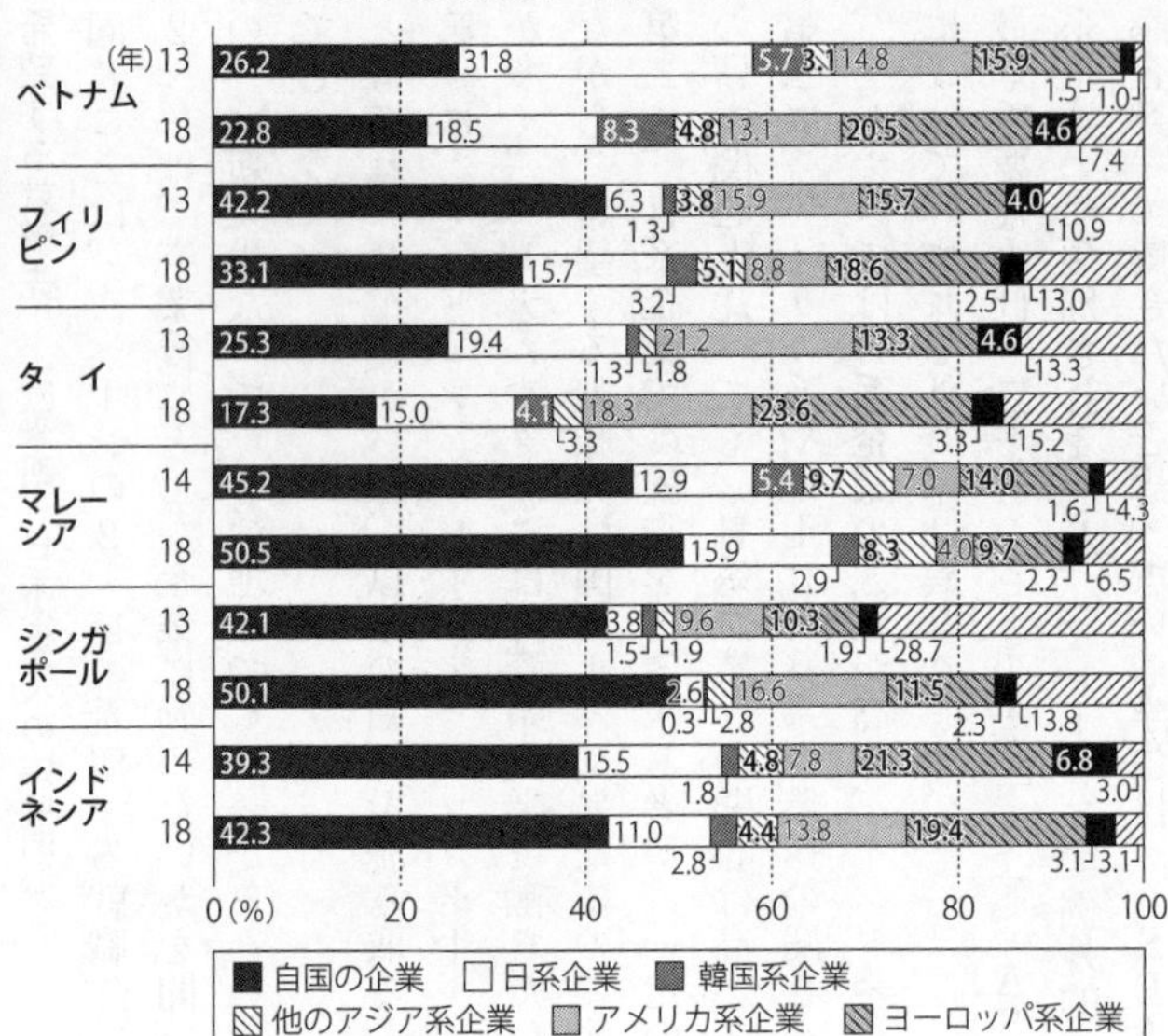

出典：アジア学生調査第２・第３波調査

ＡＮの学生にとって、ＡＳＥＡＮの企業は、自国の企業を除き、希望する就職先としてはほとんど魅力がないのです。

地域統合の夢は潰えるのか

本章ではＡＳＥＡＮ諸国を対象に、対外認識のヒエラルキーや社会的結合、希望する留学先や就職先で、どのようにＡＳＥＡＮ加盟国が位置づけられているかを見てきました。

調査対象となったすべての国で日本の影響が最も高く評価され、北朝鮮の影響が最も低く評価されています。韓国、シンガポール、アメリカ、オーストラリアといった、経済が発展した地域への評価が高く、中国をめぐってはベトナム・フィリピンと、その他の国ぐにとの間で意見が分かれていました。さらにはマレーシアとインドネシアは、社会的結合が強いものの、それぞれ相手の影響を低く見る傾向がありました。シンガポールでも、社会的結合が強いマレーシアやインドネシアの影響を、さほど肯定的に見ていないこともわかります。

留学先や就職先としてASEANを念頭に置くものはほとんどおらず、シンガポールや英米豪が人気の留学先で、自国以外の企業でASEAN域内の企業への就職を希望する者もほとんどいませんでした。

このように、冒頭で記したASEAN中心性——自らの凝集性を意識し、域内の協力枠組みのハブとして機能していこうとする考え方——の観点からは、結果は惨憺（さんたん）たるものです。ASEANの学生たちの気持ちは、域内よりは先進国に向き、それゆえ、ASEAN中心性は「絵に描いた餅（もち）」でしかないように思えます。

では、ASEANという国家間協力枠組みには意味がないのでしょうか。そうとはいえない、と筆者は思っています。

2-16は、「経済統合はアジア人同士の信頼を促進する」とする文言への賛否の割合を示したものです。このグラフからは、ASEAN加盟国のなかでこの文言が比較的受け入れられていることがわかります。

2-16「経済統合はアジア人同士の信頼を促進する」という文言への賛否（2008〜14年）

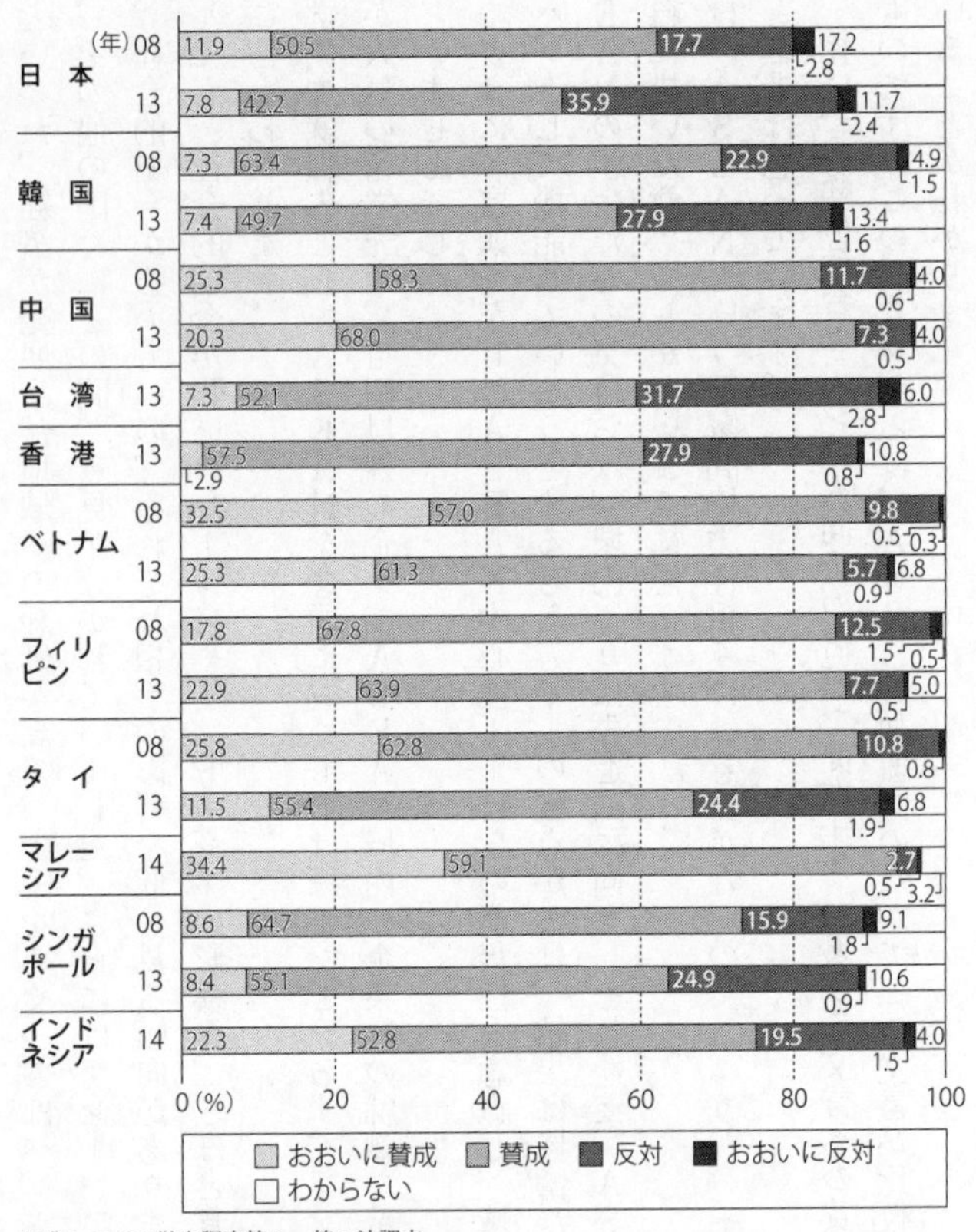

出典：アジア学生調査第１・第２波調査

この章の冒頭で、ＡＳＥＡＮの学生は、東アジア共同体の可能性に楽観的な姿勢を持っていたと指摘しましたが、調査からは彼らはいまでも、経済統合のもたらす肯定的な機能を信じていることがわかります。実際、ＡＳＥＡＮ諸国も、経済協力の枠組みを通じて地域統合を進めようとしてきましたが、もし経済的な統合が、徐々に政治的な統合や独自のアイデンティティー、文化の統合をも生み出していくとすれば、早晩、ＡＳＥＡＮを支える心理的基盤ができるかもしれません。

問題は、地域統合への肯定的な評価と、域内の凝集性が低いこととの間にギャップがあることです。このギャップをどう理解し、どう埋めていくか。その対応次第で、アジアの将来も変わってくるはずですが、この点については、本書の最後でも触れることにしましょう。

第3章　東アジア間の心理的距離――厄介な近隣関係

第2章ではASEAN諸国の対外認識を概観してきましたが、この章では東アジアに焦点を当てます。韓国、中国、台湾、香港、そして日本でどのような対外認識上の特徴があり、これがどのように歴史的に変化してきたかを見ます。

日本を含む東アジア地域では、時期や調査主体は異なるものの、全国規模の調査が継続的に行われています。特に日本では、一九七五年から内閣府が「外交に関する世論調査」を実施するなど、東南アジア以上にデータの蓄積があります。

この章では、従来の研究が用いてこなかった統計的な分析――具体的には階層クラスター分析――によって、その結果を樹形図（デンドログラム）に表現します。これを「対外認識図」とし、第2章での「対外認識のヒエラルキー」とは別物として扱います。*

＊樹形図を作るにあたっては、第二波調査のデータと第三波調査のデータの平均値を利用し、

グループ間平均連結法を用いて可視化しています。

最後に、第2章のASEAN諸国の結果を含め、序章で述べた相互予期仮説が妥当するか、検討してみます。

以下、前章同様に、小見出しにある国・地域の下に、対外認識のヒエラルキーで最上位にある国・地域と、最下位にある国・地域を記します。

韓国――アメリカ／北朝鮮

まず、韓国から見てみましょう。

3－1には、二〇一三年、一八年の二時点における韓国の対外認識を数値化しています。第2章でのASEAN諸国同様に五ポイントスコアを用い、数値が高ければ高いほど影響が高く評価されていること、三が中間値であることを念頭に置いて、数値を見てください。

韓国の学生たちはアメリカ、オーストラリア、シンガポールといった英語圏の影響を高く評価し、日本、中国、北朝鮮といった近隣諸国の影響を低く評価しています。峨山（アサン）政策研究院が行ってきた世論調査の結果などと比べると、中国への評価が少し厳し目ですが、ほぼ同じ傾向にあります。

興味深いのは、他の調査対象地に比べてベトナムへの評価が高いことです。二〇一三年では三・三九と上から五位に位置し、一八年には三・四五と、二位に上昇しています。
ベトナム戦争の際、多くの韓国軍兵士がベトナムに赴き、その結果多くの私生児が生まれ——彼らは「ライダイハン」と呼ばれています——、大きな社会問題とされてきました。こうした過去の経緯から、なぜ韓国でベトナムの評価がこれほど高いのか、不思議に思うかもしれません。

3-1　韓国の対外認識

2013年		2018年	
アメリカ	3.56	アメリカ	3.60
オーストラリア	3.49	ベトナム	3.45
シンガポール	3.45	オーストラリア	3.41
インド	3.41	シンガポール	3.37
ベトナム	3.39	台　湾	3.31
インドネシア	3.35	タ　イ	3.28
タ　イ	3.34	インドネシア	3.26
フィリピン	3.29	インド	3.24
マレーシア	3.27	フィリピン	3.20
台　湾	3.22	マレーシア	3.18
ロシア	3.20	ミャンマー	3.09
ミャンマー	3.16	ロシア	2.91
中　国	3.00	日　本	2.80
日　本	2.49	中　国	2.62
北朝鮮	1.60	北朝鮮	2.15

出典：アジア学生調査第２・第３波調査

筆者も確定的な答えを持ち合わせていませんが、以下、四つほど理由が考えられます。①ベトナムが韓国からの投資を歓迎し、ベトナムの韓国に対する評価も相対的に高いこと、②韓国の文化コンテンツ、いわゆる韓流がベトナムで人気があり、韓国人学生もこのことを知っていること、③人気の観光スポットとしてベトナムが浮上していること、④サッカー・ベトナム代表の朴恒緒（パクハンソ）監督など韓越関係が良好であることを象徴する人物の存在、などが関係していると推測しています。

二〇一三年、一八年のスコアを平均化し、その平均スコアをもとにどの国とどの国の位置が近いか／遠いかを樹形図化したものが3-2です。

左右の軸はグループを結びつける困難さを示しており、その距離が長ければ長いほど、グループを結びつけるのが難しい（つまり別のグループを形成する）ものと解釈されます。

北朝鮮と同じグループに属する日本、中国を結びつける線が長いことから、北朝鮮が例外的な国であることを示しています。それ以外の国家群では、比較的よいイメージのオーストラリア、アメリカ、シンガポールが一つのグループを作り、それ以外の国・地域がもう一つのグループを作っています。

北朝鮮は同じ民族によって出来上がっている国であっても、韓国にとっては警戒すべき「敵性国」です。* また日本や中国が北朝鮮に近い位置にあることから、韓国人学生は「四面楚歌」に近い感覚を持っているはずです。

3-2 韓国の対外認識図

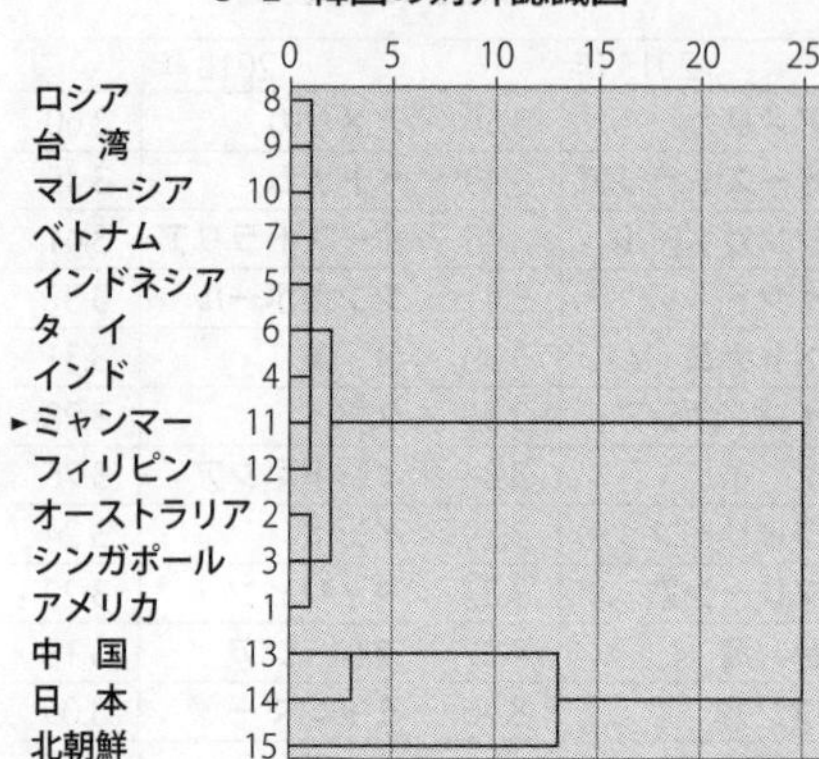

注記：グループ間平均連結法を用いた階層クラスター分析による結果を示している。国・地域に付された数値は対外認識ヒエラルキーにおける順位を示す。以下同様

出典：アジア学生調査第2・第3波調査

＊政府系シンクタンクである統一研究院（ＫＩＮＵ）が、一九九〇年代から現在まで、一〇〇〇名規模の世論調査を継続し、北朝鮮に対する評価をモニタリングしていますが、世論調査が実施される国・地域の関心を如実に示すケースといえます。それはＮＨＫ放送世論調査研究所が一九六〇年からアメリカに対する日本人の見方（好きか嫌いか）を追跡してきたのと似ています。

3-3　韓国の社会的結合

2013年		2018年	
アメリカ	1.73	アメリカ	1.73
中　国	1.58	中　国	1.68
インドネシア	1.53	日　本	1.61
オーストラリア	1.28	オーストラリア	1.29
台　湾	1.17	台　湾	1.21
シンガポール	1.14	シンガポール	1.14
日　本	1.12	フィリピン	1.13
フィリピン	1.12	ベトナム	1.12
マレーシア	1.11	マレーシア	1.11
ロシア	1.11	インド	1.11
インド	1.10	インドネシア	1.10
タ　イ	1.09	ロシア	1.09
北朝鮮	1.08	タ　イ	1.08
ベトナム	1.07	北朝鮮	1.05
ミャンマー	1.03	ミャンマー	1.02

出典：アジア学生調査第２・第３波調査

他方で、3-3にあるように、韓国の社会的結合については、対外認識の下位にあった中国と比較的強く結ばれています。逆に対外認識で高く評価されていたベトナムとは、中国や日本ほど社会的結合が強くありません。

現在の文在寅（ムンジェイン）政権が宥和（ゆうわ）政策を進めている北朝鮮との社会的結合が、さほど強くないのは意外です。同じ民族で、朝鮮戦争での離散家族問題がいまなお解決していませんし、年間一〇〇〇名強、合計三万人強の脱北者を抱える韓国の学生にとって、北朝鮮出身者が友人・知人とみなされていない事実は、二〇四五年までに南北統一を果たすと宣言した韓国政府による今後の北朝鮮政策を考えるうえで、無視できません。

中国——シンガポール/フィリピン

次に3-4で、中国の状況を見てみましょう。

まず指摘すべきは、ベトナム同様にロシアが相対的に高く評価されていることです。この点に限ってみると、ポスト冷戦仮説、つまり社会主義陣営と資本主義陣営がそれぞれ内部を高く、相手を低く評価するという見方が妥当のようにも見えます。

しかし、他方で上位にあるシンガポール、オーストラリア、ロシアは、必ずしも冷戦体制を想い起こさせる組み合わせではありません。ここに複雑な中国の対外認識の一端を見て取ることができます。

では、日本への評価はどうでしょうか。二〇一三年では下から二番目だったのが、一八年では中位に上がっています。言論NPOの調査結果からも、二〇一三年以降、中国の日本に対するイメージが改善していますが、これほどまでに高いスコアではありません。*

*その原因の一つに、若者が日本の大衆文化に接する機会が多く、日本への否定的イメージか

ら比較的自由になっている点が挙げられます。これについては本書の第6章で、再度取り上げます。

ロシアへの評価が高いのとは対照的に、同じ社会主義陣営に属する北朝鮮とベトナムは、中国の学生たちにさほど高く評価されていません。ポスト冷戦仮説を裏切る結果です。

3-4　中国の対外認識

2013年		2018年	
シンガポール	3.72	ロシア	3.90
オーストラリア	3.61	シンガポール	3.66
ロシア	3.56	オーストラリア	3.33
台　湾	3.46	タ　イ	3.26
タ　イ	3.17	マレーシア	3.21
韓　国	3.15	ミャンマー	3.10
マレーシア	3.11	台　湾	3.06
アメリカ	3.08	インドネシア	3.03
ミャンマー	2.97	韓　国	3.03
インドネシア	2.79	日　本	2.88
インド	2.66	ベトナム	2.86
北朝鮮	2.65	インド	2.84
ベトナム	2.62	北朝鮮	2.78
日　本	2.37	アメリカ	2.74
フィリピン	2.23	フィリピン	2.60

出典：アジア学生調査第2・第3波調査

フィリピンが二〇一三年と一八年で最下位にあるのは、南沙諸島の領有をめぐる問題に関して、学生たちが敏感に反応しているからでしょう。

興味深いのは、これら全体の数値が総じて低いことです。これは第2章のASEAN諸国の数値と比較すれば歴然です。三点以下の評点が与えられる国の数が相対的に多いのです。のちに相互予期仮説を検証する際にも触れますが、中国の若者たちの近隣諸国に対する評価は全体的に低いのです。

中国の対外認識図、3-5を見てみましょう。

シンガポール、ロシア、オーストラリアといったユニークな組み合わせが一つのグループを作り、好意的な評価を得ていることがわかります。それ以外の国ぐには台湾からベトナムまでのグループと、それ以外の否定的な評価を受けているグループに分かれます。これからも、中国の学生たちが冷戦体制メンタリティーを持っているようには思えません。

面白いのは、台湾との関係です。3-4にあるように、二〇一三年では台湾は対外認識の上から四位、一八年は順位を下げますが、それでも肯定的な評価を受けています。ところが、後で確認するように、台湾の対中認識はこれとは逆の特徴を持っています。中国から見た台湾と、台湾から見た中国の間に非対称性があることは、本章の後半でも確認します。

中国の社会的結合の状況を3-6から見てみましょう。先ほど台湾に対するイメージが肯定的だと指摘しましたが、これは社会的結合という点からも説明できます。先述のように、日本に対するイメージが一般サンプルを対象にしたものに比べて、相対的に高いのも、日本人の友人・知人を持っている者が比較的多い学生サンプルの特徴と考えられます。

他方で、対外認識で下位にある北朝鮮とも、上位にあるロシアとも、社会的結合はさほど強くありません。*

*アジア学生調査の調査項目に刺激を受けた筆者の学生が、二〇一九年に出身地の満洲里(まんしゅうり)

3-5 中国の対外認識図

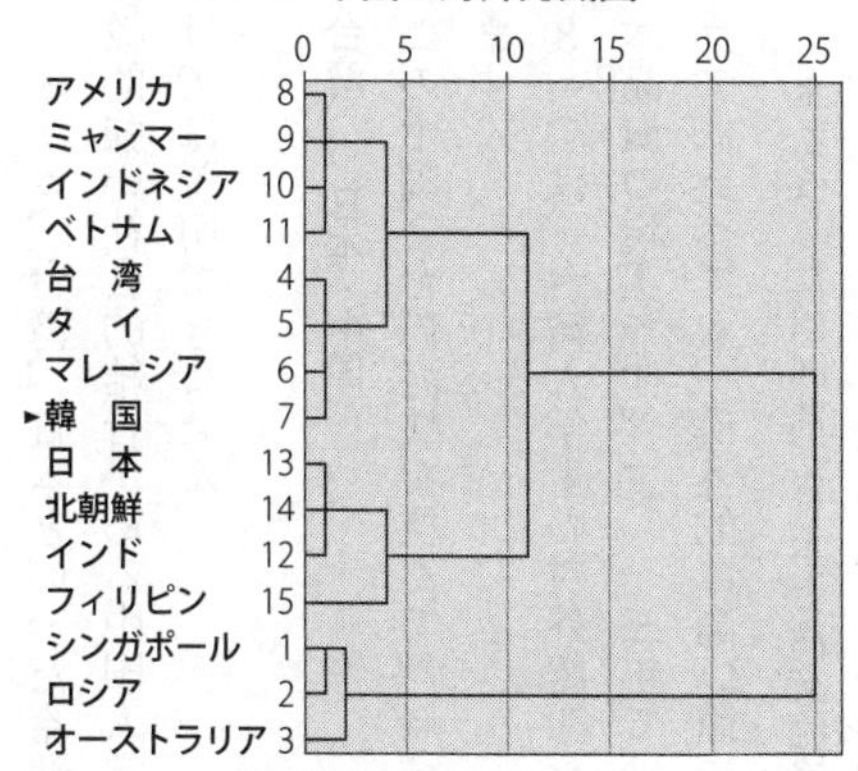

出典：アジア学生調査第２・第３波調査

3-6 中国の社会的結合

2013年		2018年	
アメリカ	1.75	アメリカ	1.57
台　湾	1.44	台　湾	1.38
シンガポール	1.36	日　本	1.36
日　本	1.33	オーストラリア	1.30
オーストラリア	1.31	韓　国	1.27
韓　国	1.25	シンガポール	1.26
マレーシア	1.10	マレーシア	1.13
ロシア	1.06	ロシア	1.08
タ　イ	1.05	タ　イ	1.06
インド	1.05	インド	1.03
インドネシア	1.04	インドネシア	1.03
ミャンマー	1.02	ベトナム	1.02
フィリピン	1.02	北朝鮮	1.02
北朝鮮	1.02	ミャンマー	1.02
ベトナム	1.02	フィリピン	1.02

出典：アジア学生調査第２・第３波調査

（ロシア国境の内モンゴル自治区にある都市）でほぼ同じ内容の質問票を用いて学生を対象に調査を行ったところ、北京の学生に比べてロシア人との接触が多く、ロシア語能力が高いものの、ロシアの影響に対して否定的な評価をしていました。国家レベルでなく、都市・地域レベルでの分析が可能なほどに十分なデータが得られれば、より興味深い知見が得られるかもしれません。

アメリカ、台湾、日本といった冷戦体制下で（あるいは現在も）対峙している国・地域と、比較的強い社会的結合がある中国人学生の特徴は、対外認識の場合と同様、ポスト冷戦仮説だけでは説明できません。

台湾──日本／中国

この中国と台湾海峡を挟んで対峙する台湾の国民感情は、中国とは対照的な特徴を示しています。

3-7は、台湾人学生の対外認識を示しています。ここで目を引くのが、台湾の圧倒的な日本贔屓（びいき）の現実です。二〇一三年では四・一〇、二〇一八年では四・二八と他国の最上位のスコアに比べても、例外的に高い値になっています。*

*こうした傾向は、日本台湾交流協会が二〇〇八年から二〇一九年まで六回にわたって実施してきた「台湾における対日世論調査」でも絶えず確認されてきました。

これに対して、同じく隣国のフィリピンが相対的に低く、中国と北朝鮮のイメージが悪いことが確認できます。フィリピンについては、フィリピンにおける台湾のスコアが高いこととは対照的です。*

3-7 台湾の対外認識

2013年		2018年	
日　本	4.10	日　本	4.28
オーストラリア	3.71	オーストラリア	3.74
シンガポール	3.65	アメリカ	3.67
マレーシア	3.46	シンガポール	3.66
タ　イ	3.37	マレーシア	3.48
アメリカ	3.34	タ　イ	3.42
インドネシア	3.32	ミャンマー	3.41
ベトナム	3.28	インドネシア	3.34
ミャンマー	3.19	韓　国	3.31
インド	3.15	インド	3.23
ロシア	3.06	ベトナム	3.19
韓　国	2.75	フィリピン	3.07
フィリピン	2.75	ロシア	2.99
中　国	2.73	北朝鮮	2.68
北朝鮮	2.48	中　国	2.19

出典：アジア学生調査第２・第３波調査

＊この原因の特定は難しいのですが、考えられるのは、調査が行われた二〇一三年の五月に起きたフィリピン公船による台湾漁船襲撃事件の影響です。台湾とフィリピンの双方が排他的経済水域を主張する海域で、台湾の漁船がフィリピン沿岸警備隊の銃撃を受け、船員一名が死亡しました（調査は二〇一三年の九月から一〇月にかけて実施されました）。銃口を向けたフィリピン側はさほど台湾を意識していないのに対して、向けられた台湾側はフィリピンについて悪いイメージを持ったと考えられます。

他方で、韓国に対する評価が相対的に低い原因には、以下の三つが考えられます。①一九九二年の中華民国との断交と、その後の中国への「すり寄り」、②半導体など競合する領域での激しい競争、③日本の植民地支配に対する異なる意味づけなどです。アジアNIEs（新興工業国）として多くの共通点を指摘される台湾と韓国ですが、少なくとも台湾側から見た場合、韓国の存在はあまり好ましく映っていないようです。*

3-8 台湾の対外認識図

		0	5	10	15	20	25
インド	10						
ミャンマー	11						
ベトナム	9						
ロシア	6						
アメリカ	7						
タイ	5						
インドネシア	8						
▸マレーシア	4						
オーストラリア	2						
シンガポール	3						
韓国	12						
フィリピン	13						
北朝鮮	14						
中国	15						
日本	1						

出典：アジア学生調査第２・第３波調査

3-9 台湾の社会的結合

2013年		2018年	
中国	1.85	中国	2.09
アメリカ	1.73	マレーシア	1.82
マレーシア	1.62	アメリカ	1.81
インドネシア	1.56	日本	1.75
韓国	1.32	韓国	1.45
シンガポール	1.31	インドネシア	1.39
日本	1.23	シンガポール	1.26
オーストラリア	1.22	オーストラリア	1.21
タイ	1.21	ベトナム	1.20
フィリピン	1.18	フィリピン	1.20
ベトナム	1.15	タイ	1.15
インド	1.13	インド	1.11
ロシア	1.10	ロシア	1.07
ミャンマー	1.09	ミャンマー	1.06
北朝鮮	1.03	北朝鮮	1.01

出典：アジア学生調査第２・第３波調査

＊例えば二〇二〇年二月一一日、韓国政府は「台湾を含む六ヵ国で新型コロナウイルスの市中感染が確認された」と発表しましたが、これに対して台湾外交部は、韓国政府に「これは事実と反する」として訂正を求めました。日韓関係のように、台湾と韓国の政府間でもこうしたさや当てが見られます。

台湾の対外認識の樹形図を示したのが3-8です。日本が圧倒的に好意を寄せられていて一つのグループを作り、それ以外が別のグループを作っています。その別のグループのなかでも韓国、フィリピン、北朝鮮、中国といった悪いイメージがある国家群が一つのグループを作り、それ以外がもう一つの国家群を作っています。

社会的結合はどうでしょうか。対外認識で最下層に位置していた中国が、3-9にあるように、社会的結合では最も強くなっています。これは接触仮説と相容れない結果です。中国出身の友人はいても、中国という国家に対して好意は持てない。これが台湾の若者の中国に対する認識なのです。

香港——台湾／中国

近年、香港の若者が政治意識に目覚め、中国からの干渉に抵抗する運動を主導しています。二〇一四年に「セントラルを（平和的に）占拠せよ」とするスローガンを打ち出し、「雨傘革命」と称される一連の香港反政府デモが起き、二〇一九年には、二〇年段階でも収束していない、逃亡犯条例改正反対運動に端を発した民主化運動へとつながっています。そのどちらも、主導したのは比較的若い香港人でした。*

*もっとも香港人研究者の調査によると、その後運動に参加するようになったのは、主に中年

の「持ち家階層」だったようです。香港特別行政区政府の決定プロセスばかりでなく、日ごろ大きな経済格差に不満を持つ彼らが、運動の中核的な参加者となっていったとの分析です（馮・葉・李 2019：64）。

3－10は香港の対外認識です。他の東アジア諸国と大きく違うのが台湾の位置です。二〇一三年では三・八一と最上位に置かれ、一八年では三・八五と日本に次ぐ二位となったものの、その高い評価に変わりはありません。また、韓国も上位に位置するなど、アジアの民主主義国に総じて高い評価を与えています。*

3-10 香港の対外認識

2013年		2018年	
台湾	3.81	日本	3.99
韓国	3.60	台湾	3.85
日本	3.55	シンガポール	3.69
シンガポール	3.53	韓国	3.63
オーストラリア	3.47	アメリカ	3.62
アメリカ	3.42	オーストラリア	3.57
タイ	3.25	タイ	3.36
マレーシア	3.16	マレーシア	3.26
インドネシア	3.11	ミャンマー	3.13
ロシア	3.09	インドネシア	3.09
インド	3.03	ベトナム	3.07
ベトナム	3.00	ロシア	3.05
ミャンマー	2.99	フィリピン	2.99
中国	2.78	インド	2.92
フィリピン	2.54	北朝鮮	2.50
北朝鮮	2.36	中国	2.46

出典：アジア学生調査第２・第３波調査

＊香港は中国の一部であるものの、その歴史的、地政学的な理由から大陸とは対外認識が大きく異なるため、ここでは独立して記述・説明しています。しかし中国の一部であるがゆえに、他国、とりわけ東南アジアでは、中国と香港を分けて質問しても、多くの人は両者をその影

響を弁別できません。そのためアジア学生調査では、香港の影響や香港人との社会的結合についての質問は設けられていません。

他方で、中国の位置はきわめて低くなっています。北京政府との関係が近年悪化していることは周知のとおりですが、対外認識でも、中国が最下層に位置しています。台湾、日本、シンガポールの次に高く評価されているのが韓国、オーストラリア、アメリカです。香港はシンガポールとライバル関係にあるとされ、両都市間で人の移動が多くありますが、他国同様、香港のシンガポール評価は高くなっています。

香港人の対外認識図が示されている次ページの3－11からは、敵・味方の構図を見て取ることができます。日本と台湾への評価が最も高く、中国、北朝鮮、フィリピンへの評価が最も低く、オーストラリア、シンガポール、韓国は前者と一緒に一つのグループを作り、それ以外の国が後者と一緒になってもう一つのグループを作っています。

3－12は香港の社会的結合の状況です。ここからは、香港人の移民先であるオーストラリアやアメリカと友人・知人関係が多いことが確認できます。面白いのは中国と台湾では、中国の方に友人・知人が多いことです。台湾同様、中国とは社会的結合が強いものの、国家レベルとなると評価は低いのです。接触仮説と相容れない結果も、香港と台湾は酷似しています。[*]

3-11 香港の対外認識図

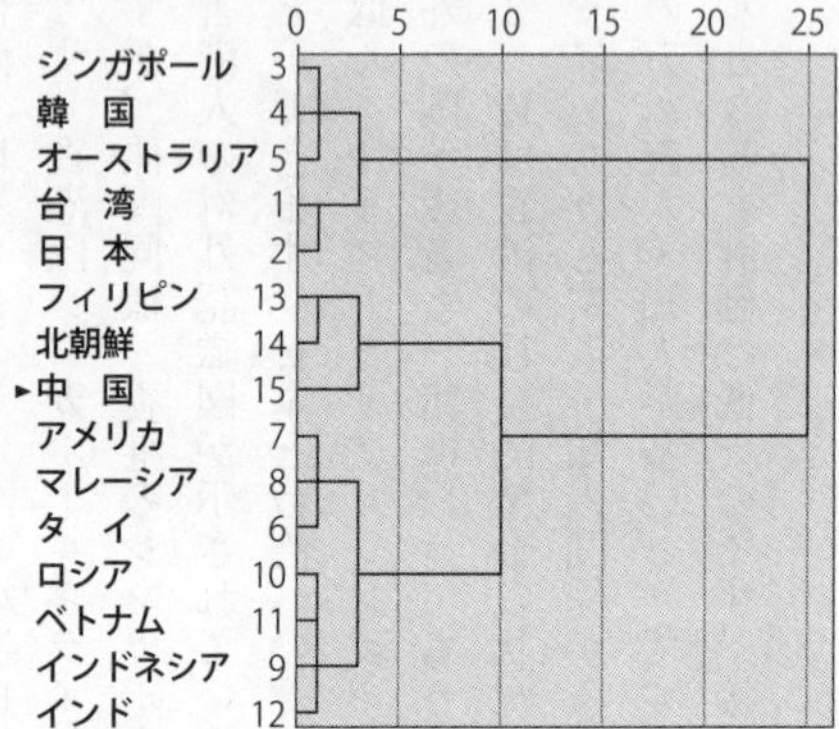

出典：アジア学生調査第２・第３波調査

3-12 香港の社会的結合

2013年		2018年	
中国	2.40	中国	2.36
アメリカ	1.82	台湾	1.82
台湾	1.79	アメリカ	1.66
オーストラリア	1.78	オーストラリア	1.64
韓国	1.51	日本	1.51
シンガポール	1.49	韓国	1.49
マレーシア	1.41	シンガポール	1.44
日本	1.39	フィリピン	1.32
フィリピン	1.35	マレーシア	1.31
インド	1.33	インド	1.27
インドネシア	1.29	インドネシア	1.26
タイ	1.22	タイ	1.19
ロシア	1.11	ベトナム	1.14
ベトナム	1.09	ロシア	1.11
ミャンマー	1.08	ミャンマー	1.09
北朝鮮	1.03	北朝鮮	1.06

出典：アジア学生調査第２・第３波調査

＊近年、台湾の若者ばかりか、香港の若者にも中国からの独立指向が強いことに、中国の研究者たちも関心を持つようになっています。香港にほど近い広州市にある中山大学の研究者は、北京、広州、香港の学生を比較するなかで、香港人学生に脱物質主義的な価値観が強いと分析しています。そのため、中国が提供する経済的なインセンティブに反応しづらく、しかもその政治的価値観が北京や広州の学生と異なるため、北京政府は香港の扱いにてこずるはずだと予想しています（Pang and Jiang, 2019）。本書の知見もこれと一致しています。

日本——台湾／北朝鮮

最後に、日本の状況を見てみましょう。

日本については多くの調査が行われ、結果を目にする機会が多いと思うので、あまり新鮮に映らないかもしれません。しかし、これを他の国と比較してみることで、新しい発見があるはずです。

3-13 日本の対外認識

2013年		2019年	
台　湾	4.02	オーストラリア	4.11
シンガポール	3.87	台　湾	4.08
オーストラリア	3.85	シンガポール	3.92
タ　イ	3.82	タ　イ	3.83
インドネシア	3.76	アメリカ	3.78
マレーシア	3.73	インド	3.73
インド	3.70	インドネシア	3.71
フィリピン	3.64	マレーシア	3.66
ベトナム	3.62	フィリピン	3.64
アメリカ	3.48	ベトナム	3.58
ミャンマー	3.42	ミャンマー	3.43
ロシア	2.97	中　国	3.28
韓　国	2.84	韓　国	3.24
中　国	2.47	ロシア	2.84
北朝鮮	1.63	北朝鮮	1.74

出典：アジア学生調査第2・第3波調査

3-13は日本の対外認識を示していますが、最初に目につくのが台湾に対する高い評価です。台湾でも日本に対する評価が例外的に高かったことを考えると、日本と台湾の間には相思相愛の関係があるといえます。他方、シンガポール、オーストラリアといった英語圏の国ぐにも上位に位置しています。

これに対して、中国、韓国、北朝鮮といった東アジア諸国は下位に位置しています。しかも、ロシアへの評価も低くな

3-14 日本の対外認識図

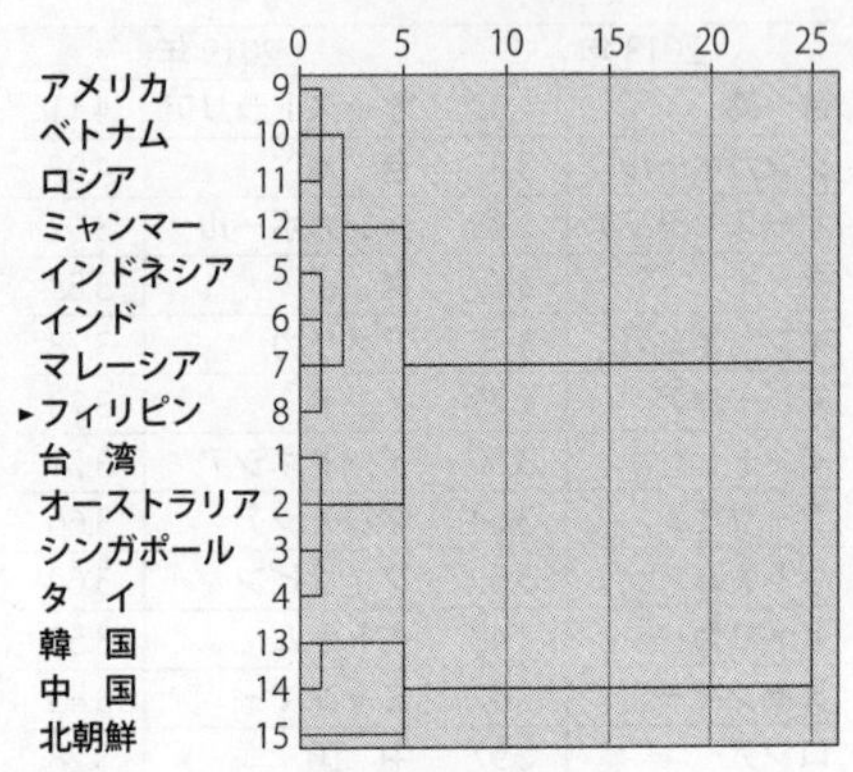

出典：アジア学生調査第２・第３波調査

3-15 日本の社会的結合

2013年		2019年	
中 国	2.04	中 国	2.10
韓 国	1.87	韓 国	1.75
アメリカ	1.68	アメリカ	1.70
台 湾	1.38	台 湾	1.38
オーストラリア	1.31	オーストラリア	1.35
シンガポール	1.23	フィリピン	1.31
タ イ	1.21	シンガポール	1.26
フィリピン	1.20	インド	1.21
マレーシア	1.18	タ イ	1.20
ロシア	1.16	マレーシア	1.17
インドネシア	1.15	ロシア	1.14
インド	1.14	ベトナム	1.13
ベトナム	1.10	インドネシア	1.13
ミャンマー	1.04	北朝鮮	1.05
北朝鮮	1.03	ミャンマー	1.03

出典：アジア学生調査第２・第３波調査

っている点では、日本には冷戦体制メンタリティーが強く残っていることを示唆しています。

ただ、二〇一三年と一九年では若干の変化が見られます。韓国、中国のスコアがそれぞれ上がっているからです。

他方で、北朝鮮のスコアが一・六三、一・七四と、際立って低くなっています。

3-14の対外認識図では、中国と韓国、北朝鮮が一つのグループを作り、それ以外が一つのグループを作っています。

最後に、３-15の日本の社会的結合状況を見てみましょう。日本の学生は、中国や韓国の友人が多くいます。中国や韓国は対外認識では下位に位置しているものの、社会的結合では、これらの国との結びつきが最も強いのです。

相互予期仮説の検証１――変化の同期化が起こるか

以上、東アジアの国・地域における対外認識の状況を見てきました。第2章で扱った東南アジア六ヵ国と合わせて、一一の国・地域を扱ってきたことになります。

そこで、相互予期仮説の検証をしてみます。相互予期仮説とは、二国間の評価が連動することを想定する考え方です。どのように連動するかについては、二つの可能性があり、それぞれについて検証してみる必要があります。

一つは時間の変化に伴う連動で、もう一つは対外認識の位置が一致する連動です。

まず時間の変化について見ていきましょう。

典型的な例は、あるイベントが起こることで、A国もB国も相手に対して悪い影響を持つようになるケースです。逆に、双方のイメージを改善するイベントが起こることで、相手に対するイメージをよくするということもあるでしょう。これは「変化の同期化」といわれます。

アジア学生調査では、二〇〇八年、一三年、一八年の三時点で調査をしたので、二度の変化を見ることができます。残念なことに、第一波調査の対象国は第二波、第三波に比べると少ないため、ペアの数も少ないですが、それでも変化の同期化は確認できます。

第一波調査から第二波調査への変化を示したのが3-16、第二波から第三波への変化を示したものが3-17です。

3-16の見方ですが、例えば評価者の日本と評価対象の韓国が交わるマスに－（マイナス）とあるのは、二〇〇八年から一三年にかけて、日本の韓国評価が悪化したことを意味します。また評価者の韓国と評価対象の日本が交わるマスも－になっているので、韓国の日本評価が悪化していることを意味しますから、相互予期仮説が成り立っています。

評価の改善は＋（プラス）、評価の悪化は－、評価に変化が見られないものについては±（プラスマイナス）を、それぞれ付しています。

評価者と評価対象がそれぞれ七ヵ国あるので、ペアは二一組となります。この二一組のペアで＋＋、－－、±±と同じ変化を示したものが一五組、そのペアの変化が一致しないものが六組あります。二一組のなかで変化の同期化が見られたペアは一五組ということになります。

3-17の見方も同様です。ここでは香港が評価対象となっていないために分析から除き、日本からインドネシアまでの一〇の国・地域が評価者かつ評価対象者で、ペアの数は四五組

3-16　２時点での評価の変化：第１・第２波調査

評価者＼評価対象	日本	韓国	中国	ベトナム	フィリピン	タイ	シンガポール
日　本		−	−	＋	＋	＋	±
韓　国	−		−	＋	±	＋	±
中　国	−	−		−	−	−	−
ベトナム	＋	＋	−		＋	＋	＋
フィリピン	±	＋	−	＋		±	±
タ　イ	＋	＋	±	＋	＋		−
シンガポール	−	＋	−	＋	＋	＋	

注記：第１波調査でのスコアと第２波調査でのスコアで、前者が後者よりも0.1ポイント以上大きいものを−、0.1ポイント以上小さいものを＋、それ以外を±と表記している。３-17も同様

出典：アジア学生調査第１・第２波調査

3-17　２時点での評価の変化：第２・第３波調査

評価者＼評価対象	日本	韓国	中国	台湾	ベトナム	フィリピン	タイ	マレーシア	シンガポール	インドネシア
日　本		＋	＋	±	±	±	±	±	±	±
韓　国	＋		−	±	±	±	±	±	−	＋
中　国	＋	−		−	＋	＋	±	±	±	＋
台　湾	＋	＋	−		＋	＋	±	±	±	±
ベトナム	−	＋	＋	＋		−	±	−	±	−
フィリピン	＋	±	−	＋	±		±	±	＋	±
タ　イ	±	±	−	＋	−	−		−	±	−
マレーシア	＋	＋	±	±	−	−	±		＋	−
シンガポール	＋	＋	＋	＋	＋	−	±	±		＋
インドネシア	±	＋	±	＋	±	−	±	−	＋	

出典：アジア学生調査第２・第３波調査

となります。

この四五組のペアで変化の同期化が見られるのが一八組、見られないものが二七組あります。時期によって、相互予期仮説が当てはまる場合と、当てはまらない場合があるようです。

同期化の成立条件

3-16で変化の同期化が見られるペアを見ると、同期化の成立条件があることがわかります。

まず重要なのが、中国というプレーヤーの動きです。評価者としての中国は、二〇〇八年から一三年にかけて、六つの国すべての評価を下げています。この間、中国の海洋進出が進み、多くの国・地域と対立したこともあって、中国人学生の近隣に対する評価が急激に悪化しました。同様に、日本、韓国、フィリピン、ベトナムといった近隣諸国も、中国に対する評価を一様に下げています。

またベトナムは、この時期、国連の平和維持活動に参加するようになったり、外国直接投資の環境を整備したりと、自らの対外的イメージを向上させることに成功し、(中国を除く)近隣諸国のベトナムに対する評価も向上します。そのため、ベトナム人学生の周辺諸国への評価も高まったのですが、このように、あるイベントが多くの国ぐにに認知されることで、相互予期仮説が成り立つことがあります。

他方で、3-17で多く見られるように、相互予期仮説が当てはまらないケースもあります。±の数が多くなると、変化の同期化が生じないケースが多くなるようです。

例えばこの時期のタイの影響については、どの国でも±です。つまり、ほとんど変化を示していない。このように、ある国の変化が他国に感知されにくい場合、相互予期仮説は成立しません。

二〇一二年から一三年にかけて、中国が海洋進出を進めた後に、フィリピンやベトナムと摩擦が起きましたが、その後、ＡＳＥＡＮ域内では中国にどう対応すべきか、意見が分かれました。中国の変化にＡＳＥＡＮ域内で異なる対応が生まれたのは、中国の変化をめぐって域内で異なる認知が生じたからです。こうした場合には相互予期仮説は部分的にしか成り立ちません。

このように、双方の国にとって相手のイメージを変えるほどの大きなイベントが起こらない場合には——あるいは起こったとしても、その衝撃に落差がある場合には——、変化の同期化は見られません。

相互予期仮説の検証２——対外認識図の位置は連動するか

もう一つの、対外認識図の位置が一致する連動について見てみましょう。

相互予期仮説の、この第二バージョンを検証するために、対外認識の上位五ヵ国を「上」、中位五ヵ国を「中」、下位五ヵ国を「下」とし、国・地域のペアで、お互いの評価が一致しているかを調べてみました。

結果を表の形で示したのが3－18と3－19です。

これらの表を眺めてまず気づくのが、シンガポールのユニークさです。第二波調査でも、第三波調査でも、どの国・地域にあってもシンガポールは上の位置にあります。日本も韓国と中国を除けば、すべて上です。それ以外の地域については、評価者と評価対象者の組み合わせで、さまざまなパターンが見られます。

ここで重要なのが、どれだけ同じ評価のペアが存在しているかです。

第二波調査時点での対外認識図の位置を示した3－18では、双方とも上、中、下で一致している組が四五組中一八組あります。そのうち、七組が上・上、六組が中・中、五組が下・下のペアです。

上・上のペアは日本と台湾、日本とタイ、日本とシンガポール、日本とインドネシア、韓国とシンガポール、中国とタイ、台湾とシンガポールの七組。

中・中のペアは、中国とインドネシア、台湾とインドネシア、タイとベトナム、フィリピンとマレーシア、マレーシアとタイ、フィリピンとインドネシアの六組。

下・下のペアは、日本と韓国、日本と中国、中国とベトナム、フィリピンと中国、マレーシアとインドネシアの五組です。

3-18 対外認識図の位置：第2波調査

評価者＼評価対象	日本	韓国	中国	台湾	ベトナム	フィリピン	タイ	マレーシア	シンガポール	インドネシア
日本		下	下	上	中	中	上	中	上	上
韓国	下		下	中	上	中	中	中	上	中
中国	下	中		上	下	下	上	中	上	中
台湾	上	下	下		中	下	上	上	上	中
ベトナム	上	中	下	下		下	中	中	上	中
フィリピン	上	上	下	中	中		上	中	上	中
タイ	上	上	上	中	中	下		中	上	中
マレーシア	上	上	上	中	下	中	中		上	下
シンガポール	上	上	中	上	中	中	中	下		下
インドネシア	上	上	中	中	下	中	上	下	上	

注記：自国以外の15の国・地域に対して与えられた対外認識のスコアを3等分し、そのうち上位5ヵ国を「上」、中位5ヵ国を「中」、下位5ヵ国を「下」と、それぞれ分類した結果を示す。なお、15ヵ国のなかには調査対象地となっていないアメリカ、オーストラリア、インド、ロシア、北朝鮮も入れて分類している。香港は調査対象地だが、その影響を他国で聞き出していないため、本表には含んでいない。3-19も同様

出典：アジア学生調査第2波調査

3-19 対外認識図の位置：第3波調査

評価者＼評価対象	日本	韓国	中国	台湾	ベトナム	フィリピン	タイ	マレーシア	シンガポール	インドネシア
日本		下	下	上	中	中	上	中	上	中
韓国	下		下	上	上	中	中	中	上	中
中国	中	中		中	下	下	上	上	上	中
台湾	上	中	下		下	下	中	上	上	中
ベトナム	上	上	下	中		下	中	中	上	下
フィリピン	上	上	下	上	中		中	中	上	中
タイ	上	上	上	上	中	下		中	上	中
マレーシア	上	上	上	中	中	下	中		上	下
シンガポール	上	上	中	上	中	下	中	下		下
インドネシア	上	上	上	中	中	下	中	下	上	

出典：アジア学生調査第3波調査

これに対し、上・下と双方の位置が逆にあるペアが中国と台湾、フィリピンとタイ、シンガポールとマレーシア、シンガポールとインドネシアの四組です。

3-19の第三波調査の結果は、第二波調査の3-18と多くが重複しています。四五組中、評価の対称性が見られるのは一六組。上・下といった極端な非対称性が見られるのが、四五組中四組です。

具体的にいうと、上・上のペアは日本と台湾、日本とタイ、日本とシンガポール、韓国とシンガポール、中国とタイ、台湾とシンガポールという第二波調査でも見られた六組に加えて、韓国とベトナム、中国とマレーシアの二組が加わっています。

中・中に関しては、四組に減っていますが、ベトナムとタイ、ベトナムとマレーシア、タイとマレーシア、タイとインドネシアといった具合に、ASEAN諸国内のペアに限られています。

下・下は四組あり、日本と韓国、中国とベトナム、マレーシアとインドネシア、フィリピンと中国といった第二波調査でも見られた四組となっています。

相互評価の類型——隣国との関係こそ難しい

以上の結果から、いくつかの興味深い知見が得られます。

第一に、東アジアの域内で上・上のペアは日本と台湾だけで、東南アジア域内では上・上のペアがないことです。それ以外の上・上はすべて、東アジアと東南アジアのペアです。近隣諸国より少し距離のある国・地域との関係で、対称的な高評価が見られるのですが、ここからも、ASEANプラス1が機能していることが理解できます。

第二に、どの国・地域からも高い評価を得ているシンガポールについてです。日本、韓国、台湾といった東アジアの民主主義国への評価は高く、評価の対称性が見られるものの、インドネシアやマレーシアといった隣国への評価は必ずしも高くなく、結果的に非対称的な評価が見られます。

第三に、第2章で確認したように、ASEAN域内で加盟国の評価が中間的であったことから、中・中のペアにASEAN域内の二国が多く含まれています。

最も興味深いのが、下・下の、互いに反目し合うペアです。具体的には日本と韓国、中国とベトナム、マレーシアとインドネシアです。

日本と韓国、中国とベトナム、マレーシアとインドネシアは、多くの同質性を持つ隣国という共通の特徴を持っています。

日本の読者にとってみれば、マレーシアもインドネシアも同じイスラム圏の隣国と思うでしょう。同様に、東南アジアの人たちから見れば、なぜ日本と韓国がいがみ合っているのか、その歴史的経緯を知らなければ理解に苦しむでしょう。

社会主義の同盟国であった——少なくともイデオロギー的には現在もそうであるはずです

が――中国とベトナムの関係も、理解が難しいペアです。

下・下の類型からうかがえるのは、多くの共通性を持つ隣国間のつき合いの難しさです。人の交流は盛んで社会的結合は進むものの、ある事件が起こるとボタンの掛け違いが起こり、相手に対する評価が悪化して、これがある一定程度続くのです。

総じて隣国関係はマネジメントが難しく、政治家や多くの知識人の知恵が必要となる関係といえるかもしれません。

＊

以上、この章では三つの仮説を試みてきましたが、すべての国・地域に当てはまる仮説はありませんでした。とすれば、アジアの二国間関係に潜む評価や心理を細かく把握しなければなりません。

次章では、いままで得られた知見を踏まえ、まだ紹介していないデータも吟味したうえで、個々の国・地域が持つ国民感情の特徴を深掘りしていきます。

第4章 アジア各国・地域の特徴とは

言論NPOが二〇〇五年から実施している調査に日中共同世論調査があります。日中で同じ質問をすることで、双方が相手をどのように評価しているかを時系列で辿(たど)ることができる、世界でもユニークな調査です。

調査がカバーしている項目は多く、結果を見ているだけでも面白いのですが、なかでも興味深いのが、両国民の日中関係に対する評価です。

「現在の日中関係についてどう思いますか」とする質問に、「よい／どちらかといえばよい」と回答した者の割合を見てみると、中国の大都市で反日デモが生じた二〇〇五年や、尖閣諸島の領有をめぐる紛争が深刻になった一三年では、両国は似た数値を示します。

ところが、二〇一〇年のデータでは、中国で日中関係をよいと判断した者が七四・五％なの対して日本では二二・〇％。二〇一三年以降の評価の改善具合にも違いが見られ、一九年時点で、日中関係を肯定的に評価している者は、中国で三四・三％であるのに対して、日本では八・五％にすぎません。

同じように日中関係の評価を聞いても、このように評価が食い違うことがあるのは、両国の国民感情のあり方が異なっているからです。

この章では、歴史的な文脈にも踏み込みながら、日本を除くアジア各地の国民感情の地域特性を深掘りしていきます。

ベトナム――キャッチアップ型の対抗的ナショナリズム

まずはベトナムから見ていきましょう。

「まえがき」でも紹介したように、ベトナムは、中国の軍事的発展ばかりでなく、その経済発展も警戒しています。その点で、日本ともインドネシアとも違う特徴を示しています。

また経済的恩恵フレームも、平和的発展フレームもあまり受け入れられていません。中国との社会的結合は相対的に強いものの、中国という国家に対しては強い警戒感を持っています。

中国への警戒感は、個人ベースでも見られます。

4‐1は、中国人との社会的距離を可視化し、比較したデータです。アジア学生調査第二波調査でのみ用いられた質問で、本章の後半でマレーシア（4‐6）や香港（4‐14）を扱う際にも出てきますが、いくつかの国の人びとを列挙し、回答者が自分たちとどのような距離を持ちたいかについて質問しています。4－1はそのうち、アジア域内で中国人との社会的距離について、否定的な回答がどの程度集まったかを示したものです。

「観光客としてだけならよい」は、一時滞在者としては受け入れるが、長期滞在者としては認めない、「自国から出て行ってほしい」は、まさに追い出したいことを意味し、社会的距離の遠い回答となります。

4-1　中国人との社会的距離

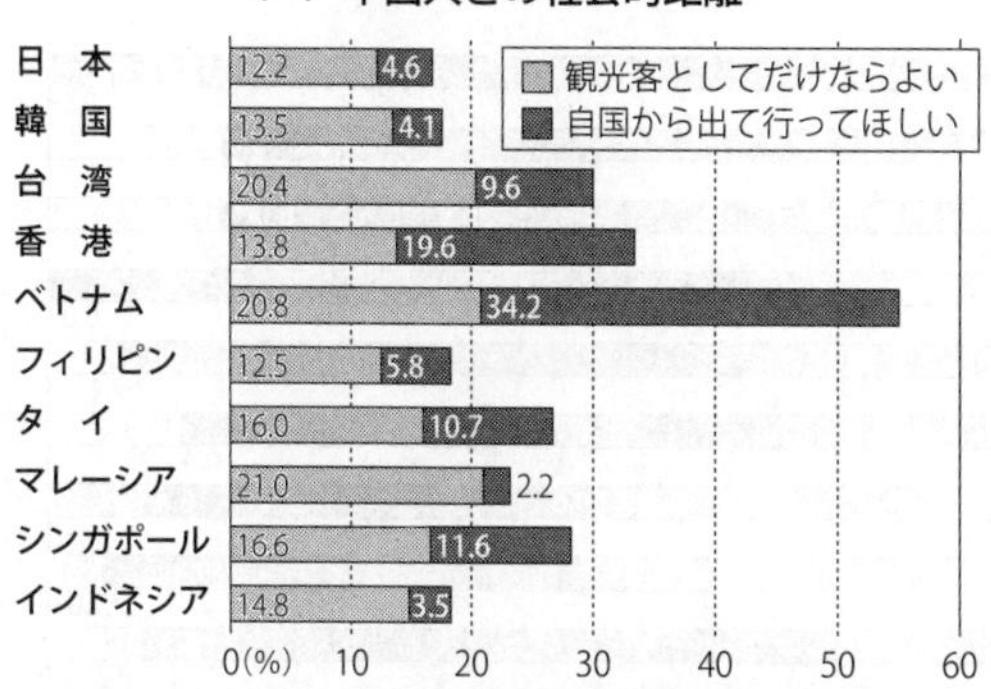

注記：数値は、以下の7つの回答のうち、(6)(7)を選択した者の割合を示す。中国人と(1)結婚してもよい、(2)親友になってもよい、(3)近隣になってもよい、(4)職場の同僚となってもよい、(5)自国の永住者となってもよい、(6)観光客としてだけならよい、(7)自国から出て行ってほしい。マレーシアの詳細については、4－6も参照のこと
出典：アジア学生調査第2波調査

ベトナムでは「観光客としてだけならよい」が二〇・八％、「自国から出て行ってほしい」が、全体の三分の一を超える三四・二％と、他国を大きく上回っています。

ベトナムが社会主義国家であり、現在でもロシアを高く評価していることを考えると、中国へのこうした姿勢は、理解しづらく思えるかもしれません。

4－2は、アジア学生調査の第一波調査から第三波調査の一〇年間にわたって行われた、ロシアからの影響に対する評価を、各国ごと

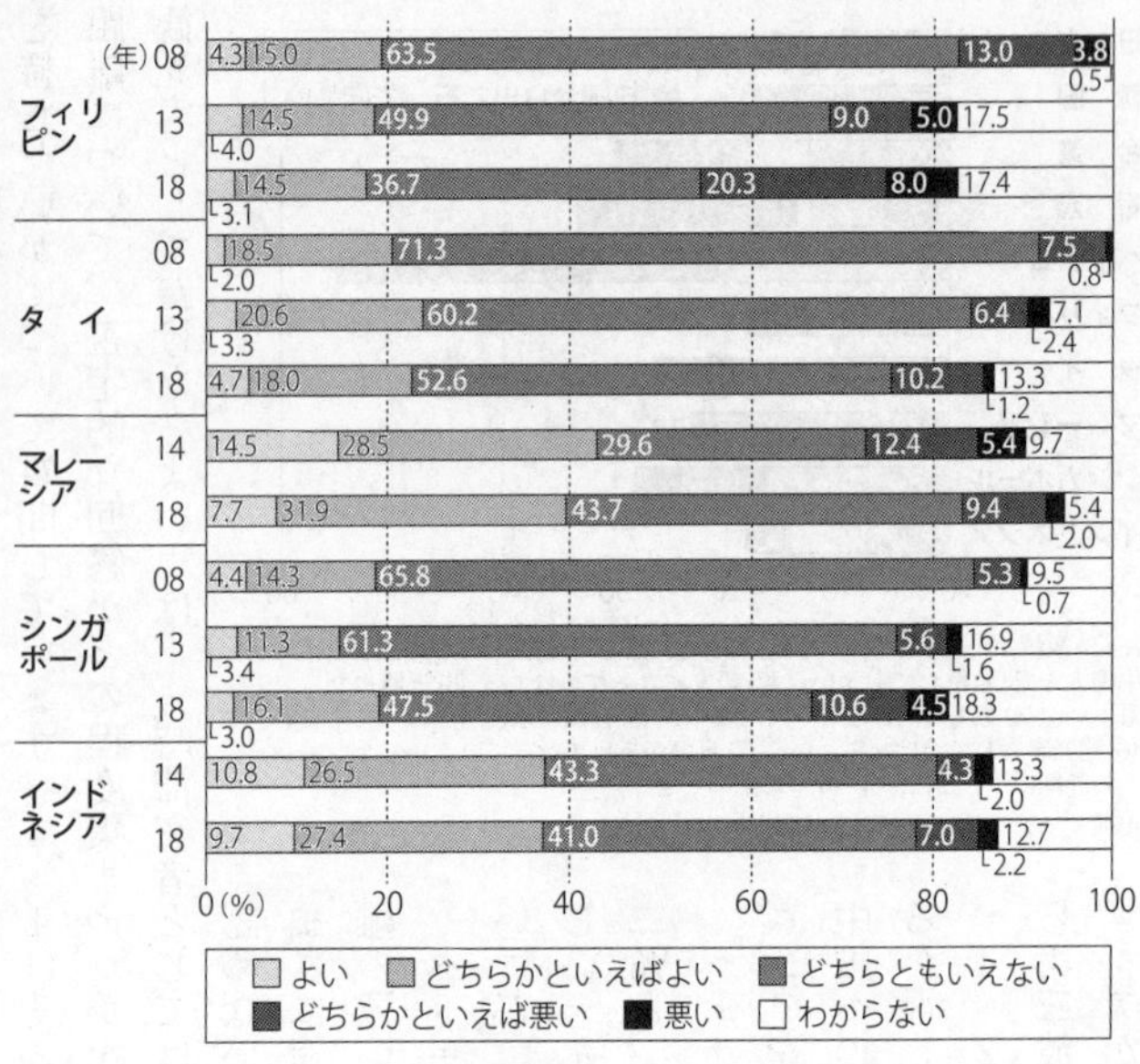

出典：アジア学生調査第１・第２・第３波調査

に時系列で示したものです。中国は凹凸がありながらも、全体の七割近くがロシアの影響に肯定的な評価をしていますが、ベトナムは、これを凌駕した評価となっています。

社会主義体制を維持しながら、中国にこれだけ厳しい目が向けられるようになったのは、どのような理由によるのでしょうか。深い分析をするには、より詳細なデータが必要ですが、筆者は理由が大きく二つあると考えています。

一つは、ドイモイ政策による社会的開放の効果です。第2章で説明したように、ベトナム人

4-2 ロシアの影響への評価（2008〜19年）

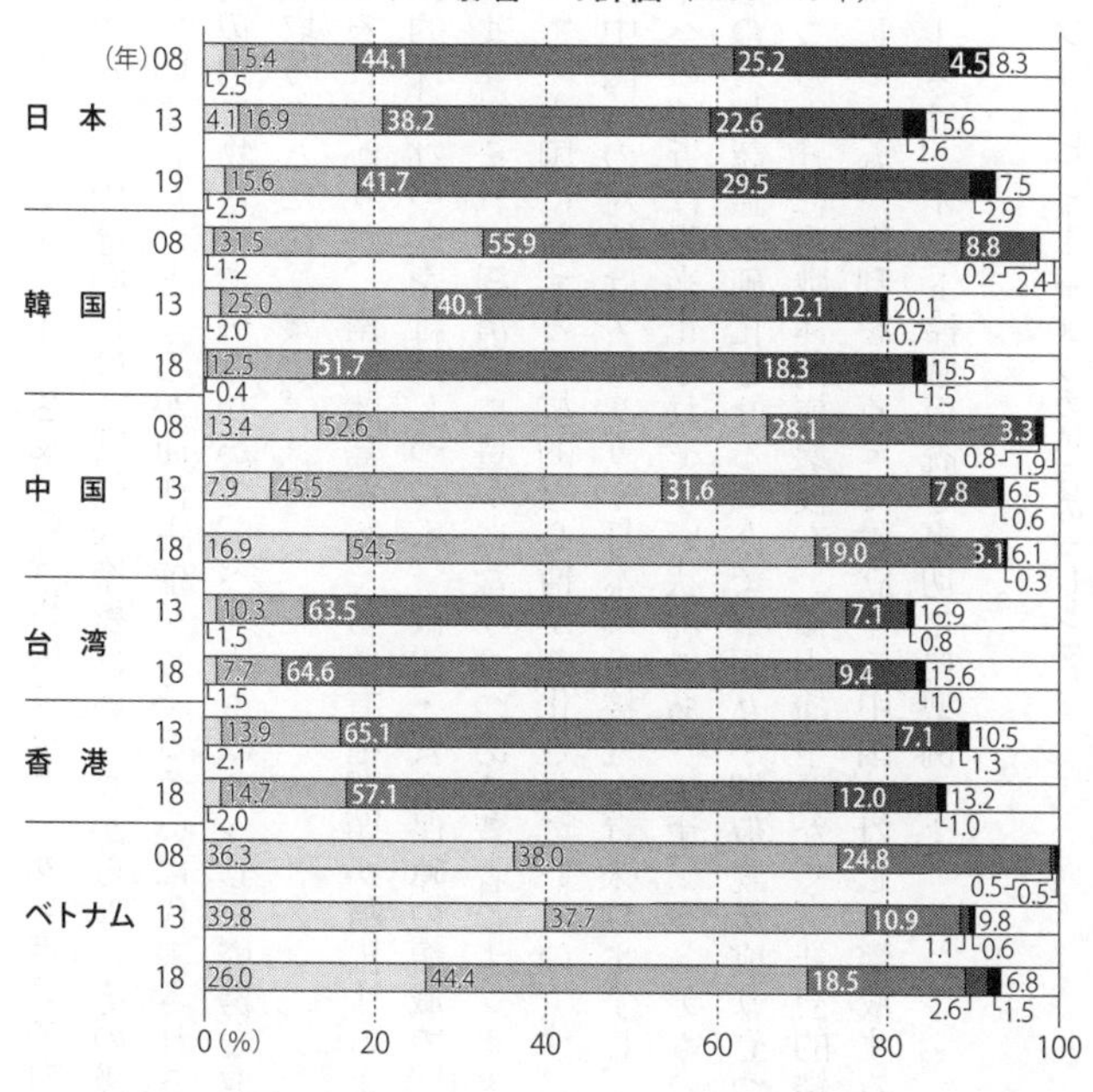

が好印象を抱いている国の多くは先進国で、日本、アメリカ、シンガポールが含まれます。希望する留学先も、アメリカ、イギリス、日本です。このような進んだ地域への憧れや、これらの地域への肯定的な感情が、多くの調査データから見て取れます。

高揚する対中ナショナリズム

そうであるならば、経済的に成長している中国に対しても、肯定的な評価を持ちそうですが、そこにはもう一つ重要な要因、すなわちベトナムのナショナリズムが関係しています。

ドー・タン・ハイ（2018）の分析によると、カンボジア内戦への関与をめぐる対立と中越戦争など、中越間には一時的な摩擦はありながらも、その後は基本的には良好な関係を維持していました。ところが海洋主権をめぐる争いに代表されるように、中国が国力を増強し、周辺国に物量戦で挑むなかで、ベトナムはこうした姿勢を取る中国に幻滅し、そこから距離を取ることになります。

それればかりか、南沙諸島をめぐる領有権問題が噴出するようになってからは、経済的・文化的な結びつきを維持しつつも、政治・安全保障の領域で、強い警戒感を持つようになっています。それが経済的に豊かになりつつある若者のナショナリズム感情と結びつくことによって、中国に対する対抗的な心情が強化されているのです。

中国への対抗はアメリカや日本への接近を意味しますし、何より先進国への憧れから、日米への接近は正当化されやすい状況にあります。ベトナムの日米接近は中国を苛立たせ、中国の対越認識を硬化させることで、相互予期仮説が成り立つ条件が生まれます。

このように冷戦体制崩壊後も、領土紛争がなく、社会的結合も弱いロシアへの好印象は維持しつつも、実利をめぐって対立する中国に対して警戒するようになっていったベトナムのケースは、ポスト冷戦仮説を裏切る典型例です。

フィリピン——アメリカ依存のジレンマ

フィリピンに目を移しましょう。

フィリピンの場合もベトナム同様、南沙諸島の領有をめぐる問題から、急速に対中感情を悪化させています。

二〇一〇年代半ばから、中国からの観光客がフィリピンで軋轢(あつれき)を生んでいると国内で頻繁に報道されるようになり、一五〇ページの4-9のように、「中国人観光客の増加は益より害が多い」と回答している者は半数近くに達し、香港、マレーシア、インドネシアと同程度に高い値を示しています。

ソーシャル・ウェザー・ステーションズが毎年四回実施している世論調査によれば、中国に対する信頼は、調査を開始した一九九四年から二〇一〇年まで、上下しながらも全体的には上昇していました。これが二〇一〇年をピークに低下し、一六年に一度回復するものの――これは、ドゥテルテ大統領が習近平国家主席と会談し、南シナ海の問題を棚上げすると発言した効果と思われます――、一七年以降は再度低下しています。

二〇一九年の第三・四半期時点で、「信頼する」と回答した者の割合から「信頼しない」と回答した者の割合を引いたスコアはマイナス三三と、きわめて低い値となっています(https://www.sws.org.ph/swsmain/artcldisppage/?artcsyscode=ART-20191120154738)。

一九九四年に始まるソーシャル・ウェザー・ステーションズの調査で、中国は唯一、マイナスイメージから出発した国ですが、冷戦体制崩壊によって対中イメージの向上が見られたなかでの領海紛争は、対中評価を上昇させる機会を失わせることとなりました。

対中評価の低さは対米評価の高さと関係していると思われますが——事実、ベトナムではそうした傾向が見られます——、フィリピンの場合、これが一筋縄ではいきません。

対米依存の二重心理

第2章でも指摘したように、アメリカとの社会的結合は強く、これは、アメリカにいる多くのフィリピンの移民からも、フィリピンでのアメリカン・フードの人気からも、確認することができます[*]。アメリカとの軍事的な連携関係が強かったことを考えると、フィリピンでより親米的な感情が支配してもよさそうです。

＊アジア・バロメーターの二〇〇六年調査の結果によれば、シンガポールでは、西洋食ばかりか、アジアの料理も幅広く好まれています。それに対して、フィリピンでは、ピザやハンバーガーといったアメリカのファストフードは世代を問わず好まれていますが、韓国のキムチ、ベトナムのフォー、タイのトムヤンクンは人気がないといった特徴が見られます（園田2009）。

ところが、2-4で見たように、フィリピンの対外認識ではアメリカは中位に属しています。二〇一三年では三・五〇、一八年では三・四〇と肯定的ではあるものの、日本、シンガ

4-3「アジアの安定のためにはアメリカの軍事力が重要だ」という文言への賛否（2008〜19年）

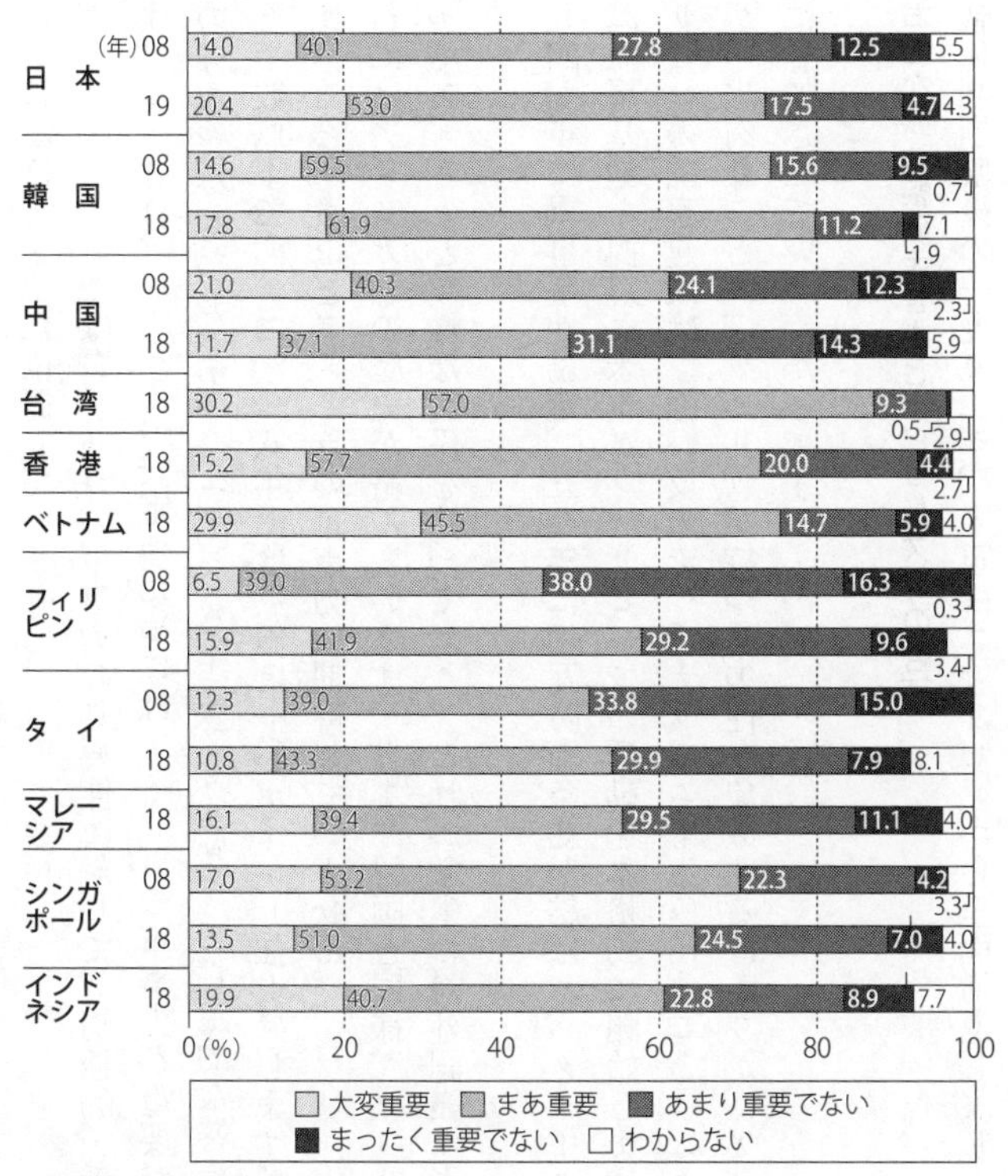

出典：アジア学生調査第１・第３波調査

ポール、韓国ほど上位に位置していません。

事実、フィリピンではアメリカの軍事力の必要性に対して、消極的・受身的な姿勢が見られます。4-3は、「アジアの安定のためにはアメリカの軍事力が重要だ」という文言への回答の分布を示したものです。二〇〇八年にフィリピンで肯定的な答えをした者が四五・五%と半数以下です。二〇一八年には数値は一〇ポイント強上昇しますが、それでも他の地域に比べると、さほどアメリカの軍事力に期待していません。

これにはアメリカとの歴史が絡んでいます。日本や韓国と同様、フィリピンは米軍基地をめぐってアメリカと複雑な関係を持っており、これが学生の対外認識に影を落としているのです。

一九四七年に軍事基地協定、五一年に相互防衛条約が結ばれ、クラーク空軍基地とスービック湾海軍基地を拠点に米軍がフィリピンでの活動を本格的に開始します。ところが同時に、フィリピンの国家建設は、強い反米ナショナリズムも生み出すことになります。米軍基地の存在が、皮肉なことに、アメリカが持つ暴力性を象徴するばかりか、アメリカへの従属を人びとに意識させていったからです。

政治的な振れ幅の大きさとポピュリズムの台頭

冷戦体制崩壊後の一九九二年、米軍はフィリピンから全面撤退しました。フィリピン政府が軍事基地協定に代わる条約に調印したものの、フィリピンの上院は条約の批准を否決したからです。日本や韓国には現在も米軍基地が存在していますが、フィリピンには米軍基地が存在していません。

米軍が撤退してから六年後の一九九八年に、訪問軍地位協定（VFA）がアメリカとの間に締結されますが、これは当時から顕著になり始めた中国の南シナ海への海洋進出にフィリピン側が反応した結果です。このようにフィリピンは、米軍に撤退を求めておきながら、必要な局面でアメリカに依存するアンビバレント（両面価値的）な姿勢を示しています。

フィリピンの知識人にとってアメリカのデモクラシーは理想的であると同時に、時に厄介な存在となっています。しかも、1-2で見た対中評価の場合と同様に、フィリピン国内での対米認識には意見の相違が見られ、親米派と反米派が政治的に対立しています。アメリカのリベラリズムが後退するなかでポピュリズムが力を持つようになり、対米関係が国内政治を左右するようになっています。

アジア学生調査の第三波調査では、ドゥテルテ大統領を信頼しているかどうかを聞いていますが、フィリピン人学生の回答では、支持派が一六・八％、不支持派が七二・〇％、「わからない」とする回答が一・二％です。他国の回答に比べて「わからない」とする回答が少なく、反支持派が多い結果となっています。フィリピン国内の世論調査の結果と比べ、エリート学生のためか反米、反ドゥテルテ派が多い結果となっていますが、これも国内世論が大きく割れているからです。

こうした状況にあって、アメリカの政治家の発言にフィリピン政治が大きく揺れることが過去、何度も起こっています。二〇二〇年に入ってから訪問軍地位協定について破棄と保留で揺れていますが、破棄の提案についてはドゥテルテ政権の持つ反人権的な姿勢をアメリカ側が批判したことへの、報復的な意味合いが込められています。

このように、親米的な感情を持ちながら、同時にこれを否定する心理的メカニズムが働くフィリピンの国民感情は、戦後日本の反米感情を理解している方なら、比較的理解しやすいだろうと思います。*

*戦後の日本では、アメリカを「好き」とする者が多数でしたが、米軍基地や日米安保の問題から徐々に減り、一九七〇年代半ばには二〇%以下となります。ところがその後、「好き」とする者の割合は高くなり、現在に至っています。内閣府による「外交に関する世論調査」によれば、二〇一九年時点でアメリカに「親しみを感じる」と回答した者の割合は七八・七%で、「親しみを感じない」とする回答一九・一%を圧倒しています。半世紀ほど前、日本で対米関係をめぐって国論が割れていたことは、現在の若者にはイメージしにくいかもしれません。

タイ――中国は頼もしいパートナー

タイではマレーシア、インドネシア同様に、日本、中国、韓国、台湾の影響がほぼ横一列で高く評価されています。東アジア諸国内ですと、いずれか一国が低く評価されますが、これら三ヵ国ではそうはなっていません。

ベトナム、フィリピンで対中感情が悪化していることに比べて、タイの対中評価の高さは特筆されます。タイもフィリピン同様にASEANの原加盟国で、共産主義との対決が、タイの国民国家形成の強い動力になってきたにもかかわらず、です。

改革開放以降、特に一九八九年の六・四天安門事件によって欧米諸国からバッシングを受けるなかで、中国が東南アジアへ、より実利主義的な経済中心のアプローチをするようになってから、タイの中国に対する認識は変わりました。警戒すべき共産主義国のイメージが徐々に後退し、経済的に成功し、多くの経済的な機会を与えてくれる、頼もしいパートナーとして中国が認識されるようになったのです。[*] もちろんこれには、開発主義路線をとるタイの事情が大きく絡んでいたのは、言うまでもありません。

＊言論NPOによる二〇一九年日中共同世論調査の結果によれば、調査対象となった日本人のなかで中国を表現する社会・政治体制として「社会主義・共産主義」と回答した者は五二・〇%と過半数を超え、他の選択肢を圧倒していました。タイに比べ、日本では冷戦体制メンタリティーに縛られた対中理解が強いようです。

対中認識の変化については、従来あまり深く研究されていませんでしたが、最近ではタンシンマンコン・パッタジット（2019）が、早稲田大学に提出した博士論文で、なぜこのような反転が起こったのかを説明しています。筆者が編集した本に寄稿してくれたケヴィン・ヒューイソン（2018）も、タイの国内政治の変化に伴う対中認識の変化をうまく説明しています。

アメリカの失策・中国の成功

タイの対中認識が劇的に上がるのは、一九九七年のアジア金融危機以降のことです。このとき、アメリカが自分たちを裏切ったことへの失望が広がるなかで、手を差し伸べた日本と中国は頼もしいパートナーだとする認識が出来上がります。二〇〇八年のリーマンショックの際には、中国は大規模な財政出動を行い、世界経済を牽引する役目を果たしました。リーマンショックがアメリカ発だったことからも、タイは信頼に値するパートナーとしての対中認識を強化させることになりました。

アメリカからの離反には、政治的な事情も関係しています。

タイは政情が不安定なこともあって、しばしば軍事政権が誕生していますが、軍事クーデターが起こるたびにアメリカが介入し、軍事援助予算を削減してきました。こうしたアメリカの対応が、アメリカへの心理的離反を生み出しています。

タイにおける中国への肯定的な評価は、中国語への強い学習意欲にも見て取ることができます。

４－４は、「二〇年後、子どもに学んでほしい言語は何か」との問いに対する回答の分布

4-4 20年後、子どもに学んでほしい言語（複数回答）

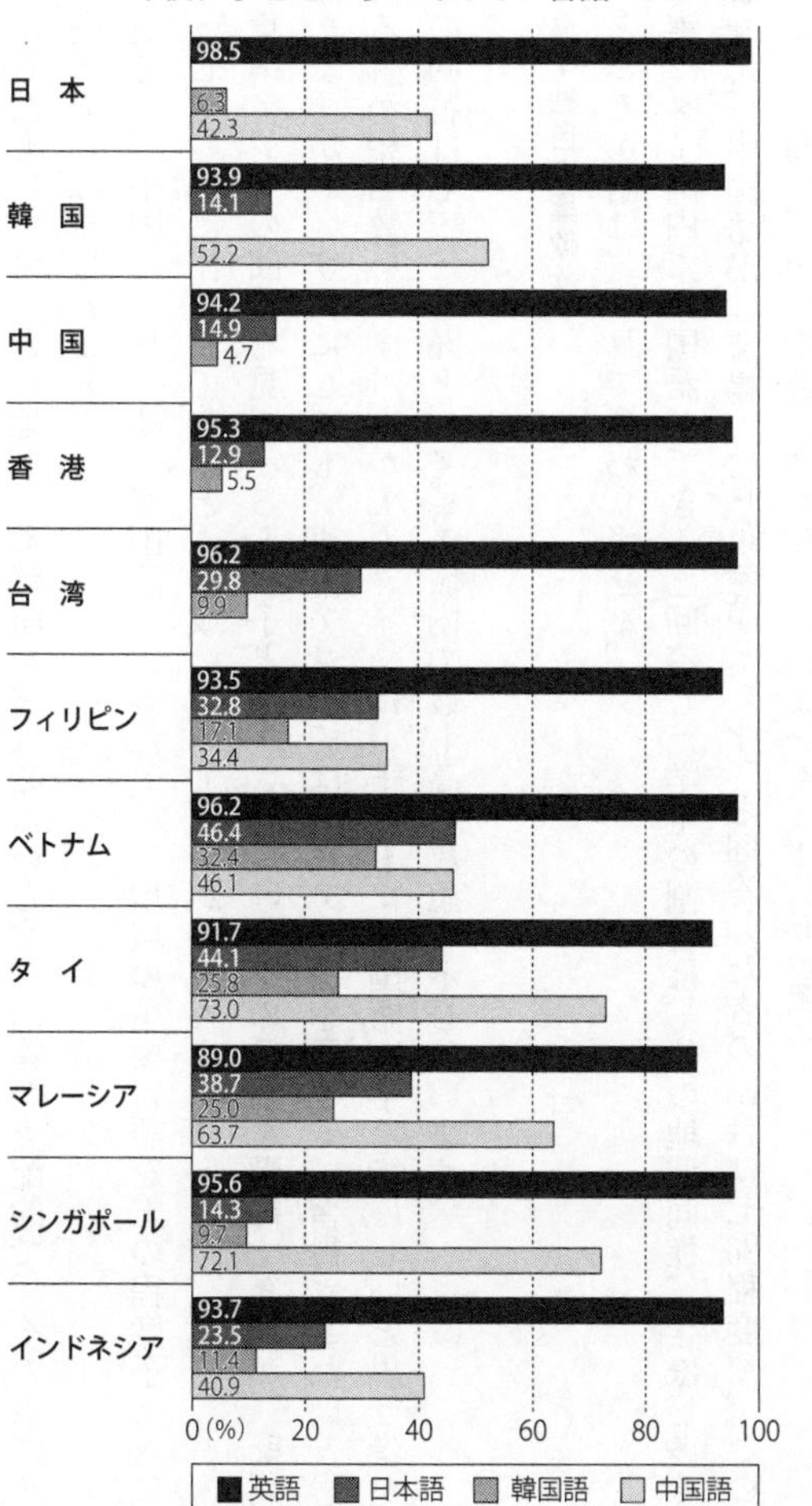

出典：アジア学生調査第３波調査

を示したものです。どの地域でも英語を学ばせたいとする回答が支配的で、その点、アジア域内で違いは見られません。

他方で、中国語、日本語、韓国語といったアジア地域の主要言語をどの程度子どもに学んでほしいのかに注目してみると、地域によって違いが見られます。

東南アジアの回答を見てみると、子どもがこれだけ多くの言語を習得できるか、疑問にも思えますが、いずれにしても、東南アジアではアジア言語を子どもに習得させたいと思っている者が相当数います。なかでもタイでは、子どもに中国語を学んでほしいと思う者が多く、その回答は七三・〇%と、アジア域内で最も高い数値を示しています。

タイ独自の柔軟性

ところが話は、これで終わりません。

実はタイ国内で中国語ができると回答した学生の割合は、他の地域同様、さほど多くありません。中国語が「流暢」「日常会話レベル」と回答した者の割合は七%程度で、この一〇年ほどの間に、その割合は高くなっていません（4－5参照）。

全人口の一二%程度を占めるとされる華人の多くはタイ化しており、中国文化の影響をさほど残していません。タイに同化した華人は、政財界で中核的な役割を果たすようになっており、ほぼ完全に同化されています。この点で、イスラム教徒を多数派とするマレーシアや

4-5 回答者の中国語能力（2008〜19年）

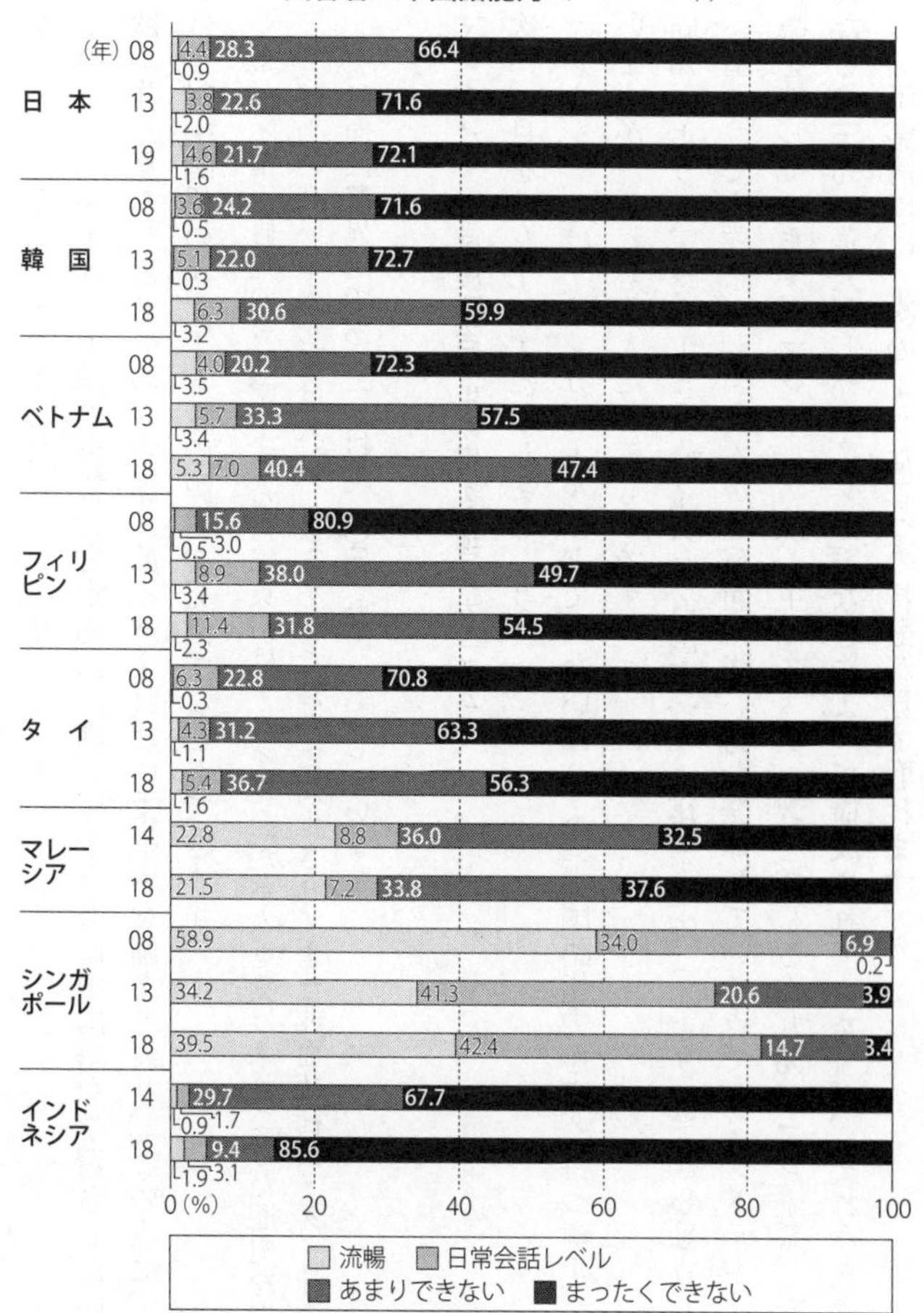

注記：「わからない」とする回答を除いて集計している
出典：アジア学生調査第1・第2・第3波調査

インドネシアとは、大きく異なっています。

このようにタイは、中国の影響を肯定的に評価し、子どもに中国語を学習させたいとする意欲が強く見られるものの、中国に飲み込まれない柔軟さを備えており、[*]この点に、タイにおける対中関係のユニークさの源泉を見出すことができます。

*タイ華人研究の専門家である村嶋英治は、タイ社会が華人を受け入れてきた歴史を振り返り、能力の高い華人を受け入れ、彼らをしたたかに同化させてきた非血統社会・タイ社会の「柔軟性は驚異的である」(村嶋 2002: 43) と記しています。

マレーシア――民族政治が生み出す心理メカニズム

次に、目をマレーシアに移しましょう。

マレーシアには、シンガポールほどではないにせよ、中国語能力を高く持つ学生たちが多くいますが、これも華人によるものです。

周知のように、マレーシアはイスラム国家で、戦後宗主国(イギリス)から独立した「新しい国家」です。しかも、華人が経済面で強い力を発揮している点で、インドネシアに似た特徴を持っています。マレーシアは、主にイスラム教を信じる六九%のマレー系、文化的に異なる二三%の華人、七%のインド系などによって構成されていますが、それゆえマレーシアの国民感情には、次のような二つの特徴が見て取れます。

第一に、英米を中心にした国際秩序に関しては、中東のような敵対的な姿勢は見せないものの、それほど強くコミットしていません。特に、9・11以降、反イスラム的色彩が強くなったアメリカからは距離を取るようになり、対外認識ではアメリカは上位にありません。

第二に、異なる民族集団によって、一部、国民感情が異なります。十分に予想されることとはいえ、インド系はインドの影響を高く評価し、華人系は中国の影響を高く評価する傾向が見られるのです。

華人と非華人の違いは、その社会的距離の違いにも表れています。

社会的距離については、一五の国・地域がリストアップされ、これらの国・地域の人たちとどの程度の距離を取りたいか、質問しています。

回答にあたっては、①結婚してもよい、②親友になってもよい、③近隣になってもよい、④職場の同僚になってもよい、⑤自国の永住者となってもよい、⑥観光客としてだけならよい、⑦自国から出て行ってほしい、の七つの選択肢を用意し、そのうちいずれか一つを選択するよう依頼しています。

4-6は、母語を中国語と回答した三六人と、母語は中国語ではないと回答した一五〇人を、それぞれ華人、非華人として別のグループにし、中国人、台湾人とどのような社会的距離を取るかを示したものです。

華人の回答が最も集中しているのは、中国人に対しても台湾人に対しても、「結婚しても

4-6 マレーシアにおける中国人・台湾人との社会的距離

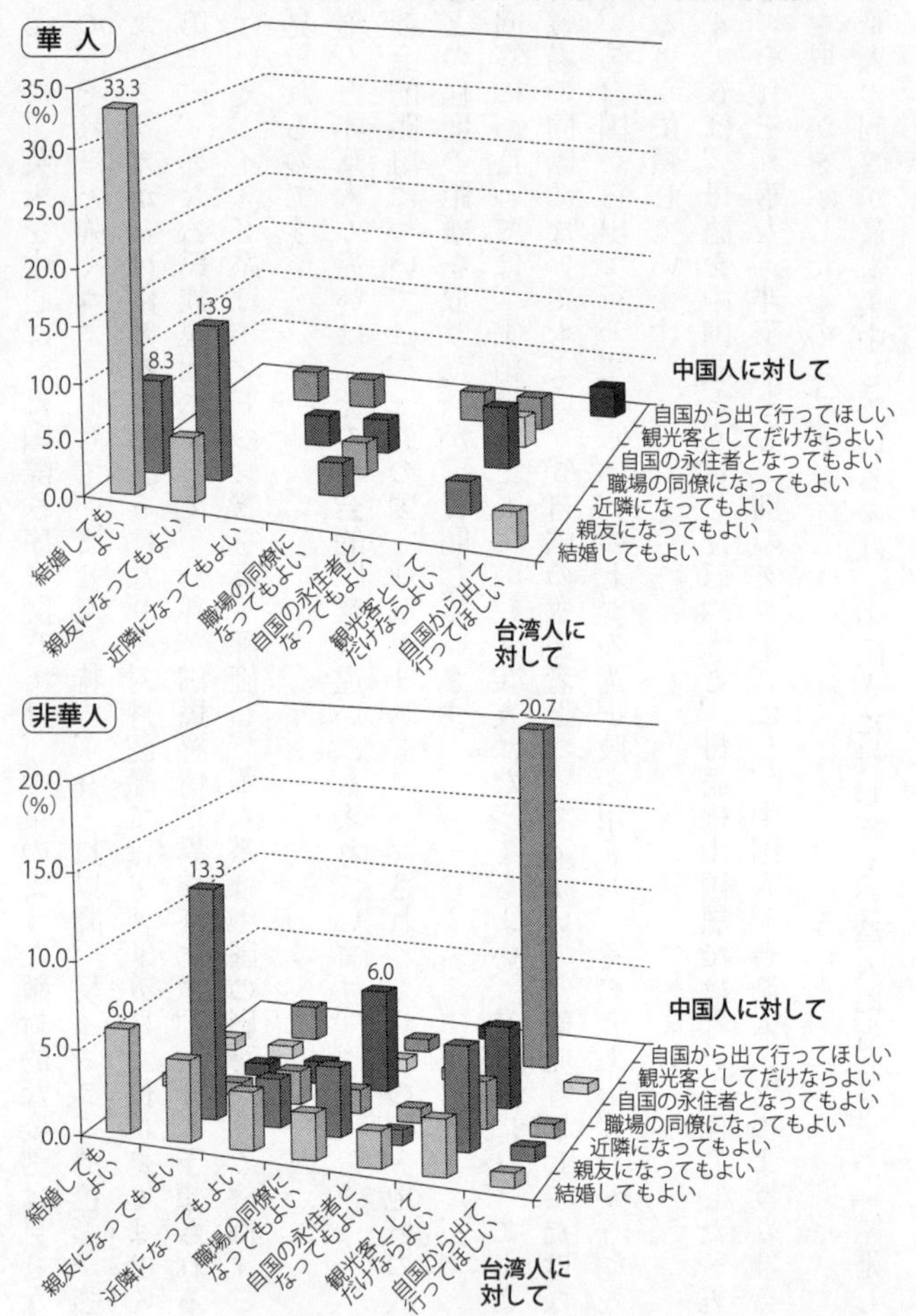

注記：華人（N=36)、非華人（N=150)
出典：アジア学生調査第２波調査

4-7 マレーシアにおける中国・台湾の影響への評価

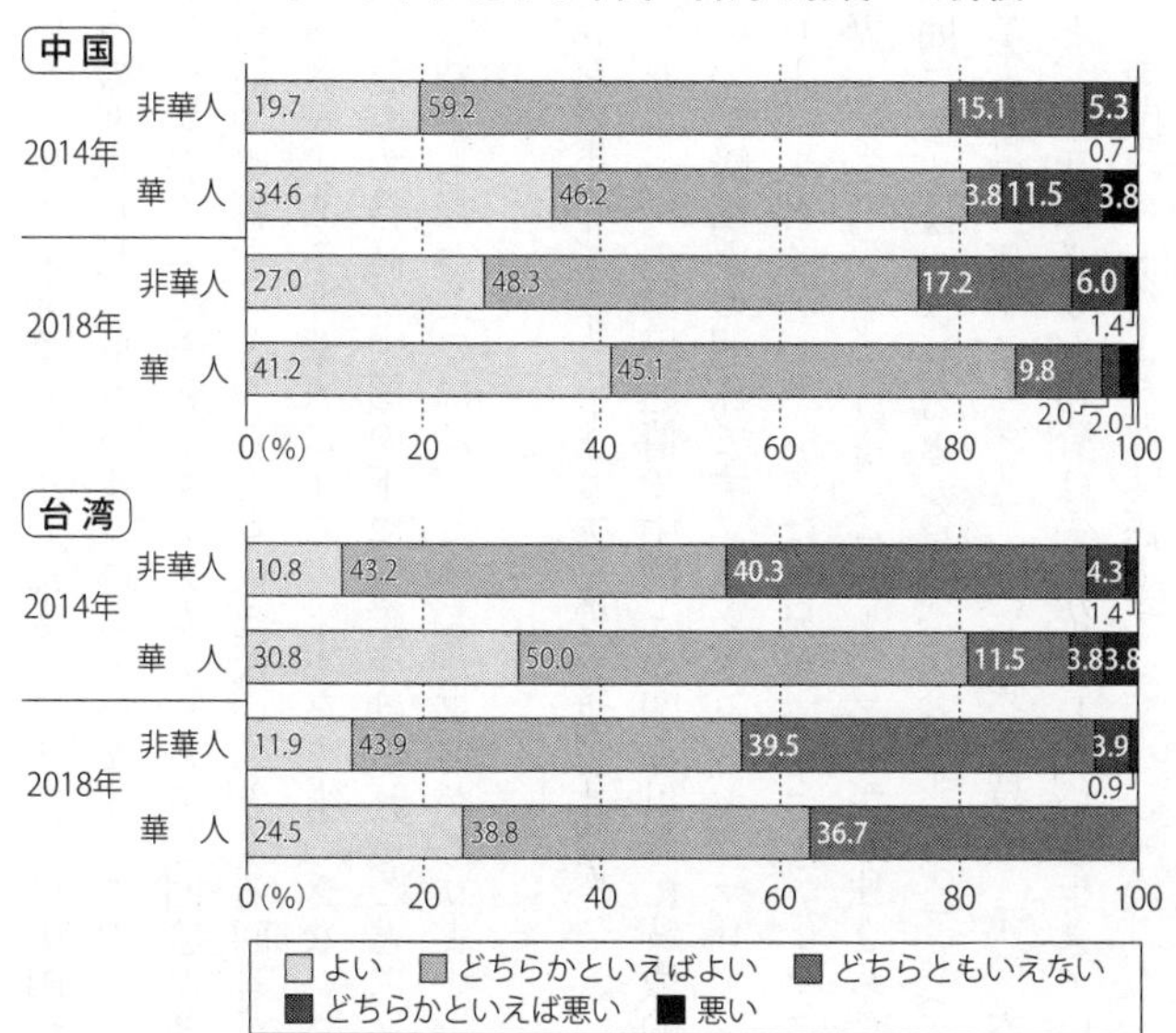

出典：アジア学生調査第2・第3波調査

よい」です。このように社会的距離が近い人たちが大きなグループを作り、それ以外の回答が分散しているところが、華人の回答の特徴です。

これに対して、非華人の回答が最も集中しているのは、台湾人に対しても中国人に対しても、「観光客としてだけならよい」です。これが全体の五分の一強を占め、その反対にどちらとも「親友になってもよい」という回答が一三・三％あります。非華人のなかでも中国系の受け入れに寛容なグループと、寛容でないグループが併存していることがわかります。

4-7は中国と台湾の影響への

評価を、華人／非華人で示したものです。上に中国への評価、下に台湾への評価を示し、二時点の変化が見て取れるようにしています。このグラフから、①華人に比べ非華人の方で、台湾の影響を「どちらともいえない」とする回答が多い、②華人、非華人とも、中国に比べて台湾の影響を「どちらともいえない」とする回答が多いといった傾向が見られます。

多数を占める非華人による「どちらともいえない」という回答が増えることで、結果的に対外認識で台湾が中国の下に位置づけられることになるのですが、台湾人研究者ががっかりする結果となったのには、こうした事情があります（第2章七八ページ参照）。

シンガポール・インドネシアとの「特別な関係」

マレーシアの国民感情で中国との関係以外に特徴的なのが、シンガポール、インドネシアといった隣国との関係です。喩（たと）えてみると、マレーシアとシンガポールは「離別した夫婦」、マレーシアとインドネシアは「兄弟」、といったところでしょうか。

妻（シンガポール）は夫（マレーシア）から独立したものの、互いに相手を熟知している。周囲にちやほやされる妻を見て、夫はイライラしつつも未練がある。賢い妻は優秀な男性（日本や韓国、オーストラリア）に興味を持ち、元の夫にはあまり気がないものの、水や食料など、生活に必要な物資は夫に依存しないと生きていけない――下手な喩えかもしれませんが、両国は、そのような関係です。

他方、マレーシアとインドネシアは、人種的、言語的に多くの共通点を持ちながらも、ちょっとしたきっかけで時に一方的な喧嘩(けんか)をする――そのために犬猿の仲となりがちな――関係です。

第三波調査を行う一年前の二〇一七年、東南アジア競技大会がマレーシアで開催されました。その参加国を紹介するパンフレットで、インドネシアの国旗が上下逆さに印刷される事件が起こります。この問題が報道された後にマレーシアは陳謝しましたが、インドネシアの怒りは収まりません。インドネシアは、これほど近い関係でありながら、わざわざ国旗の印刷を間違えるのは、悪意があるからだと理解したのです。

このようなボタンの掛け違いが生まれるのは、自分たちの事情を理解してしかるべきだとする高い期待があるからです。それにそぐわない行動をしたために失望・幻滅が大きくなり、冷えた関係が続くのです。

シンガポール――アジアとの連携の模索

シンガポールは人口が五六七万人、人口七五〇万人の香港と対比されることが多い都市国家です。ただし香港のように中国の主権の枠内に入っていない独立国家であるため、国民感情は香港と大きく異なります。

大国に囲まれた都市国家は、外交手腕によって主権国家として生き延びなければなりません。実際、アジアを舞台にした重要な国際会議の場面で、シンガポールはしばしば巧みな外交を駆使してきました。

二〇〇二年からアジア安全保障会議（通称シャングリラ・ダイアローグ）がシンガポールで行われてきました。イギリスの国際戦略研究所（IISS）が主催する会議が、なぜシンガポールで開催されているのか。それには、英語圏であることもさることながら、中国を含むアジアのどの地域とも良好な関係を維持してきたシンガポールの地政学的特徴が関係しています。

二〇一八年には、トランプ大統領と金正恩（キムジョンウン）総書記で米朝首脳会談がシンガポールで開かれましたが、これもシンガポールが北朝鮮とも国交があるからです。シンガポールはまた、先に少し触れましたが、「星光計画」と呼ばれる台湾の国軍との合同軍事演習を行っています。一九九〇年に中国と国交を結んだ際に、台湾と断交しているにもかかわらずです。

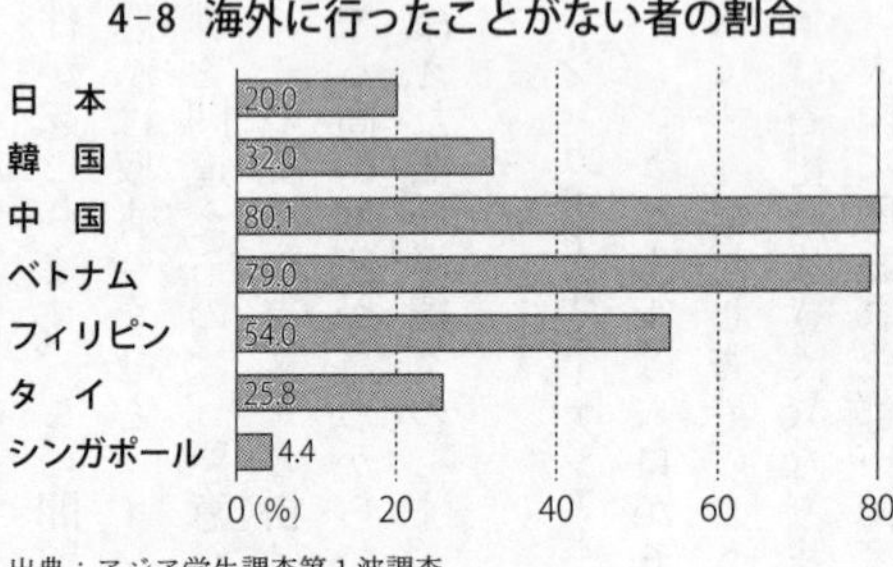

4-8　海外に行ったことがない者の割合

出典：アジア学生調査第1波調査

こうしたシンガポールの特徴は、世界との結びつき、とりわけアジアとの連携を重視する政策を打ち出してきたことと大きく関係しています。

アジア学生調査の第一波調査では、学生たちに七つの主要な国を挙げ、これらの国ぐに行ったことがあるか聞いています。「海外に行ったことがない」と回答したシンガポール人学生の割合は四・四％と、きわめて低い数字です（4－8参照）。

これには、①シンガポールが海外に出やすい環境にある、②シンガポールの一人当たりGDPが高い、③大学進学率が相対的に低く、大学生であることはエリートであることを示すなど、さまざまな要因が関係していますが、海外との結びつきの強さは、他のアジア地域を凌駕するシンガポールの特徴です。*

＊二〇〇六年から〇七年にかけて実施されたアジア・バロメーターの調査からも、同様の結果が得られています。「仕事で海外の人と一緒に働いている」「ネットやメールで外国の知り合いとよく連絡をとる」から「海外に家族・親族がいる」まで、海外との接点に関わる六つの質問に「そうだ」と回答した者の合計は、シンガポールで二七一・一ポイントとなり、マレーシア（一二〇・四ポイント）、フィリピン（一一三・九ポイント）、香港（一一二・五ポイント）といった第二グループの倍以上となっています。ここからも、シンガポールが海外と強い結びつきを持っていることは明らかです。

強固な政治体制が生み出す全方位外交

シンガポールが多くの東南アジア諸国と決定的に違う特徴が、もう一つあります。それは北朝鮮、中国、ベトナムといった社会主義国同様、一九六五年にマレーシア連邦から追放され、シンガポールが分離独立してから、人民行動党が一貫して政権を維持している点です。

フィリピン、タイ、マレーシア、インドネシアは、選挙を通じて政権交代が起こることで、民主主義の制度的脆弱さを露呈させてきました。結果的にストロングマン（強い政治家）を求めるポピュリズムが台頭し、対外関係が国内政治の道具となっています。こうした政治的な不安定さが、シンガポールには見られません。

外交問題はしばしば国内政治化し、安全保障上の意見の分断を生みます。国際的にどのようなパートナーとの関係を優先するのかが重要な政治問題とされ、それが国内の政治状況を不安定化させています。

ところがシンガポールの場合、人民行動党の一党支配が盤石であるため、全方位外交が現在も維持されています。その結果、どのアジア地域からも影響を高く評価されているのです。

しかもシンガポール政府は、自らを西洋と周辺国とのハブであるという認識を強く持っています。先述のアジア安全保障会議がシンガポールで行われているのも、シンガポールがアジアと西側を結びつけるゲートウェイとして、自らを位置づけているからにほかなりません。もっとも、こうした国家戦略が人びとの意識に根差したものかは、注意深く吟味する必要があります。

ASEAN事務局が二〇一八年に実施したASEAN意識（ASEAN Awareness）調査では、「ASEAN市民としての意識をあまり感じない」とする回答は、シンガポールで二六％と、一〇ヵ国平均の一四%を大きく超え、域内で最も高い数値を示しました（The ASEAN Secretariat 2019: 15）。この結果からも、域内のハブとして生き残ろうとする国家戦略と人びとの意識にギャップが存在している可能性を見て取ることができます。

インドネシア――中国と中国人への異なる評価

インドネシアは、マレーシアとの関係同様、中国とも複雑な関係を持っています。すなわち、国家レベルではマレーシア同様、強い中国に対する肯定的な評価があるものの、中国人には強い警戒感を抱いているのです。

それには、①歴史的に華人が経済を牛耳ってきた、②一九六〇年代の反共的な政治風土のなかで、中国共産党の影響を敏感に感じてきた、③国民の大多数を占めるムスリムにとって、華人の文化を受け入れることに抵抗がある、といった理由があります。

次ページの4-9の「中国人観光客の増加は益より害が多い」という文言に対する賛否のあり方からも、インドネシアにおける警戒感の一端を確認することができます。

香港では、中国人観光客が急増し、特定商品の買い占めが起こったり、貴金属店が乱立し、日用品を扱う商店が立ちいかなくなったりするなど、多くの問題が生まれました。このことが中国人への心理的反発を生みましたが、同じ心理メカニズムがインドネシアでも見られます。

4-9「中国人観光客の増加は益より害が多い」との文言に対する賛否

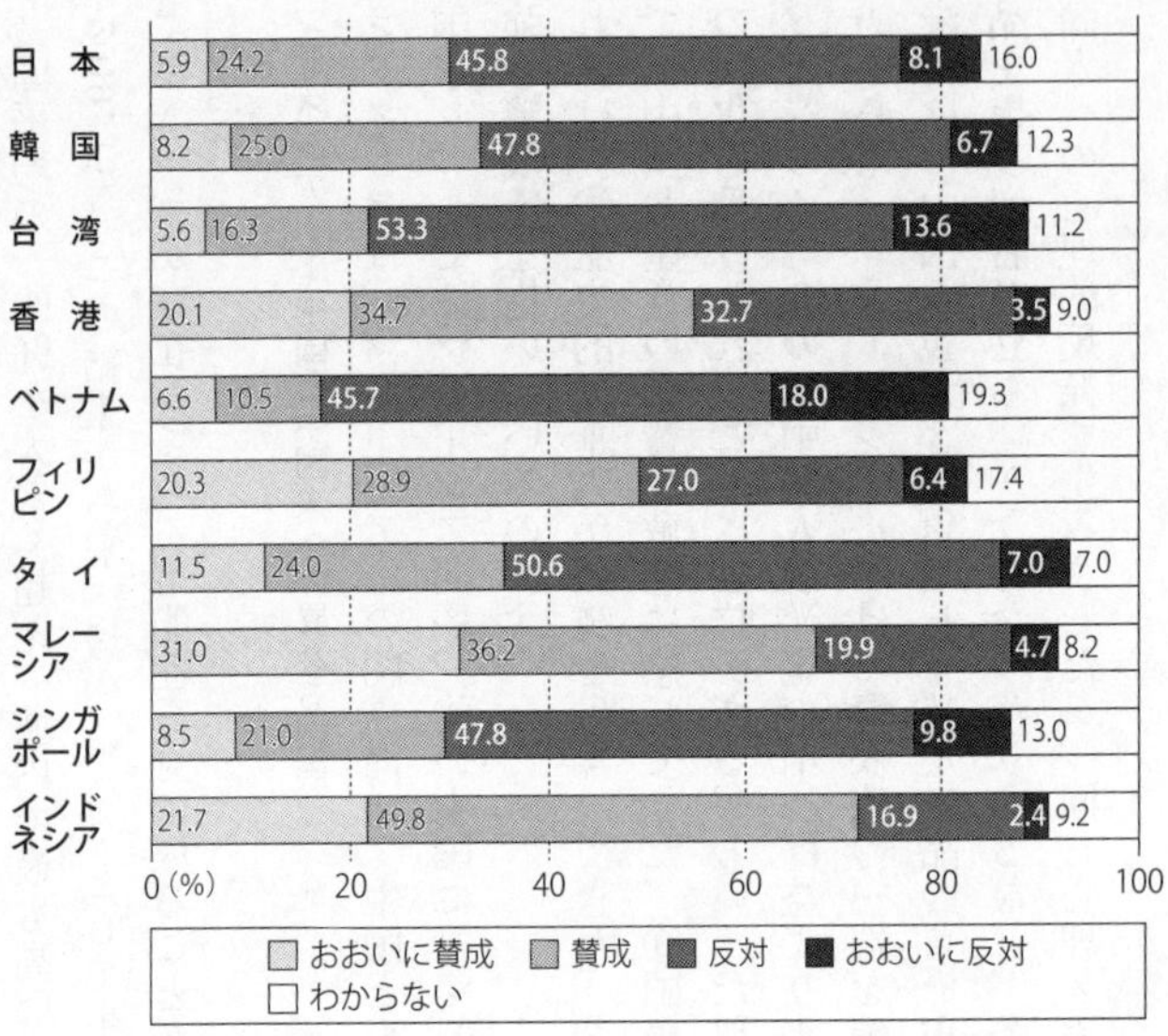

出典：アジア学生調査第３波調査

近年、不法労働者が中国からやってきているという声が、インドネシアの労働組合の幹部たちから指摘され、これがインドネシアの国政・地方選挙で政治問題化したことがあります。

また、二〇一七年のジャカルタ州の知事選挙では、中国系でキリスト教徒であるプルナマが勝利しましたが、彼はコーランを侮辱したとして裁判の対象となりました。その後の国政選挙でも、候補者が中国系であるとさまざまな偏見に基づく報道が行われています。

タイ同様にインドネシアの華人も同化が相当に進んでいるに

もかかわらず、です。

ピュー・リサーチ・センターの調査では、インドネシアが中国を肯定的に評価している点は確認できますが、中国人に対する根深い不信感があることも、同時に理解しておく必要があるでしょう。

韓国——民主化が生み出す逆説

ここからは、東アジアに目を移しましょう。

韓国は、東南アジアからはその影響が高く評価され、東アジア域内では、日本、中国、台湾から比較的厳しい評価を受けています。

日韓関係に限れば、マレーシアとインドネシアとの関係のように、互いに多くの友人・知人を持ちながら、対外認識で相手を低く位置づけています。

次ページの4-10は、日韓の首脳に対して、アジアの学生たちがどのような評価をしているかを示したものです。東南アジアの国では、安倍晋三首相と文在寅大統領の双方ともに、総じて「信頼できる」とする回答が多いのに対して、日本と韓国では、自国の指導者については意見が割れ、相手の指導者については否定的な見方が支配的だという点で一致しています。このような特徴は日韓のペアだけで、アジアの他の地域では見られません。

韓国の国民感情を考える際に重要なのは、自国にとって「重要な他者」——日本、中国、

4-10 日韓首脳への信頼度

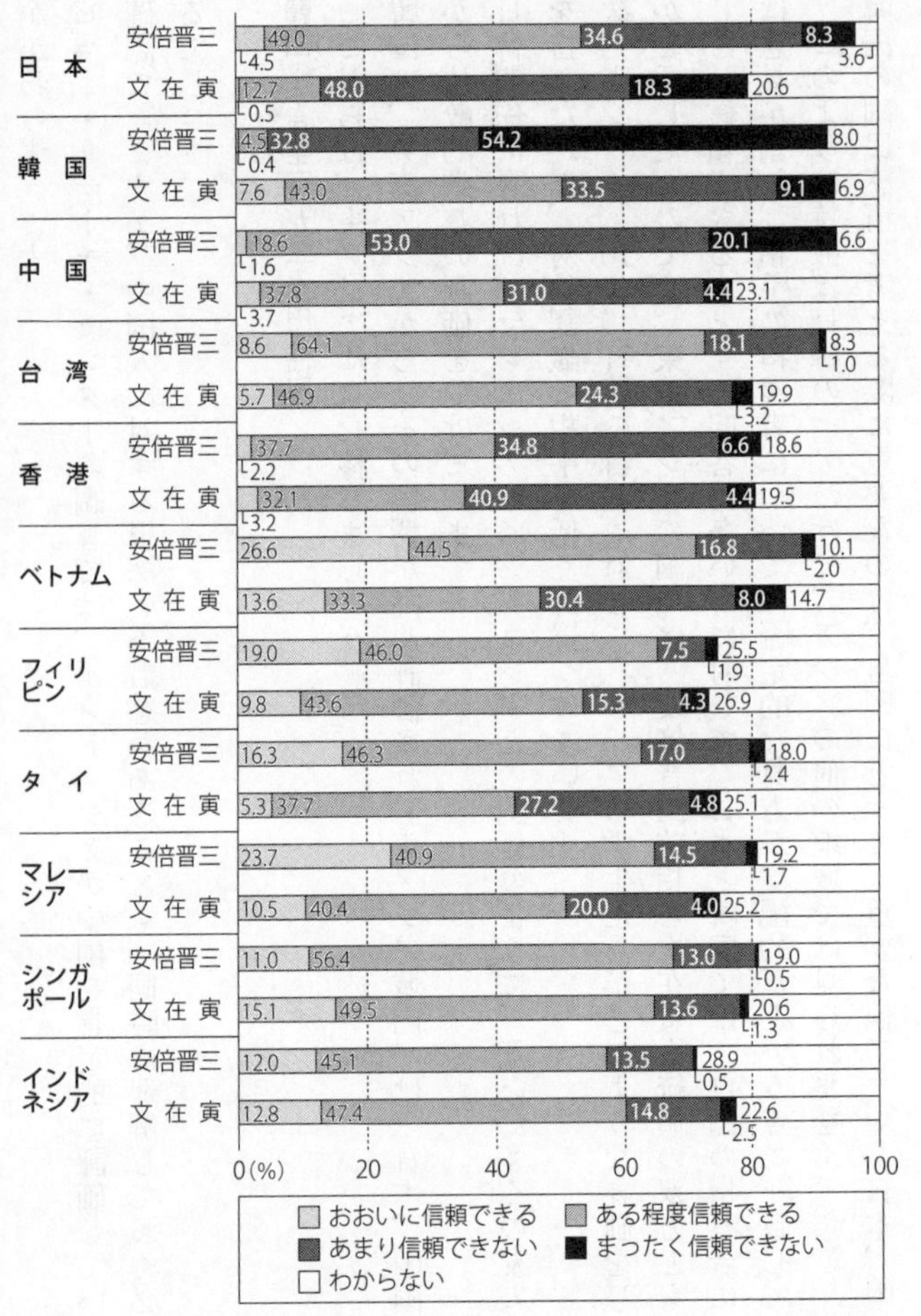

出典：アジア学生調査第３波調査

北朝鮮——の多くが東アジア域内に位置している点です。[*] しかも一九八〇年代以降の民主化とグローバル化が、これらの重要な他者へのアプローチを大きく、しかもそれぞれ異なる形で変えることになりました。

＊重要な他者（significant others）とは、G・H・ミードによって提唱された社会心理学の概念で、客我（me）を通じて自我（I）を形成する際に重要な役割を果たす人を意味しています。本書ではこの概念を転用し、国民感情を形成する際に重要な役割を果たしている国・地域を指しています。

冷戦体制崩壊がもたらす変化

日本に対しては、台湾とは対照的に民主化の進展によって、より厳しい評価になっていきます。民主化は脱植民地化の特徴を強く持ちます。日本と協力しながら開発独裁体制を作ってきた民主化以前の政治体制への批判は、韓国を支配していた日本への厳しい評価につながるからです。

しかも、経済力をつけ、ソウルや平昌(ピョンチャン)でのオリンピック開催が可能となったように、国際社会でのプレゼンスを着実に高めています。韓流ブームが起き、アジア域内での韓国文化の受容が進むなかで、依然として「上から目線」でアプローチする日本に強い反発を示すようになります。解決に至らない「慰安婦」問題の背後には、こうした国民感情があるのです。

事実、峨山（アサン）政策研究院が行った世論調査の結果、二〇一八年後半から一九年第一・四半期にかけて、金正恩（キムジョンウン）総書記との南北首脳会談の「成功」もあり、一時的ではありますが、北朝鮮へのイメージが向上し、アメリカ、中国、日本、北朝鮮の四ヵ国のなかで、日本が最も低く評価されたこともあります（The Asan Institute for Policy Studies 2019: 8）。

他方で冷戦体制の崩壊は、中国との距離を縮めることになりました。

戦後中国は、北朝鮮の後見人を自任する共産主義国家として警戒すべき存在でした。一九五〇年に始まる朝鮮戦争で中国の義勇軍と戦った記憶も鮮明でした。ところが冷戦体制が崩壊し、中国との国交を樹立すると、対中関係は経済を軸としたウィン・ウィンの関係として認識されるようになります。

一九九七年のアジア金融危機、二〇〇八年のリーマンショックによって、アメリカの影響が後退するなか、中国は韓国の経済復興を支援する頼もしいパートナーとして認識されるようになりました。このあたりのプロセスは、タイやインドネシアの状況ときわめて似ています。その結果、韓国で中国語熱が高まり、多くの韓国人学生が中国に留学するようになります。

また中国から多くの留学生や観光客が韓国を訪れ、チャイナ・マネー抜きでは大学経営や観光産業が成り立たないといわれるまでになりました。このように経済面での対中依存が進むなか、これが大きなリスクを孕（はら）むとは近年まであまり認識されていませんでした。

戦後七〇年にあたる二〇一五年、北京で中国人民抗日戦争・世界反ファシズム戦争勝利七〇周年記念式典が開催された際、朴槿恵（パククネ）大統領は国賓として招待され、習近平国家主席の隣で式典に参加する姿は、中韓間の蜜月（みつげつ）状態を象徴していました。

国民感情の国内政治化

ところが二〇一六年から一七年にかけて、終末高高度防衛（THAAD）ミサイルの配備をめぐり、韓国は中国から冷や水をかけられることになります。

この在韓米軍への配備に対し中国は強い不快感を示し、中国国内では韓国製品がボイコットされるようになります。また中国人観光客も激減し、韓国は大きな経済的打撃を受けるようになります。二〇一八年の第三波調査で対中認識が厳しくなったのは、このような安全保障上の懸念が高まったからです。中国政府による韓国への制裁措置は、中韓関係が新たな次元に入ったことを、韓国の人びとに少々手荒な形で伝えるものでした。

東南アジアでは韓国に対する好意的な評価と対照的に、北朝鮮に対する敵対的なイメージが併存しています。そのため、韓国が「祖国統一」を目指して北朝鮮にアプローチしようとしても、アジアの周辺諸国は、理解しにくい状況になっています。

他方で国内では、北朝鮮を孤立させるべきか、日本や中国との関係をどう進めていくべきかといった外交方針が、国内政治のダイナミズムを生み出す大きな力となっています。

アメリカでは民主党支持か共和党支持かによって対外認識が異なりますが、同じ現象は韓国や台湾にもあるのです。

韓国では、革新政党支持者は北朝鮮の包容化政策を支持し、中国との協力を重視します。これに対して、保守政党支持者は強硬な対北朝鮮政策を支持し、アメリカとの同盟関係を重視します。また台湾では、国民党支持者は中国との協調政策を支持し、民進党支持者は中国との対決・離反を指向します。

冷戦体制が完全に崩壊していない東アジアにあって、民主化を達成した韓国と台湾で、「敵性国」との関係をめぐって国民感情の国内政治化が起きているのです。

中国——強まる大国意識

周辺国・地域による中国への評価については、すでに相当の紙幅を割いて説明してきました。ここでは、中国自身の対外認識に絞り、中国国内で行われた最近の調査結果を紹介しつつ、その特徴と変化を見てみましょう。*

＊巻末の附録②でも説明していますが、二〇〇〇年代半ば以降、中国国内でさまざまな世論調査が行われ、結果も開示されるようになりました。ところが二〇一〇年代半ば以降、調査結果を集めた書籍が出版されなくなり、速報ベースで、しかも結果の一部だけがウェブ上で開示されるようになりました。そのため、その調査プロセスがどれだけ信頼に値するのか、特

定の質問がいつまで継続的に調査されたのか、注意しなければならない状況にあります。

そもそも中国の人びとは、中国をどのような国だと考えているのでしょうか。各種調査の結果から、「大国意識」と「楽観主義」という二つのキーワードが浮かび上がってきます。

環球輿情調査中心が行ってきた「中国人看世界（中国人が見た世界）」と題された世論調査では、「あなたは中国がすでに世界レベルの大国になっていると思いますか」という質問に「そうだ」と回答した者の割合は、調査を開始した二〇〇六年には二〇・〇%でしたが、一四年には三四・九%と一五ポイント近く上昇しています（環球輿情調査中心 2015: 18）。

興味深いことに、同じ環球輿情調査中心が実施した「中国国家発展民衆預期調査」の二〇一四年のデータでは、自らを大国だとする認識と、依然として発展途上国であるとする認識が共存しています。

「中国は今、どのような世界的地位を得ていると思いますか」という質問に、「世界に影響力を持つ超大国」と回答した者が二一・一%、「アジアで影響力を持つ地域大国」と回答した者が二五・三%、「比較的影響力を持つ大国」と回答した者が三六・五%と、何らかの形で大国だと認識している者が八割を超えたものの、「あなたは中国が現在、どのような国だと思いますか」という質問に、「発展途上国」と回答した者が八一・三%もいるからです（環球輿情調査中心 2015: 230-231）。

こうした矛盾した回答が得られているのには、回答者が、①政府の公式見解では中国は発展途上国であるため「正しい回答」を選んだ、②成長が止まっていないという点で先進国（中国語では「発達国家」と表記されます）と考えていない、③国家レベルでは大国だが、一人当たりGDPでは先進国とはいえないと考えている、といった理由が考えられます。

他方、「楽観主義」については、以下のような世論調査の結果から垣間見ることができます。

第一に、ピュー・リサーチ・センターのGlobal Attitudes Surveyで「自国の方針に満足しているか」との質問に対する回答を見てみると、調査を開始した二〇〇二年で「満足している」とする回答が四八％だったのに対し、一六年時点で八六％となっています。総じて党・政府に対する肯定的な評価が目立ちます。

第二に、先述の「中国国家発展民衆預期調査」（二〇一四年）の結果によると、「中国の平和的台頭が実現し、世界の強国になると思いますか」との質問に、「可能性はきわめて低い」とする回答は四・八％にとどまり、「すでに世界の強国となっている」（九・四％）、「その可能性は高い」（五〇・一％）と、その将来を楽観しています（環球輿情調査中心 2015: 231）。

第三に、同様に「中国人看世界」（二〇一九年）の結果では、「中国の国際的なイメージがどう変わったと思うか」との質問に、六九・七％の回答者が「好転した」と回答しています（「環球輿情 〝中国人看世界〟年度調査：七成国人認為〝中国形象在変好〟」『環球時報』二〇一九年一二月二九日付)。

こうした楽観主義の背後には、着実に生活水準が上昇していることへの肯定的な評価があり、そうした政策を実現した党・政府への信頼があります。中国が「一帯一路」のような、海外でのプロジェクトに大規模な財政支出が可能なのも、人びとのこうした意識があるからです(園田 2018)。

東南アジアへの無関心

大国意識の高揚は、人びとの目をその他の大国に向けています。

環球輿情調査中心の「中国人看世界」調査によると、「最も重要な二国間関係は何か」との問いに、「米中関係」が、二〇〇六年の七八・〇%から一九年の八二・一%と、八割近くを占めてきました。また、周辺国のうち、どの国との関係が最も重要かとする質問には、二〇〇九年から一貫して「中露関係」が最も多くなっています。

「日中関係」についていえば、調査が開始された二〇〇六年には六〇・二%が最も重要な二国間関係だったのが、〇九年には「中露関係」に抜かれ、一九年時点で「日中関係」を挙げた者は三九・八%と、この一三年の間に二〇ポイント強低下しています(「環球輿情〝中国人看世界〟年度調査:七成国人認為〝中国形象在変好〟」『環球時報』二〇一九年一二月二九日付)。

東南アジアや朝鮮半島への関心は日本よりも低く、アジア諸国の中国への関心の高さとは対照的な結果となっています。

アジア学生調査でも、中国人学生のアジア、とりわけ東南アジアへの関心が低い結果が出ています。

4−11は、0−3（本書一一ページ）を得る際に用いた質問に対し、第三波調査で中国人学生が選んだ国・地域の数を他国のそれと比較したグラフです。中国人学生がアジアとして想い起こす国・地域の数は八・七と、日本の三分の一程度しかなく、この傾向は第一波調査時点から変わっていません。

では、中国人はアジアと聞いて具体的にどのような国・地域をイメージするのでしょうか。第三波調査によれば、中国（九七・六％）、日本（八三・三％）、韓国（六九・一％）、インド（六六・四％）、香港（六一・五％）、台湾（五八・〇％）、シンガポール（五七・九％）で、多くの東南アジア諸国が抜け落ちています。*

4−11 イメージされるアジアに含まれる国・地域の数

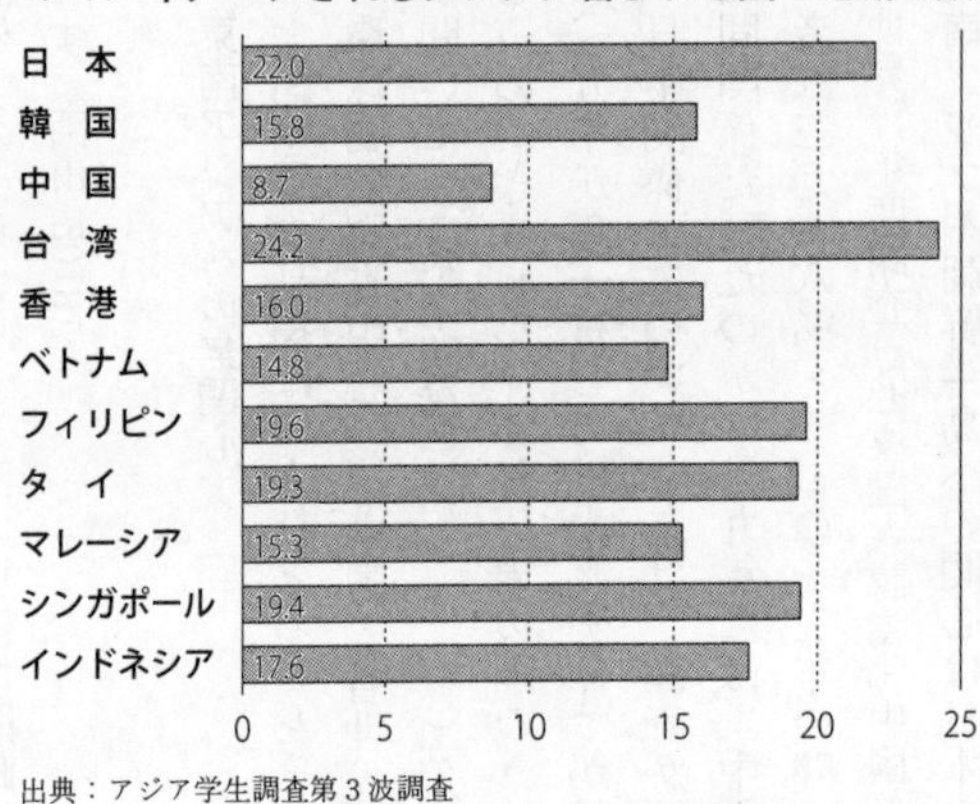

出典：アジア学生調査第３波調査

＊周知のように、中国は台湾を中国の一部と考え、「一つの中国」政策を打ち出しています。中国人学生で中国をアジアと考えているのは九七・六％ですが、台湾は五八・〇％となっています。このことは、台湾を中国と違う政体と考えている学生が少なからずいることを示唆しています。これは、政府の公式見解と人びとの意識にギャップがあることを示す典型的なケースです。

中国の知識人と話をしていて、日本や欧米に言及することはあっても、近隣、特に東南アジアについて深い知識を開陳された記憶が、筆者にはほとんどありません。中国の人びとに広く見られる上昇指向と大国化の実感が、こうした東南アジア軽視を生み出しているものと考えられます。

台湾——強烈な承認欲求

台湾では、一九八〇年代以降の民主化とともに、台湾人が自らの未来を決めるという意識が強まります。その結果、中国との心理的な距離が遠くなりました。台湾人アイデンティティーが強まり、特に若い世代で自分を「中国人」と考える者はほとんどいません。

また、韓国の民主化と脱植民地化が日本との距離を遠ざける効果を持っていたとすれば、台湾では逆に、日本との距離を縮める効果を持っていました。

こうした変化の方向が異なっていることもあって、台湾の韓国評価は高くありません。両国が日本の植民地でありながら、開発独裁体制下で経済成長を遂げ、一九八〇年代に民主化した共通点を考えると、台湾の韓国に対する評価の低さは不思議です。

その原因については、本書一〇五ページで筆者なりに三つの仮説を提示しましたが、なかでも重要なのが、①一九九二年の中華民国との断交と、その後の中国への「すり寄り」です。一九七一年、中華人民共和国が国連の加盟国、しかも常任理事国の一つとして認知されるようになると、中華民国（台湾）は、多くの国から断交され、その存在が認められなくなります。中国も「一つの中国」の原則を掲げ、台湾を国として認めないよう、圧力をかけました。経済成長を背景にした中国との物量戦に負け、現在では中華民国（台湾）を正式な国として認めている国は、ごくわずかしかありません。

こうした苛烈な国際環境にあって、台湾は国際社会での承認欲求を強く持つようになっています。

戦後、台湾海峡が「封鎖」され、徐々に外省人（中国本土出身者）の発言権が弱くなるなかで、台湾は民主化を達成し、人びとは自らの声を上げるようになりました。その結果、中国との距離が遠くなっていったのは、人的交流や経済交流を通じて台湾を取り込もうとする中国にとって、予想外の事態だったに違いありません。

ともあれ、国際社会での強い承認欲求を持つ台湾にとって、韓国政府の仕打ちは、許しがたいものだったはずです。

皮肉なことに、対韓感情の悪さは、北朝鮮に対する評価との違いを狭める効果を持っています。社会主義とは無縁の台湾で、社会主義中国と似た朝鮮半島観が見られるのです。

4-12　韓国と北朝鮮に対する評価の違い

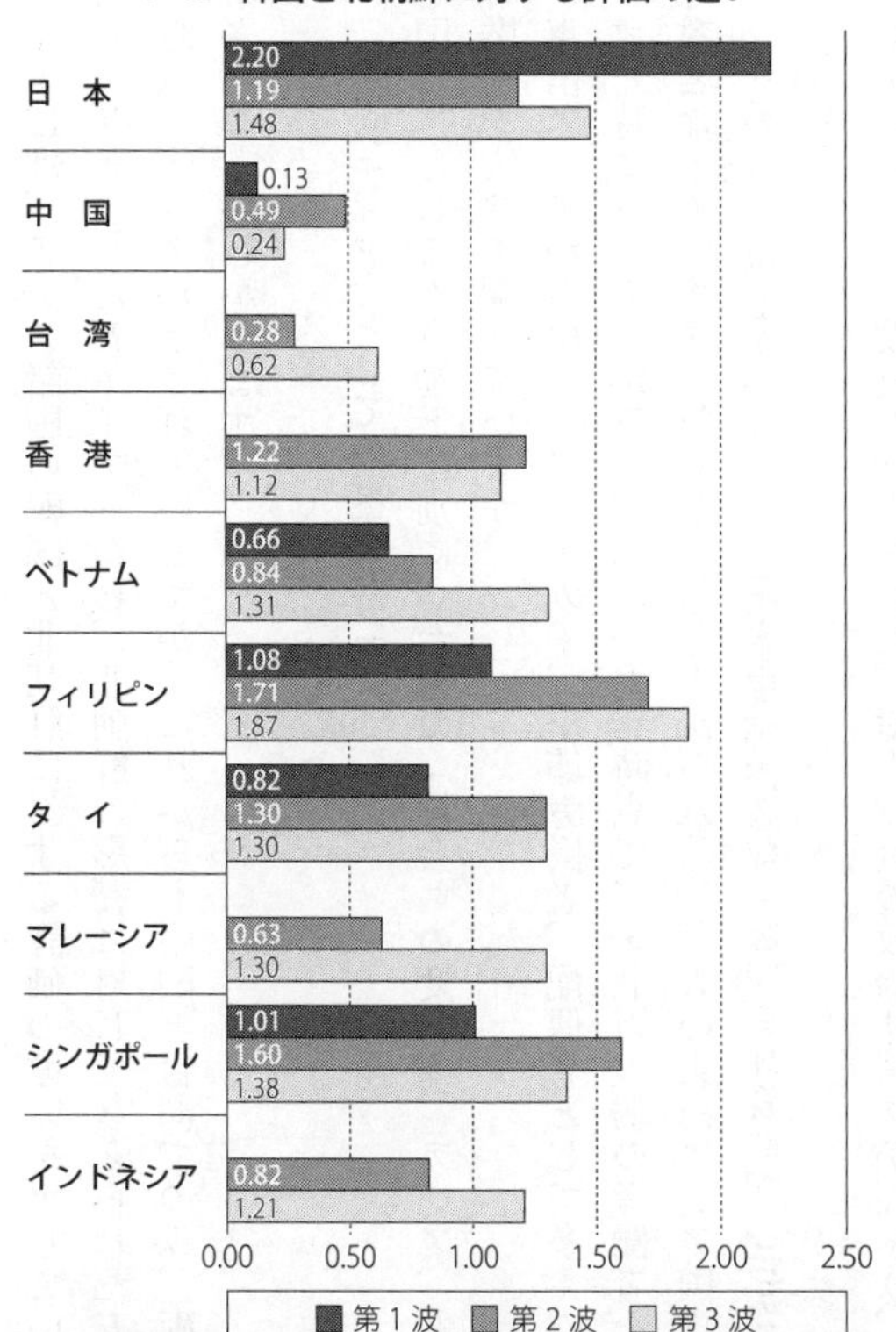

注記：韓国に5、北朝鮮に5、それぞれ影響力のポイントを与え、韓国へのポイントから北朝鮮のポイントを引いてスコアを出した。スコアがプラスであれば韓国に対する評価が高く、北朝鮮への評価が低いことを示す
出典：アジア学生調査第1・第2・第3波調査

4-12は、アジア諸国の韓国と北朝鮮に対する評価の違いを示しています。韓国の影響に対して与えられた五ポイントから、北朝鮮の影響に対して与えられた五ポイントを引いた、三時点のスコアが示されていますが、これからも中国と台湾でのみ、両国への評価の違いが小さいことがわかります。

「フロンティア」としての東南アジア

「国家」としての行動とは別に、台湾の「社会」の変化は、アジア、とりわけ東南アジアとの関係を大きく変えています。

東南アジアからは、ケアワーカー、季節労働者、配偶者として多くの移民がやってきています。特にベトナムからは、二〇一九年時点で三・七万人弱の労働者を受け入れ、日本に次ぐ数となっています。毎年七〇〇〇人から八〇〇〇人の東南アジア国籍の住民が台湾で結婚し、その八割以上が女性です（中華民国内政部戸政司全球資訊網 https://www.ris.gov.tw/app/portal/346）。

東南アジアへの投資も増えました。対中投資の政治リスクが高まり、中国国内のコストが上昇するなかで、東南アジアとの経済的紐帯（ちゅうたい）も強くなっています。

ところが、シンガポールとマレーシアへの評価は高いものの、その他の地域、特にフィリピンやベトナムに対する評価は高くありません。こうした状況は、中国との対立関係が続く状況にあって、台湾の国際社会での認知を高めるにはマイナスといえるでしょう。

二〇一六年、蔡英文政権下で新南向政策が発表され、東南アジア諸国との友好的な関係を結ぶ施策が打ち出されるようになりました。それは、台湾の政治家や知識人も東南アジアとの関係を、考え直さなければならないと感じているからです。

一九九〇年代の李登輝政権下で推進された南向政策が、対中投資のリスク分散といった政治・経済の論理によって進められたとすれば、現在の新南向政策は、むしろ社会・外交の論理によって進められています。

香港――高度な自治を指向する脱移民社会

香港人に見られる中国への警戒感と、台湾に対する親近感については、第3章で触れました。また、中国の対外認識が香港と大きく異なっている点についても、すでに指摘したとおりです。

中国と違うのは対外認識だけではありません。自分たちの将来についての評価もまた中国と大きく異なります。

アジア学生調査の第二波調査では、「あなたは中国（香港）の将来を楽観していますか、それとも悲観していますか」といった質問をしています。中国人学生で中国の将来を「大変楽観している」が一四・九％、「楽観している」が六七％と、合わせて八割以上の学生が楽観しています。それに対し、香港人学生で香港の将来を「大変楽観している」「楽観している」とした者は二三・三%で四分の一にも達していません。香港人が悲観的なことに北京政府が関わっていることは、指摘するまでもないでしょう。

もっとも、香港人が常に北京政府を厳しく見てきたわけではありません。香港大学民意研究計画——現在は香港民意研究所に業務が移管されています——が行ってきた世論調査によると、調査を開始した一九九七年時点で、香港市民の北京政府への評価は、特によくも悪くもありませんでした。

その後、北京政府が香港に対する「特別の配慮」を行ってきたこともあり、二〇〇九年一一月の調査では、北京政府に好感を持っていると回答した者の割合から、反感を持っていると回答した者の割合を引いた数値は二八ポイントにまで上昇します(https://www.pori.hk/pop-poll/government/v003)。

ところがその後、北京政府に対する評価は悪化します。その詳細は倉田・張(2015)などの記述に委(ゆだ)ねますが、香港人としての独自のアイデンティティーを持つ若者を中心に、北京政府の同化政策に対する反発が起こるようになり、さまざまな社会運動が起こり始めます。二〇一四年の雨傘革命や一九年の逃亡犯条例改正反対運動も、こうした流れの延長にあります。

最新(二〇二〇年一月)の調査では、北京政府に好感を持っていると回答した者の割合から、反感を持っていると回答した者の割合を引いた数値はマイナス三六・三％まで悪化しています。

香港大学民意研究計画の世論調査を精査すると、並行していくつか興味深い傾向が読み取れます。その一つに、台湾と日本への評価の上昇があります。

北京政府への評価が最も高かった二〇〇九年一一月の調査時点で、台湾に対して好感を持っている者の割合（二四・四％）と反感を持っている者の割合（二一・八％）は拮抗（きっこう）していました。それが二〇二〇年一月の調査では、前者（五五％）が後者（一八・二％）を大きく上回っています。日本についても、反感を持っている者（三二・九％）が好感を持っている者（二七・一％）を上回っていたのが、二〇二〇年一月の調査では、好感を持っている者（四五・八％）が反感を持っている者（一七・二％）を上回るなど、数値が逆転しています。

それ以外に調査対象となってきたアメリカ、イギリス、ドイツ、フランス、オーストラリアの政府に対する評価が、この間ほとんど変化していないことを考えると、北京政府への認識の変化が台湾や日本への認識の変化と連動していることがわかります。北京政府への反発が、同様に中国に反発する日本や台湾への親近感を生んでいるのです。

脱移民社会化とフィリピン

香港の対外認識を考える際の、もう一つの重要な他者がフィリピンです。

フィリピンは多くの国に移民を出しています。アジア域内では、特に香港に多くの移民が出国しています。その多くが女性で、ケアワーカーや家政婦として働いています。

4－13は、アジアの諸地域がフィリピンの影響をどのように評価してきたかを、三時点で比較した結果を示しています。

東南アジアのほとんどの地域で「よい」「どちらかといえばよい」という答えが多いのに対して、南沙諸島の領有問題を抱える中国と、漁船襲撃事件があった台湾で厳しい評価が目につきます。

香港のフィリピン評価もさほど高くありませんが、これも香港が中国や台湾のように領海をめぐる問題を抱えているからではありません。

一七〇ページの4－14はフィリピン人との社会的距離を地域間で比較したグラフです。香港人は、外国人との社会的距離をあまり取らないのですが、その例外がフィリピン人です。「観光客としてだけならよい」と回答した者が一三・九％、「自国から出て行ってほしい」と回答した者が一一・三％おり、他の地域より排外主義的傾向が強く見られます。

香港は移民によって出来上がった、そして現在でも移民によって成り立つ社会です。ところが中国大陸からの移民も第二、第三世代が社会の中核を占め、脱移民社会化が進行する――つまり独自のアイデンティティーと高度な自治を求める――香港の若者にとって、特定の移民の急増が脅威と映じているようです。

4-13 フィリピンの影響への評価（2008～19年）

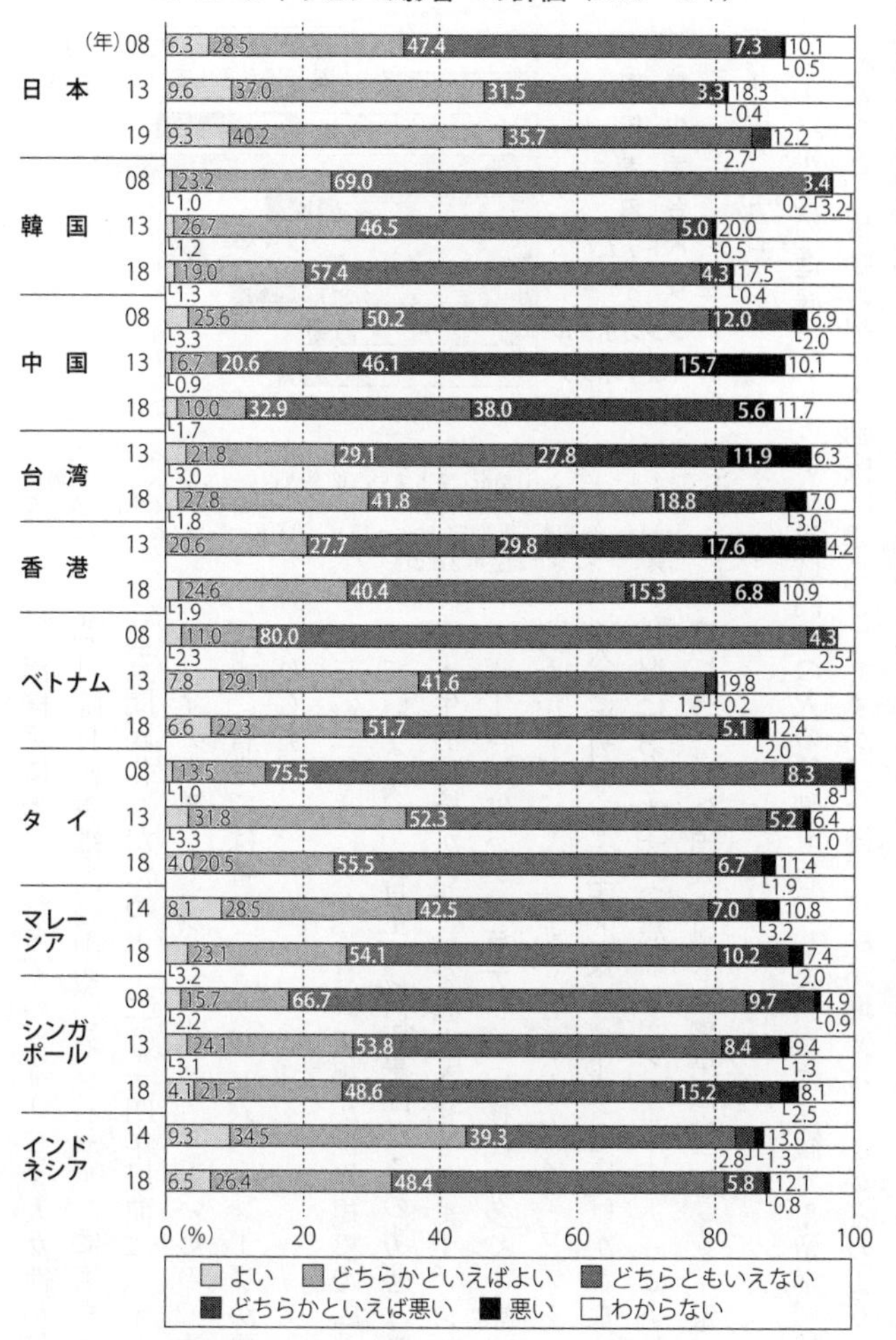

出典：アジア学生調査第１・第２・第３波調査

出稼ぎに来ていた多くのフィリピン人女性が毎週日曜日に香港島の中環（セントラル）に集まり社会問題化したため――二〇一四年以前に「オキュパイ（占拠）・セントラル」をしていたのです――、香港では特にフィリピン人のイメージが悪いのです。

二〇二〇年に入り、コロナ禍が世界規模で広がっていますが、特定の移民集団がその劣悪な労働・生活環境から感染を拡大させています。シンガポールではバングラデシュの移民に多くの感染者を出していますが、これがバングラデシュ（人）に対する否定的なイメージを広げかねない状況にあります（「焦点：シンガポールのコロナ対策に『穴』、外国人労働者に感染拡大」ロイター電二〇二〇年四月一九日）。

4-14 フィリピン人との社会的距離

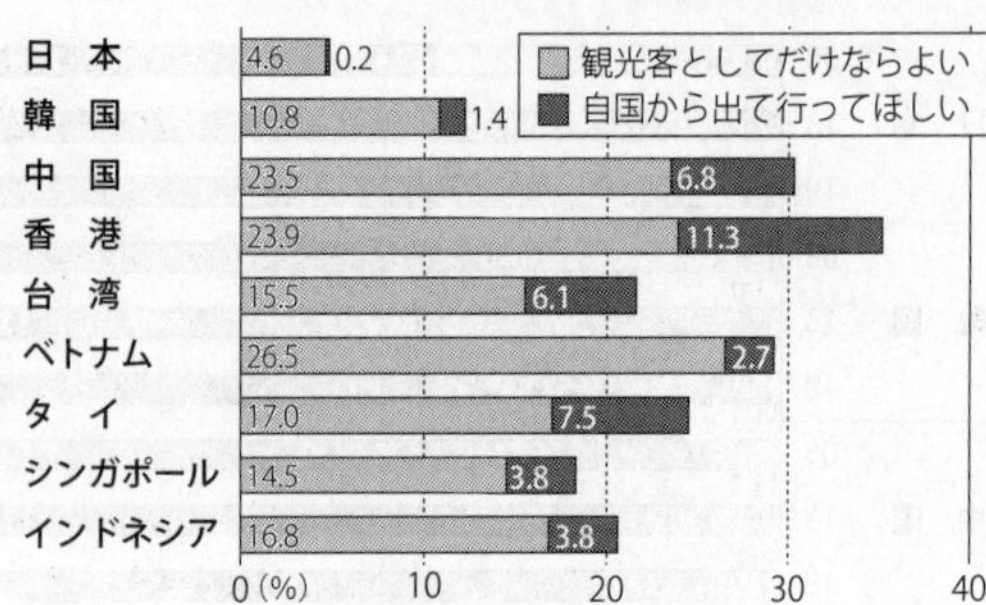

注記：数値は、以下の７つの回答のうち、(6)(7)を選択した者の割合を示す。フィリピン人と (1) 結婚してもよい、(2) 親友になってもよい、(3) 近隣になってもよい、(4) 職場の同僚となってもよい、(5) 自国の永住者となってもよい、(6) 観光客としてだけならよい、(7) 自国から出て行ってほしい
出典：アジア学生調査第２波調査

グローバル化の進展により、アジア域内での人の移動も急増しています。観光や留学、就業や結婚など、移動の契機や動機はさまざまですが、今後、移民が増えることがどのような

対外認識上の変化を生み出すことになるのか、またコロナ禍がどのような影響を与えることになるのか、注意が必要です。

＊

以上、アジア各地における国民感情の特徴を紹介してきました。

従来、各国の詳細な分析は、地域研究が担ってきました。ところが地域研究は、それぞれの国・地域の特徴を分析することは得意でも、国家横断的な分析は不得手でした。他方、社会調査は国家横断的なデータを取って比較することは得意でも、個別の文脈を深く研究するには力不足です。

国民感情といった直感的には理解できても、把握するのが難しい対象を議論する際、社会調査を利用して個々の社会が持つ特徴を大摑(おおづか)みしつつも、これを深く掘り下げるために、個々の歴史や政治のあり方を深く理解することが大切です。そうすることによって、地域研究が陥りがちな一国記述主義からも、また社会科学が陥りがちな仮説検証主義からも自由になるからです。

次章では、アジアの対外認識を考える際の重要なプレーヤーであるアメリカに焦点を当ててみたいと思います。

社会学者の吉見俊哉は、戦後日本の社会意識を理解する重要なキーワードとして「親米」を挙げています。そして一九七〇年代半ば以降、「反米」という対抗がリアリティを失うなかで、日本と他のアジアとの違いが浮かび上がってきているとして、次のように述べています。

> 七〇年代末以降、ほぼ日本の七割が「アメリカ」に好感を抱き続けてきた。それはたしかに、きわめて安定的な親米社会の姿であった。この安定性は、軍事独裁政権下では強制された「親米」社会であった韓国や台湾、フィリピンにおいて、独裁体制が崩壊してからは、次第に反米的な意識が強まっていったのとは対照的であった。
>
> （吉見 2007：234）

ここまで、アジア域内の国民感情を追いかけてきました。本章では、アジアの国民感情を考えるときの「影の主人公」であるアメリカを取り上げます。[*]

＊ただし、アメリカでは調査は行っていないので、アメリカがアジアをどう見ているかというテーマは扱いません。アメリカのアジア認識については、ベンジャミン・ページらの研究（Page, et al. 2009）や米中の相互認識を扱ったクリストファー・ヘリックらの研究（Herrick, Gai, and Subramaniam 2016）などを参照してください。

アメリカの影響――政治・経済・文化

アジアの国際秩序を考える際に、アメリカがメインプレーヤーである点については異論がないでしょう（佐橋 2020）。

政治面での民主主義、経済面での市場経済、文化面でのアメリカ的生活様式など、アメリカは多くの面でアジアに影響を与え、アジア域内の関係を変えてきました。

ただ、政治・経済・文化がどのようにアジアの地域と結びつき、受容ないし反発されてきたかについては、それぞれの国・地域の歴史や記憶によって異なります。

例えば、米軍基地の有無。現在でも日本と韓国に、かつてはフィリピンにも米軍基地があり、多くの記憶が積み重ねられてきましたが、それ以外の地域にはその経験がありません。

アメリカとの戦争についても同様です。朝鮮戦争では中国と北朝鮮が、ベトナム戦争ではベトナムが、それぞれアメリカと戦火を交えましたが、その他の地域は戦後アメリカの核の傘のもとに置かれていました。

経済関係についても、経験はさまざまです。アメリカは戦後、西側陣営についた国ぐにには支援を行いました。ところが、経済力をつけてくると、その関係もギクシャクしてきます。一九六〇年代に日本、七〇年代に韓国、台湾、香港、シンガポールの「四つの小龍」、九〇年代以降は中国が躍進し、二〇一〇年代後半からは、米中貿易摩擦が深刻化して現在に至っています。

米中間の覇権争い――受容される覇権移行フレーム

現在、世界の関心は米中関係に集中しています。中国の台頭を問題視し始めたアメリカは、「自国第一」を掲げるトランプ政権のもとで、全面的な「米中戦争」に突入しそうな勢いです。米中が角を突き合わせるなか、アジア域内では米中にどのような目が向けられているのでしょうか。

米中関係については、アジア学生調査で覇権移行フレーム（「中国はアジアにおける影響力という点で、アメリカに取って代わるだろう」とする文言）に対する賛否を聞いています。5-1がその結果です。

覇権移行の可能性に対して最も否定的だったのが第二波調査時点の日本で、賛成が三三・

5-1「中国はアジアにおける影響力という点で、アメリカに取って代わるだろう」という文言への賛否（2013〜19年）

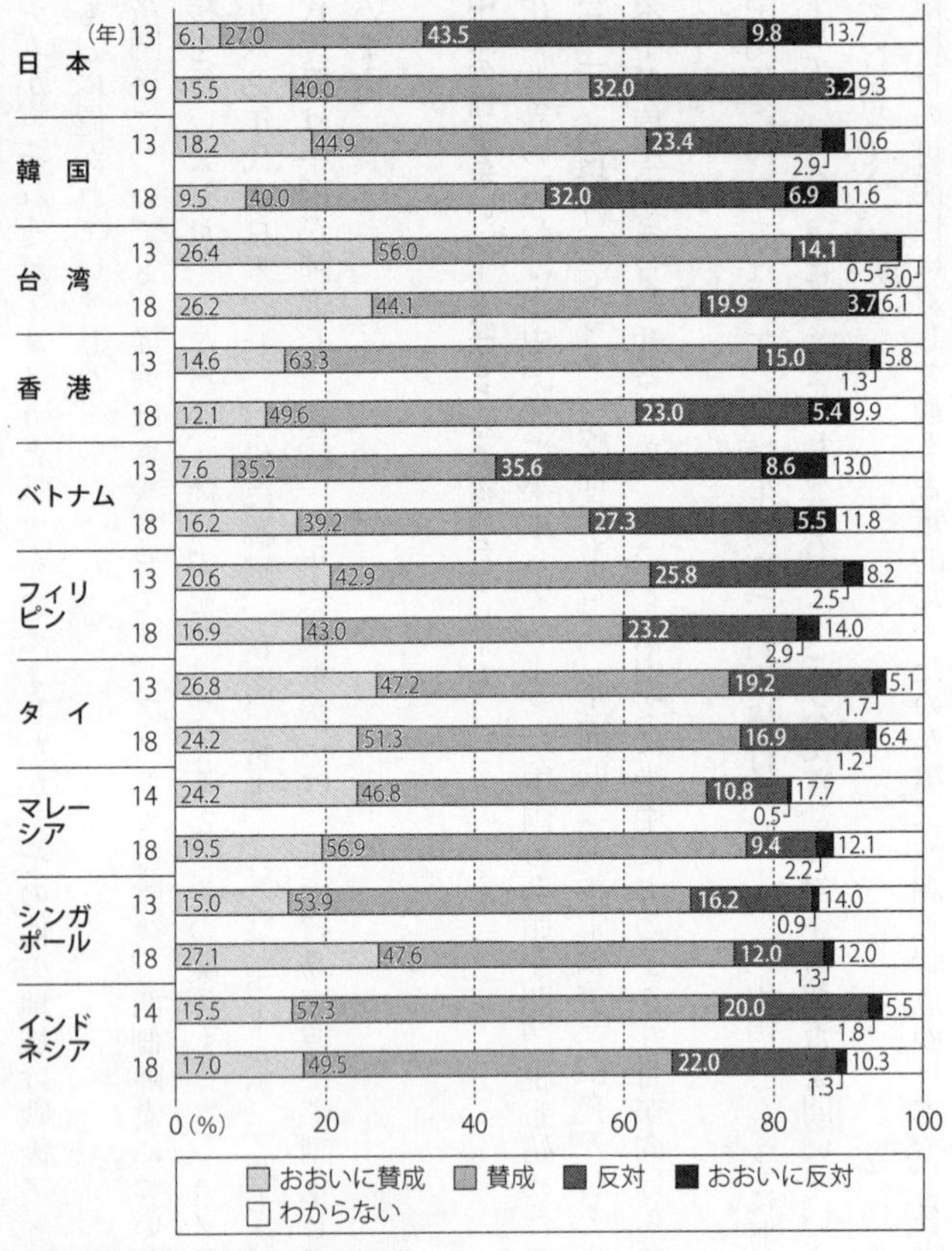

出典：アジア学生調査第2・第3波調査

一％、反対が五三・三％と、反対が賛成を上回っていました。ところがこれも第三波調査時点では、賛成が五五・五％、反対が三五・二％と逆転し、他のアジア地域と似た回答を示すようになっています。

華人が経済を牛耳り、そのプレゼンスが大きい東南アジアで中国の影響力を高く評価する傾向があるのは理解できますが、興味深いのが台湾、香港です。若者による反中国運動が起きたこれらの地域でも、覇権移行フレームを受け入れている学生が多いのです。特に台湾では第二波から第三波へと数値は低下しているものの、それでも第三波時点で七割強が覇権移行フレームを受け入れています。それだけ中国の影響力の大きさを体感しているのでしょう。

もし学生が予想するように、中国の影響がアメリカの影響を凌駕するようになれば、米中の覇権争いは、少なくともアジア域内では中国の勝利で終わるはずです。

アメリカへの評価は変わったか

では、実際にそういうことになるのでしょうか。そもそも、アメリカはどのように理解されているのでしょうか。いくつかグラフを見て、確認していきましょう。

アジア学生調査でも、アメリカについての質問項目は多く、私たちが入手できる一次データのなかでは、ピュー・リサーチ・センターが行った調査の利便性が高く、しかも長期間行われています。首都ワシントンにオフィスが置かれている同センターはアメリカのプレゼン

5-2 アメリカに対する肯定的な評価（2002～19年）

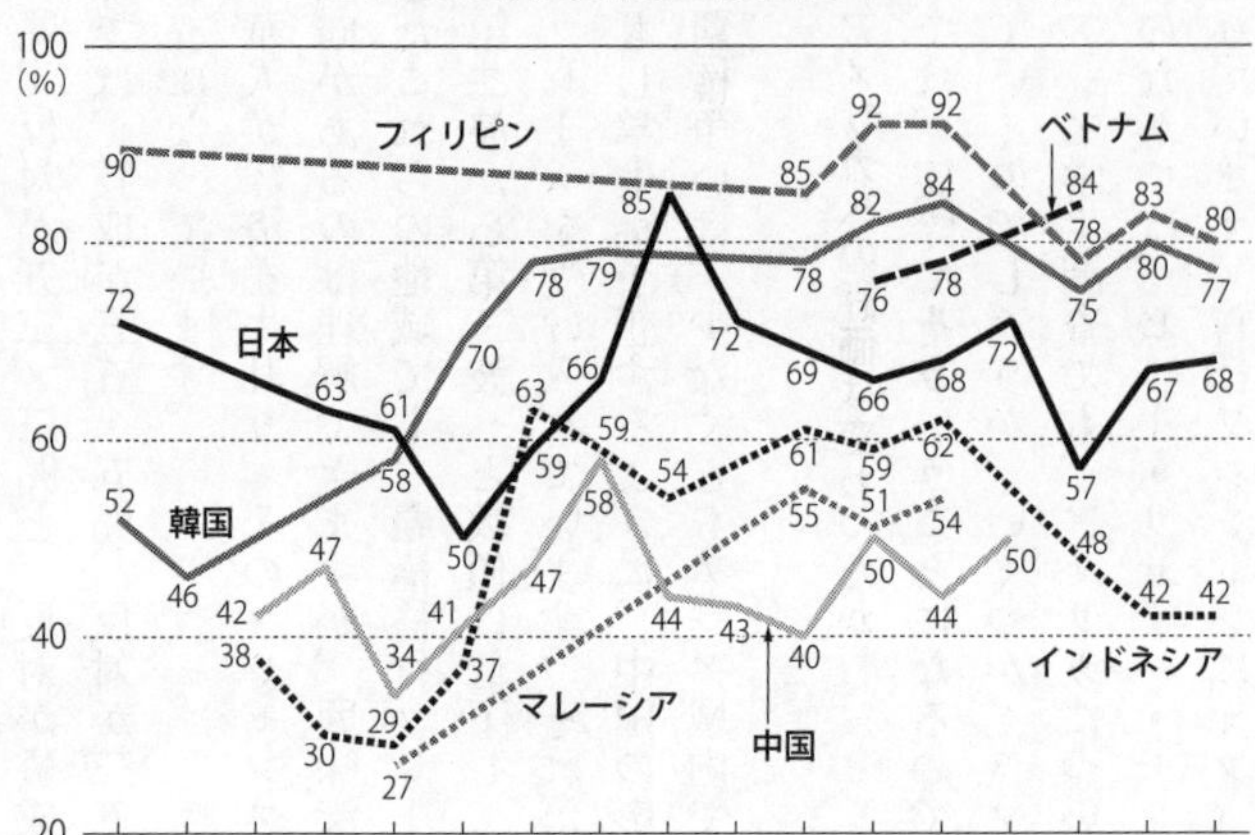

注記：数値は、「大変肯定的」「肯定的」と回答した者の割合を足したもの
出典：ピュー・リサーチ・センター Global Attitudes Survey

スに強い関心を持ち、多くの国にアメリカのプレゼンスやリーダーシップについての意見を求めてきました。

5－2は、本書が対象としているアジア域内に限定し、二〇〇二年から一九年までの一七年間に及ぶアメリカに対する評価を示したものです。第1章の1－1に掲げた中国に対する評価と対比してもらうとよいでしょう。

5－2からは、変化はありながらも、アジア域内のアメリカに対する評価が比較的安定していることがわかります。特に肯定的な評価をしているのがフィリピンです。アメリカとの複雑な歴史関係から反米派が多いエリート学生とは異なり、一般市民は二〇〇二年の九〇%から一九年の八〇%と、一〇ポイント下がっているものの、肯定的な評価が続いています。韓国や日本でも、比較的高い評価が一貫しています。これに対して、比較的厳しい評価をしているのが、中国、マレーシア、インドネシアです。

次ページ見開きのグラフ5-3は、アジア学生調査で行ったアメリカに対する評価です。ピュー・リサーチ・センターの調査では対象となっていない台湾、香港、シンガポールが含まれていますが、結果は似ています。アジア学生調査での中国への評価は、本書四四ページの1-7にあるので、これと比べてみてください。

中国では、二〇一三年から一八年にかけて、アメリカの影響を否定的に評価するようになっています。特に二〇一八年では、アメリカの影響を「よい」「どちらかといえばよい」と回答したのが二二%強と、他国に比べて悪い評価が目立ちます。これも昨今の米中摩擦を考えれば、十分理解できます。

米中に対する評価の違い

米中に対する評価の違いを、ピュー・リサーチ・センターのデータとアジア学生調査のデータを用い、年度別、国・地域別に示したのが、それぞれ5-4、5-5（一八二、一八三ページ参照）です。

5-4はピュー・リサーチ・センターのデータです。アメリカに対する見方を「大変肯定的」と回答したものに四点、「肯定的」と回答したものに三点、「否定的」と回答したものに

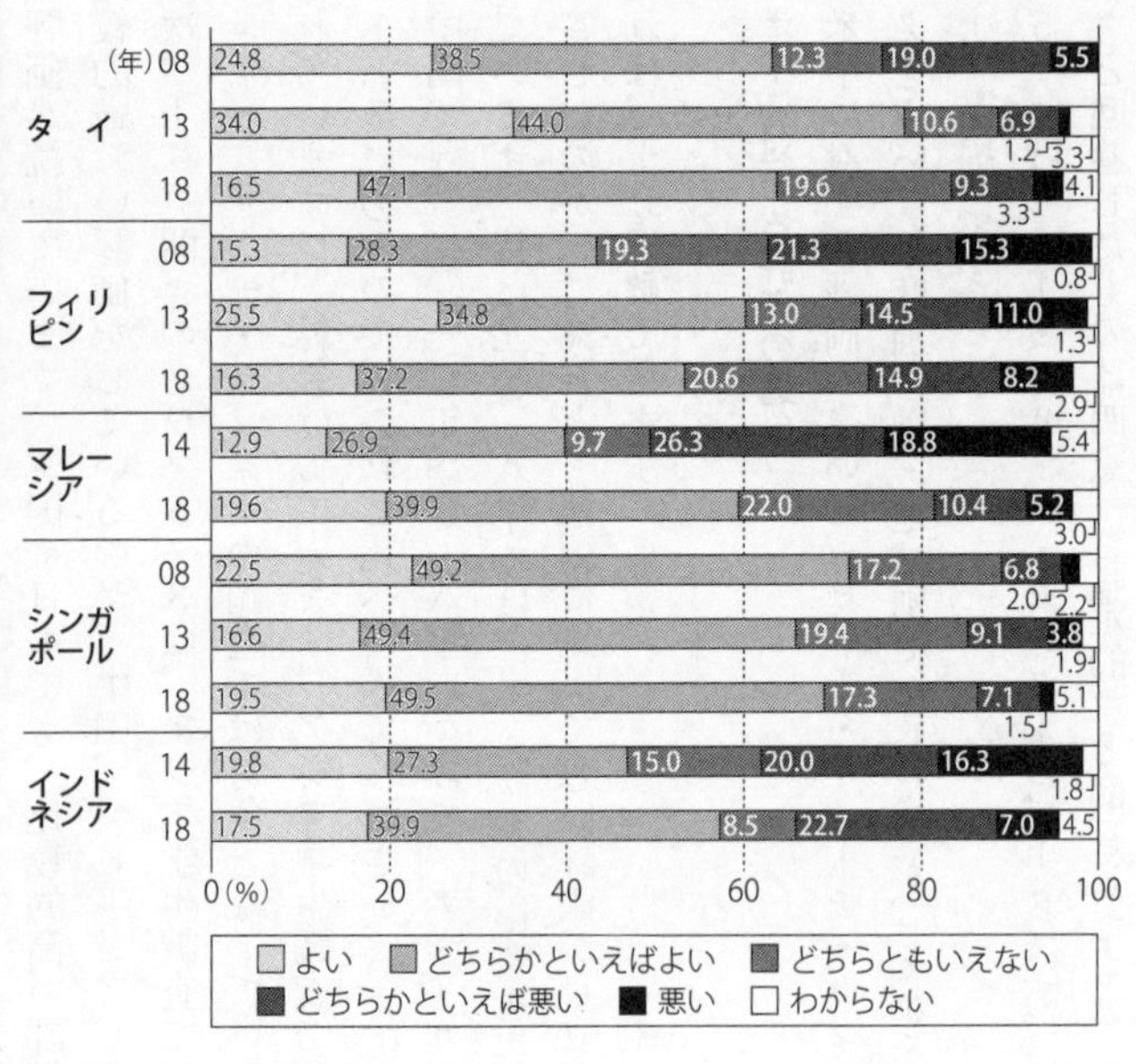

出典：アジア学生調査第１・第２・第３波調査

二点、「大変否定的」と回答したものにそれぞれ一点を与えてスコア化したものから、同様の処理を中国に対する評価に対して行ったスコアを引いた値を示しています。

５－５は、三時点にわたるアジア学生調査です。５－４と同様に、アメリカの自国に与える影響に「よい」と回答した者に五点、「どちらかといえばよい」と回答した者に四点、「どちらともいえない」と回答した者に三点、「どちらかといえば悪い」と回答した者に二点、「悪い」と回答した者に一点を与えて

5-3 アメリカの影響への評価（2008〜19年）

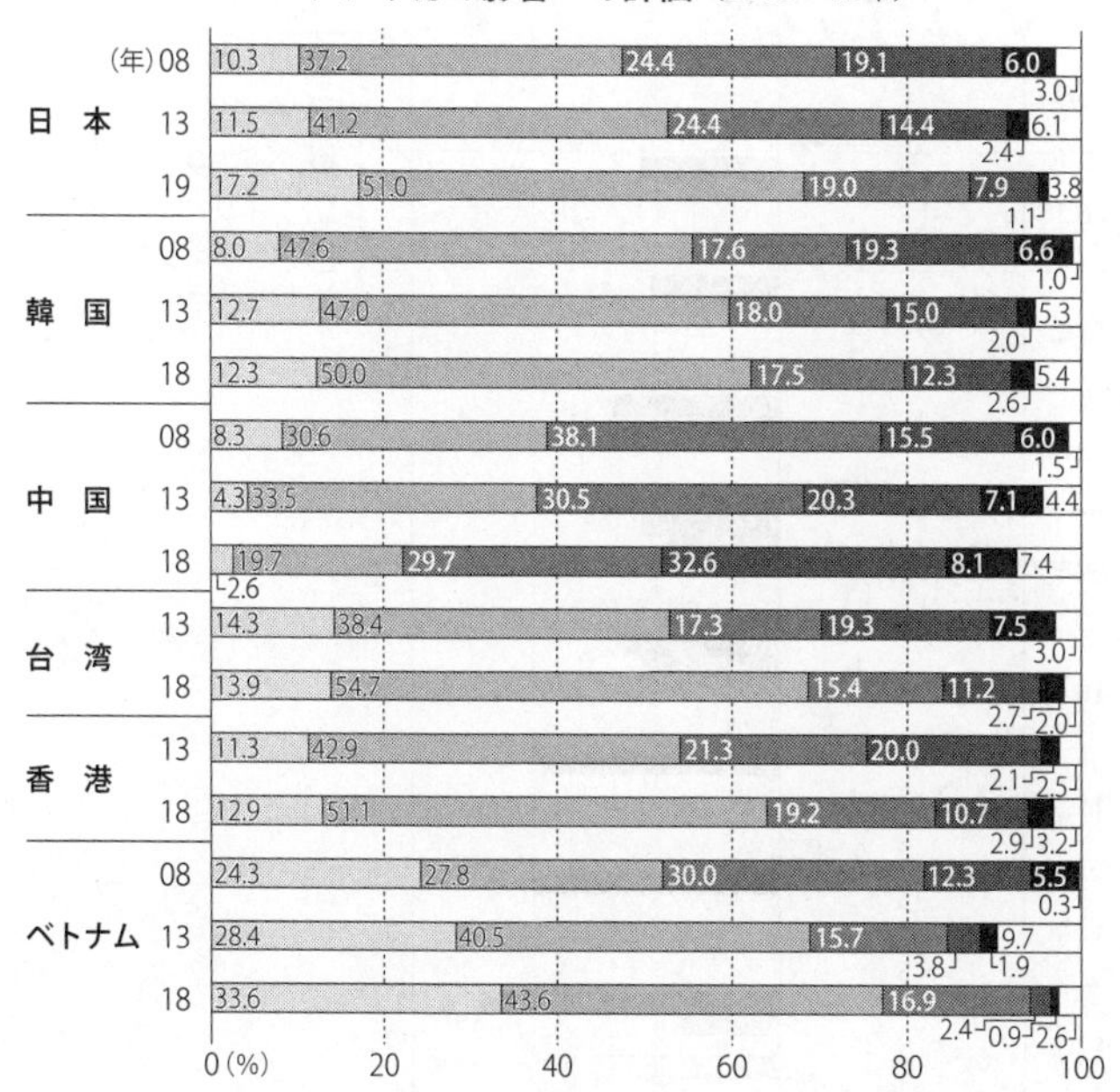

スコア化した値から、中国の自国に与える影響を同様にしてスコア化した数値を引いた値を示しています。

どちらも、数値がプラスだとアメリカに対して相対的に肯定的であることを、マイナスだと中国に対して相対的に肯定的であることを示しています。

5－4から、日本、韓国、ベトナム、フィリピンがアメリカを一貫して高く評価していたのに対して、インドネシアがその逆だったことがわかります。また5－5からは、日本、韓国、台湾、香港、ベ

5-4 各国別に見た米中への評価の違い（2005～18年）

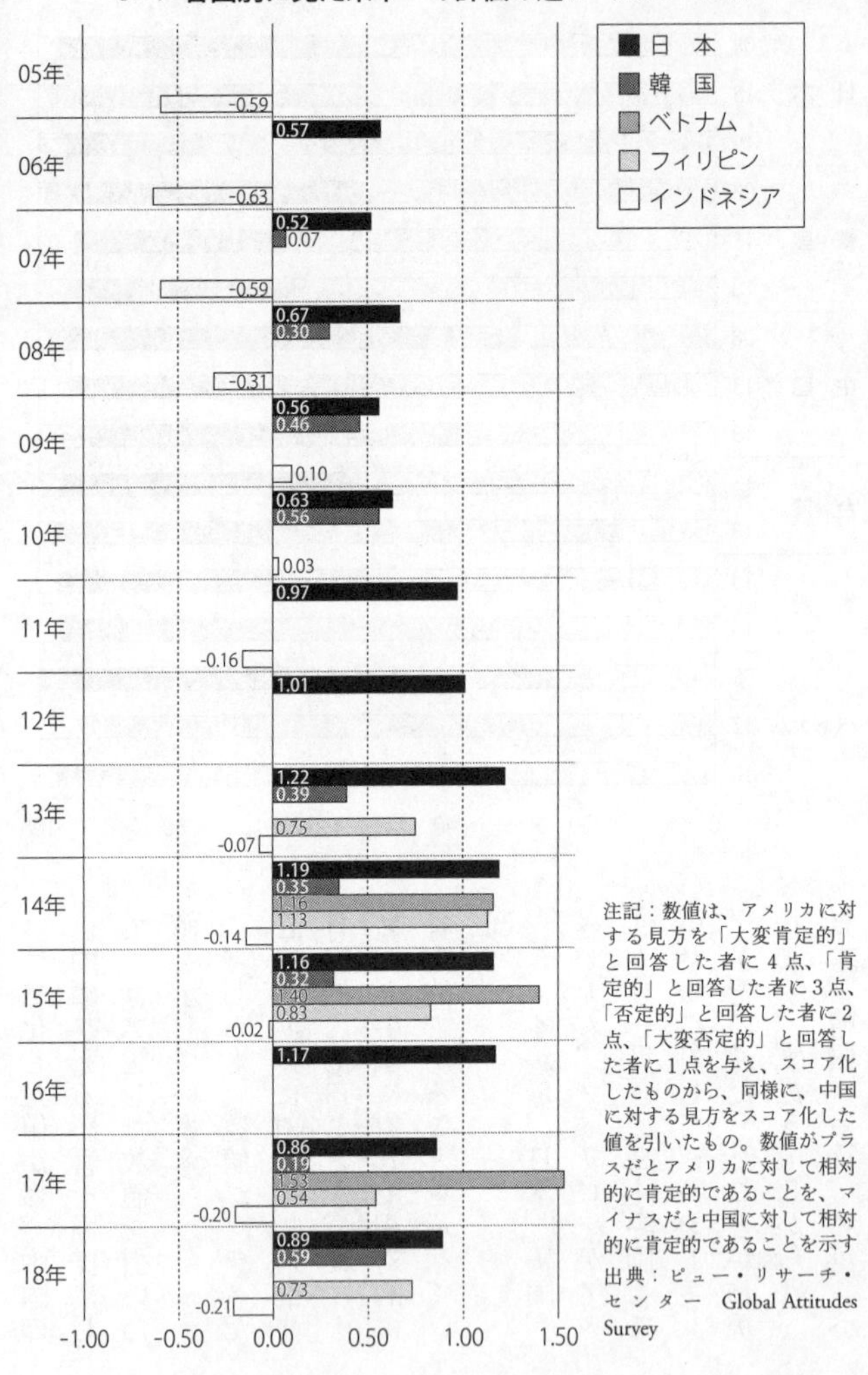

注記：数値は、アメリカに対する見方を「大変肯定的」と回答した者に4点、「肯定的」と回答した者に3点、「否定的」と回答した者に2点、「大変否定的」と回答した者に1点を与え、スコア化したものから、同様に、中国に対する見方をスコア化した値を引いたもの。数値がプラスだとアメリカに対して相対的に肯定的であることを、マイナスだと中国に対して相対的に肯定的であることを示す

出典：ピュー・リサーチ・センター Global Attitudes Survey

5-5　各国・地域別に見た米中への評価の違い

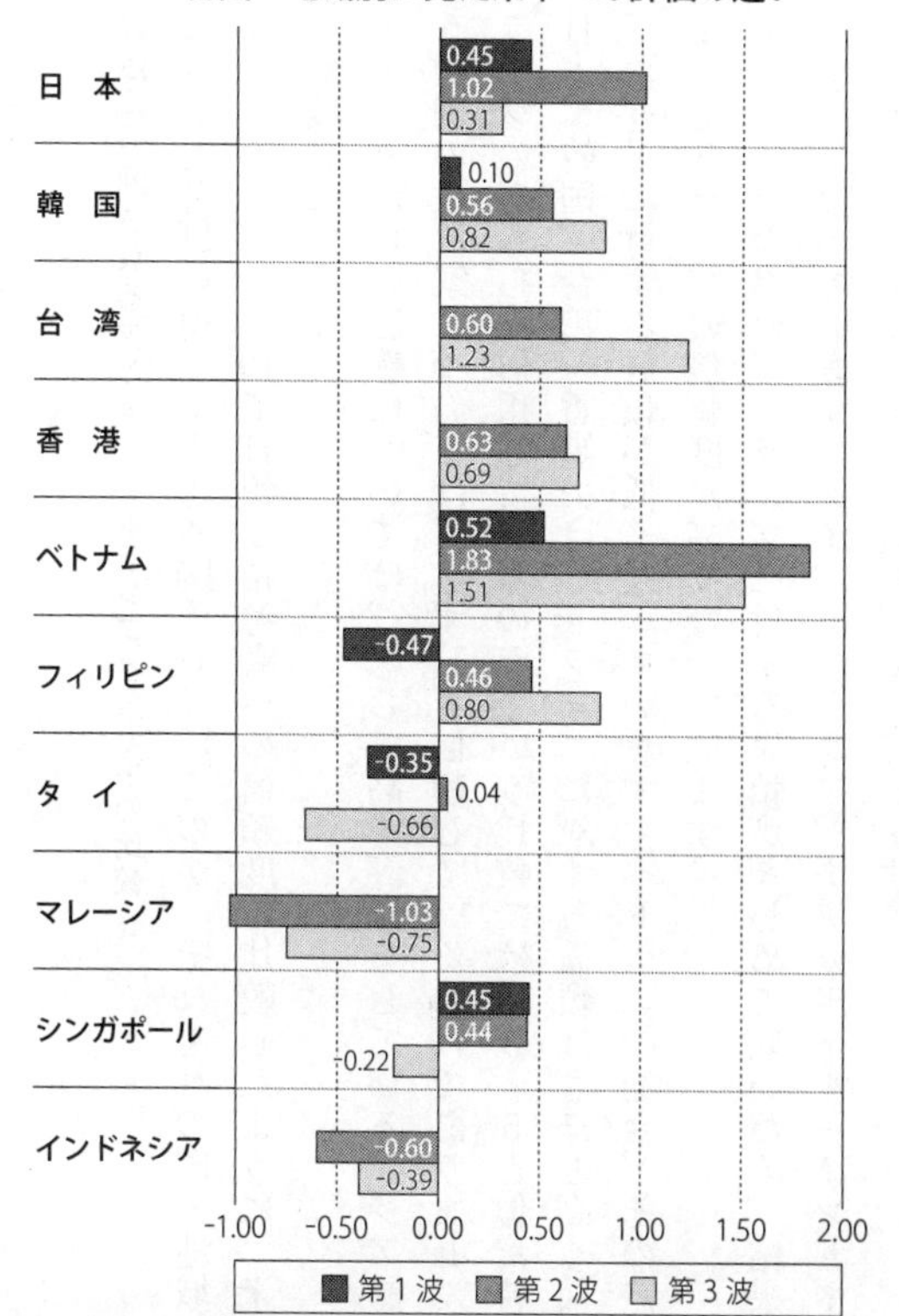

注記：数値は、アメリカの自国に与える影響に「よい」と回答した者に５点、「どちらかといえばよい」と回答した者に４点、「どちらともいえない」と回答した者に３点、「どちらかといえば悪い」と回答した者に２点、「悪い」と回答した者に１点を与えてスコア化した値から、中国の自国に与える影響を同様にしてスコア化した数値を引いたもの。数値がプラスだとアメリカに対して相対的に肯定的であることを、マイナスだと中国に対して相対的に肯定的であることを示す

出典：アジア学生調査第１・第２・第３波調査

トナムで一貫してアメリカに対する評価が高く、フィリピンを境に、その傾向が逆転していることがわかります。

政治に分断されるアジア——トランプと習近平の比較

こうした評価の違いに大きく関係しているのが、それぞれの国・地域の政治意識です。5-6では、4-10で日韓の指導者への信頼度を比較したように、米中の指導者への信頼度を比較しています。

アメリカからの影響については、総じて高く評価をしているアジア諸国でも、トランプという個別の政治家については、必ずしも信頼しているわけでありません。しかし、習近平とトランプのどちらを信用しているのかという比較では、5-5と似た特徴が見られます。日本、韓国、台湾、香港では、トランプに対する信頼はさほど高くないものの、それ以上に、習近平に対する信頼が低くなっています。ベトナムの場合、その差が顕著に表れ、習近平よりもトランプの信頼度が高くなっています。

フィリピンの場合、トランプに対する信頼がきわめて低いため、結果的に習近平への信頼の方が高くなっています。タイ、マレーシア、シンガポール、インドネシアでは、習近平への信頼がトランプに対する信頼を圧倒しています。

誰が首脳であるかによって、このスコアは変わってきますが、*いずれにせよ、二〇一八年

5-6 米中首脳への信頼度

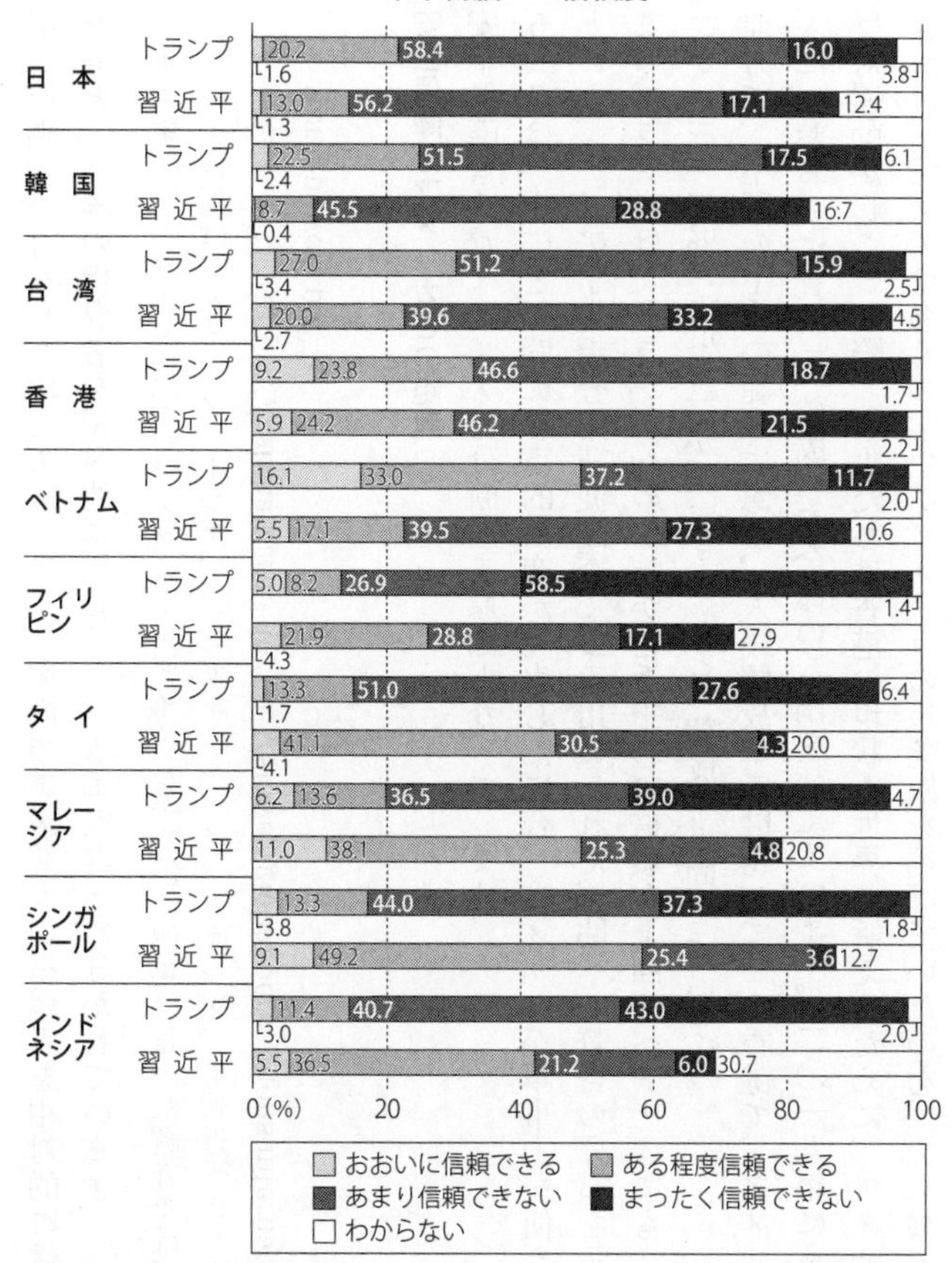

出典：アジア学生調査第３波調査

の第三波調査が行われた段階では、アジア域内でアメリカの指導者を相対的に信頼している国家群と、中国の指導者を相対的に信頼している国家群とに分かれています。

＊事実、ハーバード大学のアンソニー・サイチらが二〇一四年に行った調査では、当時のオバマ大統領は、タイ、マレーシア、シンガポール、インドネシアでも習近平より高く評価されていました（https://ash.harvard.edu/files/survey-global-perceptions-international-leaders-world-powers.pdf）。

安全保障とアメリカとの距離

安全保障もまた、アジアを分断する原因となっています。

5-7は、中国との間に軍事的衝突が発生した場合、アメリカが軍事力を使うことを望むかという、アジア学生調査第三波調査でのみ用いられた質問への賛否の分布を示しています。このグラフでは、トランプへの信頼が習近平への信頼を上回るベトナムでも「おおいに反対」が一三・三％、「反対」が三一・一％と、賛成を上回っています。

他方で、中国の主権の範囲にあり、人民解放軍が駐留している香港で、アメリカの軍事的介入に「おおいに賛成」「賛成」が全体の八割を超えています。二〇一九年に逃亡犯条例改正反対運動が起こった際、学生たちは香港の現状を世界に訴えるために、アメリカの議会に働きかけ、集会では多くの学生がアメリカの星条旗を掲げていたのを、テレビで見ていた読

5-7「中国との間に軍事的衝突が発生した場合、アメリカが軍事力を使うことを望む」という文言への賛否

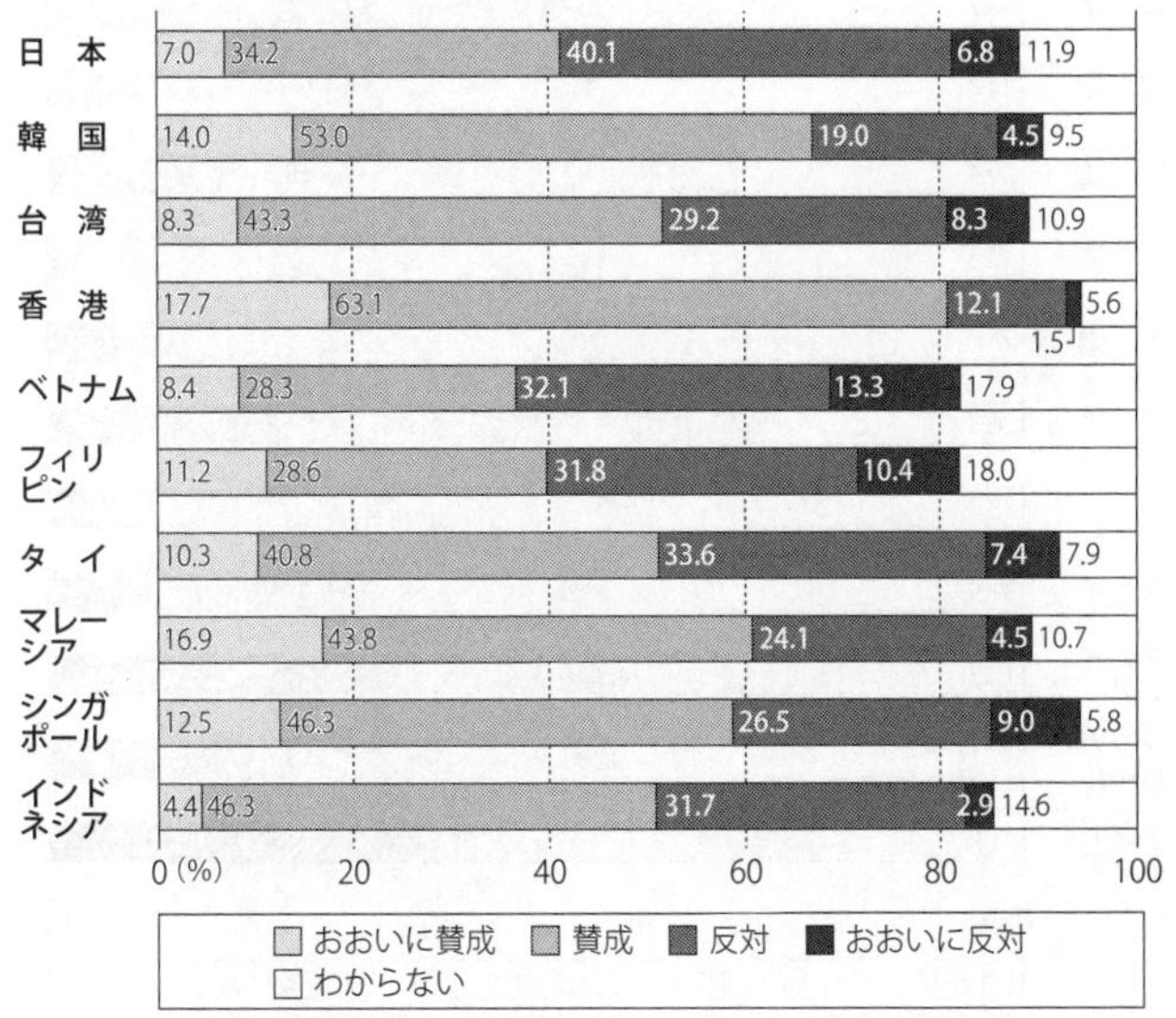

出典：アジア学生調査第3波調査

者も少なくないでしょう。

ところが、中国との「内戦状態」にある台湾で、アメリカの軍事介入を望んでいる者は半数をわずかに超えている程度と、総じて意見の分断が目につきます。

では結果的に、アジアの各地はアメリカ人との社会的距離をどのように考えているのでしょうか。

これをまとめてみたものが、5-8です。

アメリカの影響をマイナスに評価している中国で、アメリカ人に「自国から出て行ってほしい」と思っている者が一・五%

5-8 アメリカ人との社会的距離

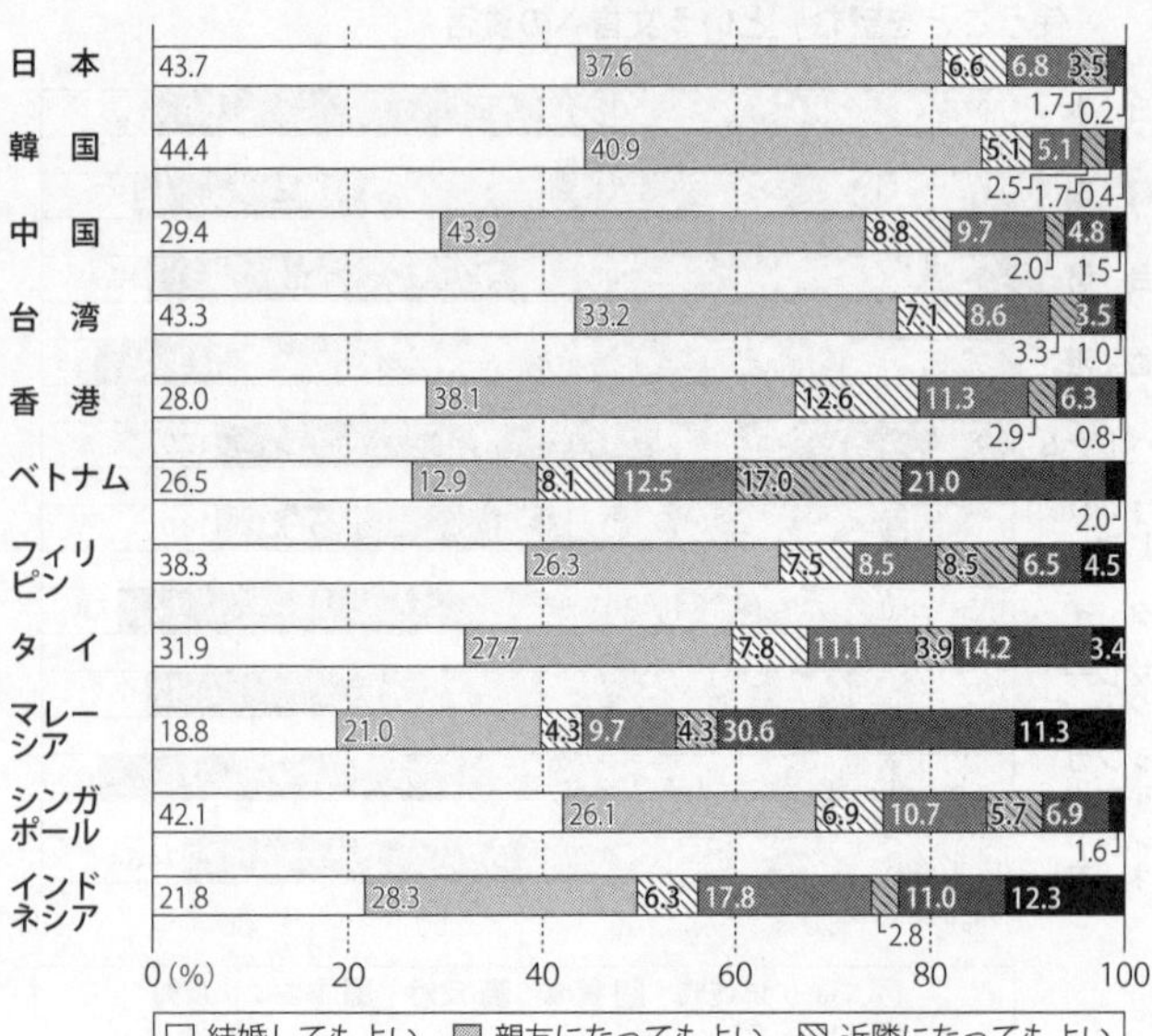

出典：アジア学生調査第２波調査

しかいないのは意外です。日本や韓国、台湾では「結婚してもよい」とする回答が四割を超えるなど、総じて東アジアの国・地域は、アメリカ人との社会的距離を近く感じているようです。

これに対して、アメリカの影響を肯定的に見ていたベトナムでは、「観光客としてだけならよい」とする回答が二一・〇%、マレーシアでは三〇・六%と、総じて東南アジアの方で社会的距離が遠いようです。

安全保障の領域では、アジア域内のアメリカとの距離は、あらためて指摘するまでもなくさまざまです。

圧倒的なアメリカ文化の影響力

では、アメリカとの文化的なつながりについては、どうでしょう。

すでに2-14で、東南アジアの強い英米豪への留学指向を見ましたが、アジアでは広くアメリカへの留学希望が顕著に高くなっています。

また、アメリカの持つ大衆文化や企業の魅力も、アジアでは突出しています。

次ページの5-9と5-10と5-11は、中国語のアニメやドラマを視聴する頻度、及び中国語の歌を聴く頻度を、5-10と5-12は、英語のアニメやドラマを視聴する頻度、及び英語の歌を聴く頻度を、それぞれ国・地域別に示しています。調査は二時点で行われましたが、結果は大差ないので、最新のデータに絞っています。

これらのグラフから、①中国語圏（中国、台湾、香港、シンガポール）か否かで、中国語のアニメやドラマの視聴頻度や中国語の歌を聴く頻度が大きく異なる、②英語の場合、東南アジアと東アジアでは違いがあるものの、総じて広く受け入れられていることがわかります。*

*もちろん、中国語と英語の違いは、必ずしも中国とアメリカの違いを意味しません。その点で注意が必要です。

5-9　中国語のアニメやドラマを視聴する頻度

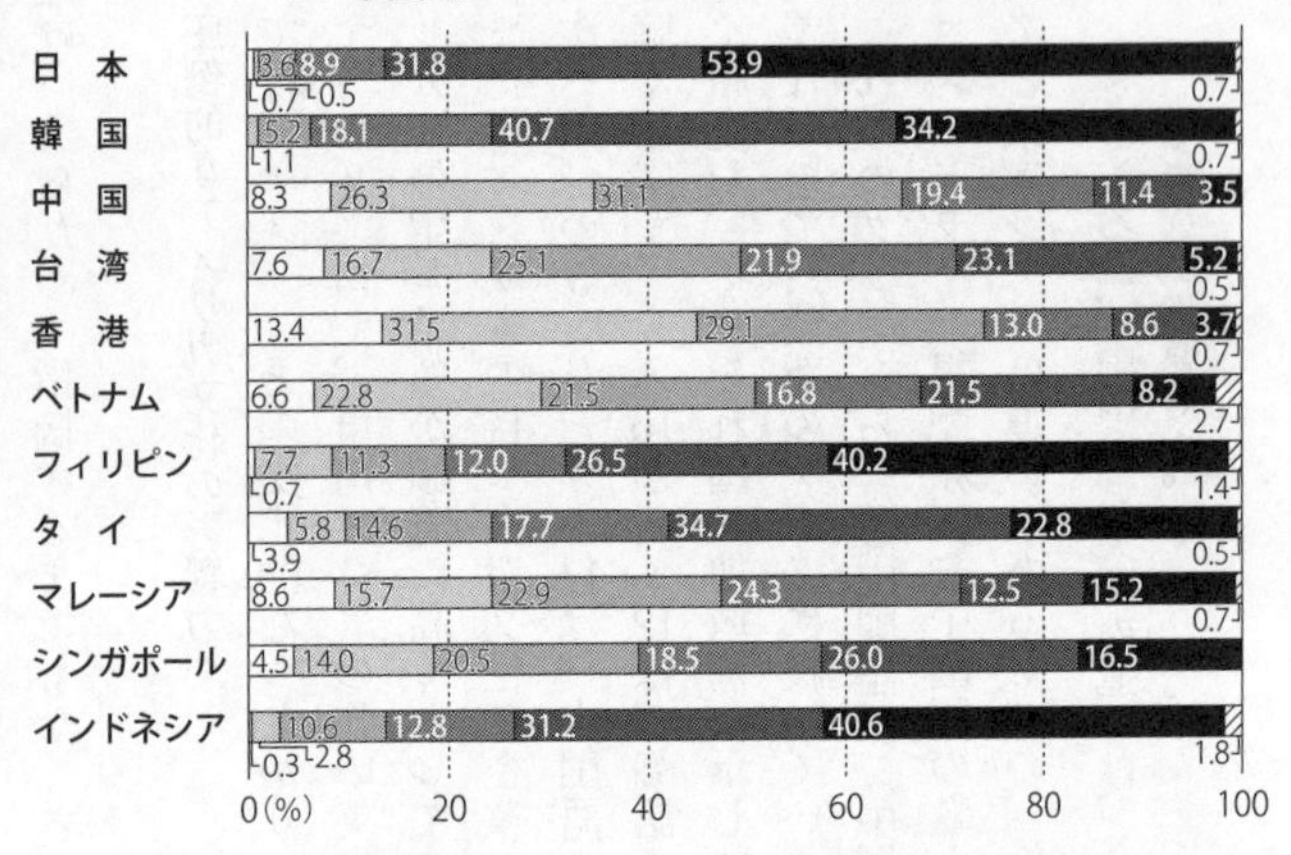

5-10　英語のアニメやドラマを視聴する頻度

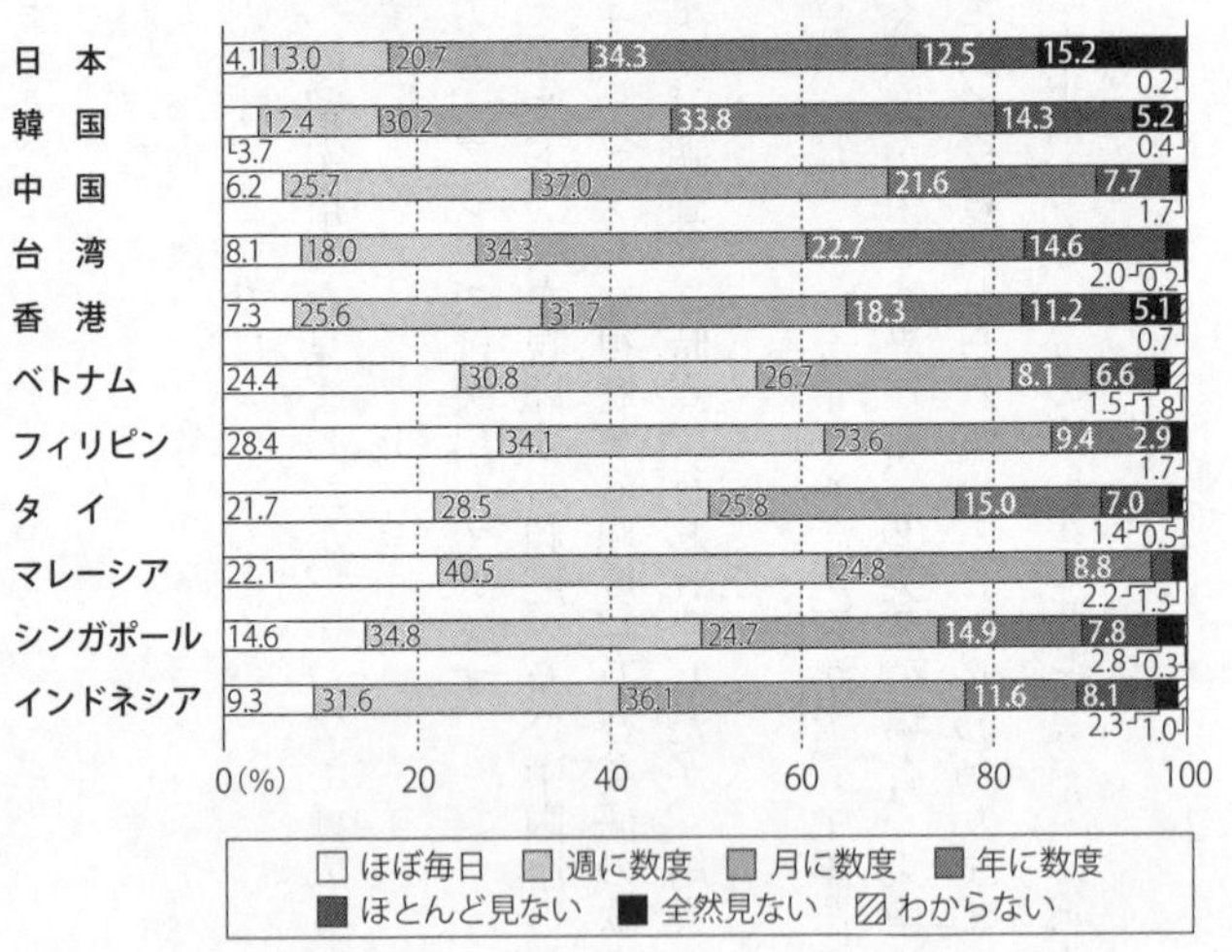

出典：アジア学生調査第３波調査

5-11　中国語の歌を聴く頻度

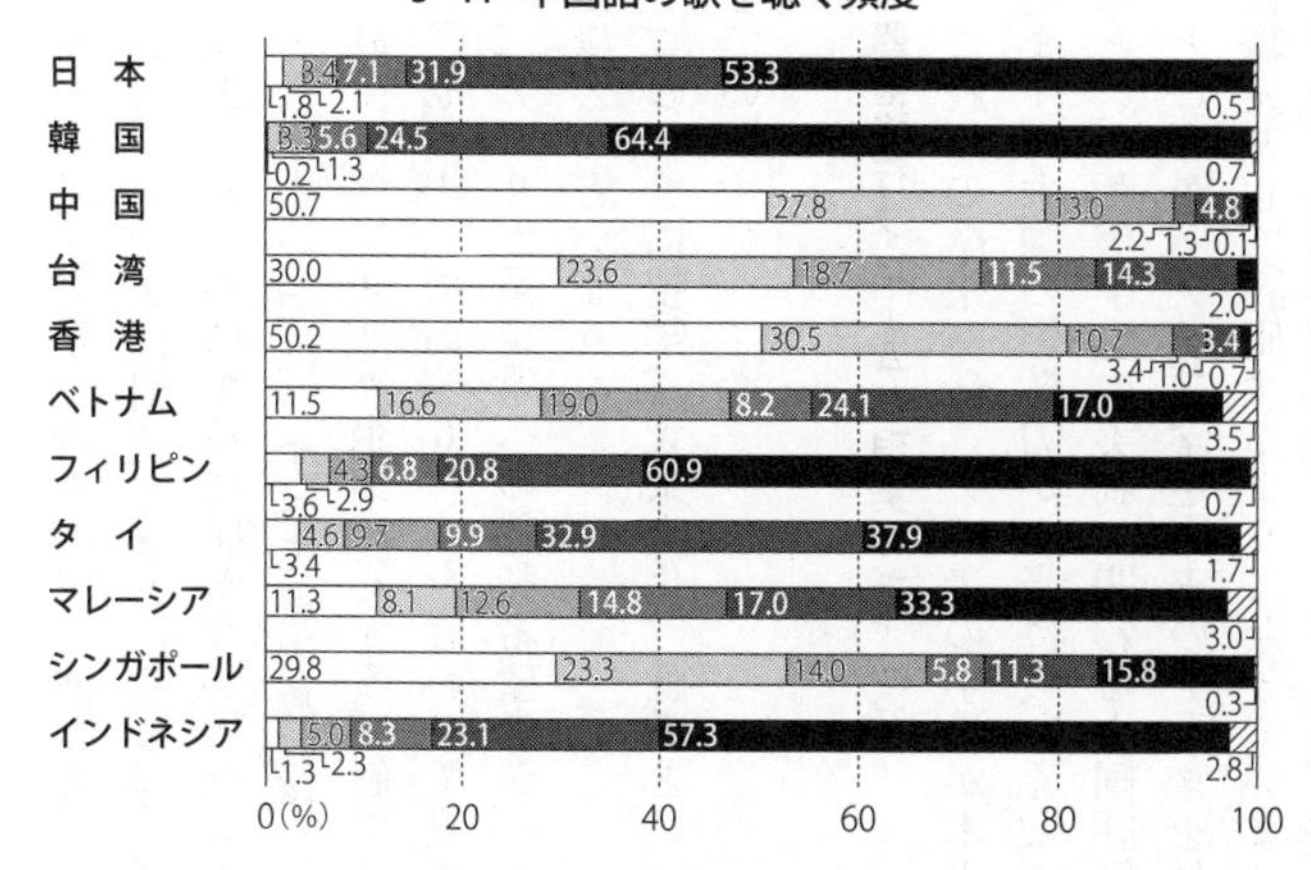

5-12　英語の歌を聴く頻度

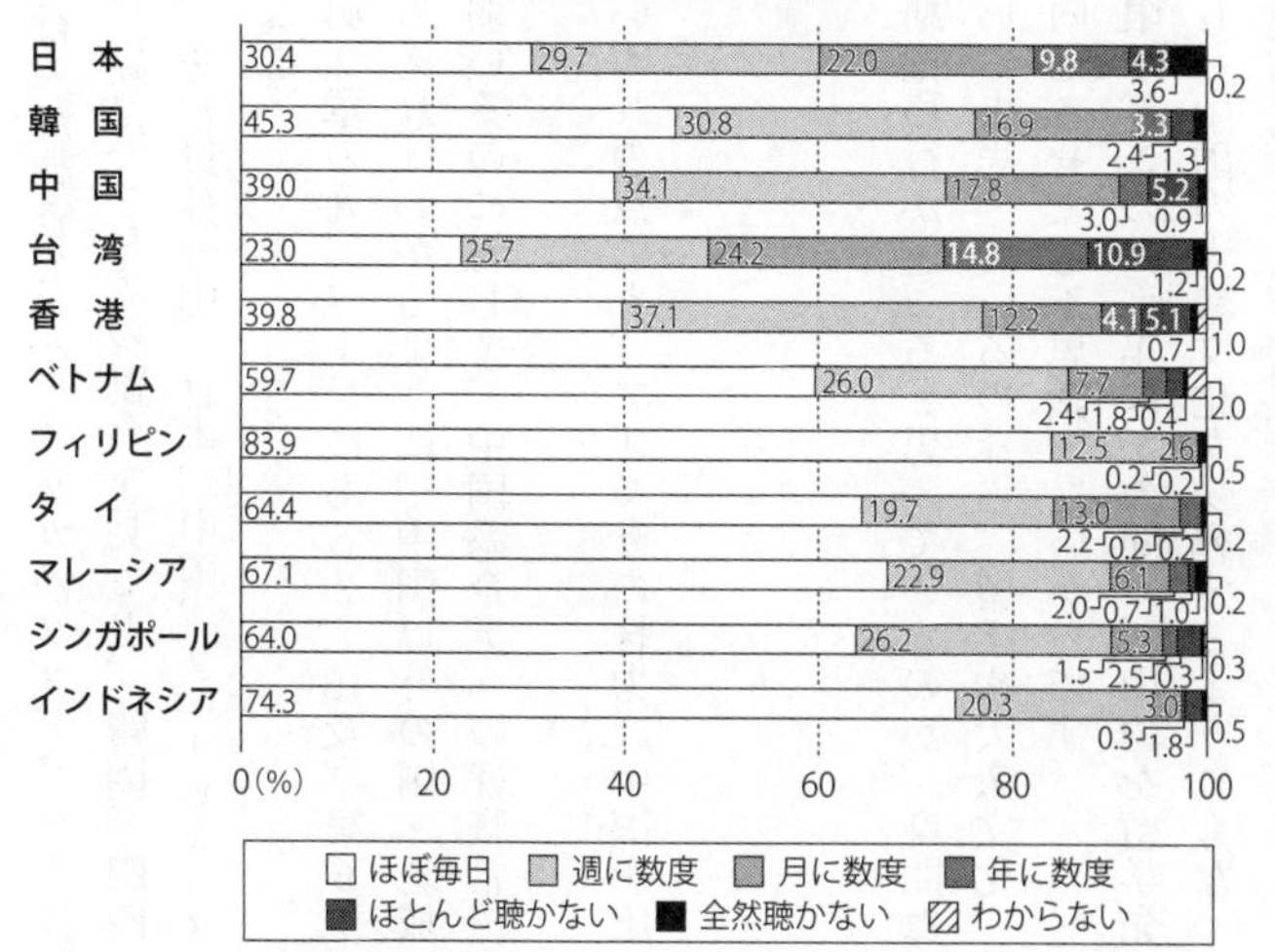

出典：アジア学生調査第３波調査

事実、アジア学生調査の第一波調査でのみ行った調査で、「アメリカのソフトパワーは強すぎて、アジアは対抗できない」とする文言に賛成した者の割合を見ると、韓国で四四・六%と、わずかに半数に届かなかったものの、それ以外の国（日本、中国、フィリピン、タイ、シンガポール）では、すべて過半数に達しています。

最後に、アメリカ企業に対する評価です。第2章の九〇ページにある2-15及び第6章の二〇七ページにある6-2を合わせて見てもらえればわかるように、中国以外の国・地域では、アメリカ系企業への就職希望者が一五%弱いるのに対して、中国系企業への就職希望者はほとんどいません。

このように留学、大衆文化、就職といったいずれの点でも、アメリカの魅力は中国を圧倒しています。

覇権移行フレームと現実のギャップ

これらの結果から、アジアの学生が本当に覇権移行が起こると思っているのか、疑問に思えます。中国の影響力が本当に大きくなっていると思っているのなら、留学や大衆文化、就職といった、学生の実利に関わる中国評価を向上させても不思議でないからです。

ところが、アジア学生調査のデータを見る限り、この一〇年ほどの間に、中国を留学先や就職先として評価するようになっていませんし、中国の大衆文化を受容するようにもなっていません。

しかも、覇権移行を考える際に重要となる言語に関しても、英語の評価が中国語の評価を圧倒している状況に、変化が見られません。

第4章の4－4（本書一三七ページ）における「二〇年後、子どもに学んでほしい言語は何か」という質問に対する回答で、英語と中国語の選択率を比べても、前者が圧倒しています。そればかりか回答者の中国語能力（4－5に掲載されています）も、その英語能力に比べて圧倒的に低く、この一〇年間、ほとんど変化していません。

アジア学生調査の結果、どの国・地域でも、「中国の台頭によって中国語を話す人が増えるだろう」とする文言に賛成している割合が、第二波調査、第三波調査のいずれでも過半数を占めてはいるものの、中国語能力は向上していないのです。

しかも留学先を決める判断材料として、「英語で学べること」が「きわめて重要」「ある程度重要」と回答した者は、この一〇年の間に、一貫して九割近くいるのに対して、「英語以外（中国語はこれに含まれます）で学べること」が「きわめて重要」「ある程度重要」と回答した者は過半数に達していません。

近代以降、英語が事実上の世界共通言語として機能し、多くの国が英語を公用語としてきました。こうした歴史的な経緯からか、アジアの将来を背負っていく若者たちが、中国の影響が大きくなることを予想し、行動に移しているようには到底思えません。

理想の経済発展モデルとは

もっとも、留学したり、言語を学んだりしなくても、政治運営や経済建設の仕方がモデルとされることで、特定の国が影響力を強めることも考えられます。

(単位：%)

韓国	スウェーデン	スイス	イギリス	アメリカ	その他	なし	わからない
0.9	11.1	1.8	1.4	21.0	0.7	1.8	4.8
10.3	13.2	3.6	0.7	19.2	2.2	2.2	12.5
	2.4	6.3	3.9	67.8	0.5	0.5	0.4
2.7	9.7	7.0	3.5	25.2	2.0	1.0	2.5
0.3	4.6	4.8	5.8	53.8	0.5	0.5	0.8
2.1	2.7	1.6	1.3	38.7	0.5	0.3	0.5
3.4	5.9	5.6	3.2	9.0	3.7	0.2	2.0
4.3	3.5	8.3	4.5	13.5	1.0		2.5
7.4	1.6	2.2	2.2	9.0	1.1	2.5	1.4
0.8	3.4	11.9	1.0	17.1	2.9	0.8	3.6
3.0	1.9	4.4	6.6	23.0	1.4	0.6	1.4

出典：アジア学生調査第３波調査

では、アジア域内の学生たちは、どの国が自分たちにとっての経済発展のモデルだと考えているのでしょうか。もし中国が理想的な経済発展のモデルだということになれば、中国の覇権は自然と受け入れられるでしょうし、アメリカが理想的な経済発展のモデルだと考えれば、中国の覇権も「絵に描いた餅」となるでしょう。

アジア学生調査の第三波調査では、一四の国・地域をリストアップし、そのうちどれが自国にとっての経済発展のモデルとなるかと質問しています。その結果については、いくつかの媒体で簡単に報告する機会

5-13 経済発展のモデルとなる国

モデルとなる国	オーストラリア	カナダ	中国	EU	フランス	ドイツ	日本	ロシア	シンガポール
日本	2.3	1.8	13.1	6.7	1.2	5.1	9.4	0.5	16.4
韓国	1.6	3.8	2.7	4.3	0.4	15.9	2.7		4.7
中国	0.3	0.7	2.9	7.5	0.4	2.6	2.6		1.3
台湾	1.2	2.7	4.5	7.7	0.2	9.7	9.7	0.2	10.2
香港	1.3	2.8	4.8	4.1	0.3	3.6	4.8	0.5	6.9
ベトナム	3.2	3.2	6.1	6.6	0.3	2.7	17.5	0.5	12.2
フィリピン	1.2	5.1	3.7	2.9	0.2	2.0	32.0		19.8
タイ	1.0	2.5	13.3	5.8	0.3	4.8	23.8		11.0
マレーシア	4.6	3.8	23.2	2.2	0.5	2.5	27.5		8.4
シンガポール	1.3	4.2	4.7	2.9		4.9	9.4		31.2
インドネシア	0.8	0.6	23.8	9.7	0.8	3.0	10.5	0.6	7.8

注記：個々の国・地域で最も高い評価を受けた国・地域に濃い網掛けを、10%以上の回答があった国・地域には薄く網掛けをしている

がありましたが（園田 2019a; 園田 2020）、ここでは細かな数値を少し丁寧に見てみましょう（5-13参照）。

まず、経済発展のモデルとして最も人気のあった国・地域は、回答がばらついています。アメリカを第一位にしたのは、日本（二一・〇%）、韓国（一九・二%）、台湾（二五・二%）、香港（五三・八%）、ベトナム（三八・七%）。驚くべきことに、中国の学生もアメリカを経済発展のモデルとなる国として選んでおり、しかもその割合は六七・八%と、他の地域を圧倒しています。

日本を一番の理想的なモデルと考えているのが、フィリピン（三二・〇%）、マレーシア（二七・五%）、タイ（二三・八%）。中国を自分たちの理想的な経済発展のモデルだとしているのは、インドネシア（二

三・八%）のみで、一位のアメリカとの差もわずかです。

次に、それぞれの国・地域での回答の分布を確認すると、中国を除いて回答がばらついています。一〇%以上の回答を得たのは、日本がシンガポール、中国、スウェーデン、韓国がドイツ、スウェーデン、韓国、台湾がシンガポール、ベトナムが日本とシンガポール、フィリピンがシンガポール、タイがアメリカ、中国、シンガポール、マレーシアが中国、シンガポールがアメリカとスイス、インドネシアがアメリカと日本と、見事に回答が分散しています。

そして、これが最も重要なのですが、アメリカと比べ、経済モデルとして中国の方が理想的だと回答した者の割合が多いのはインドネシアだけです。しかもその差は〇・八%。何より中国で、自国を経済発展のモデルだと考えている者は二・九%にすぎません。中国の経済発展は、アジアのモデルになるとは考えにくいようです。

アジアは米中をゼロサムで見ていない

アジア各国・地域における米中への評価を対比的に紹介してきましたが、これも米中摩擦が激化するなかで、「アメリカか、中国か」といった発想を前提にしています。

では、アジアの国民感情には、こうした二者択一の発想が埋め込まれているのでしょうか。

既存の調査データからは、「米中戦争」的発想と異なる現実が透けて見えます。

5-14 米中への評価に見られる相関関係（2005～18年）

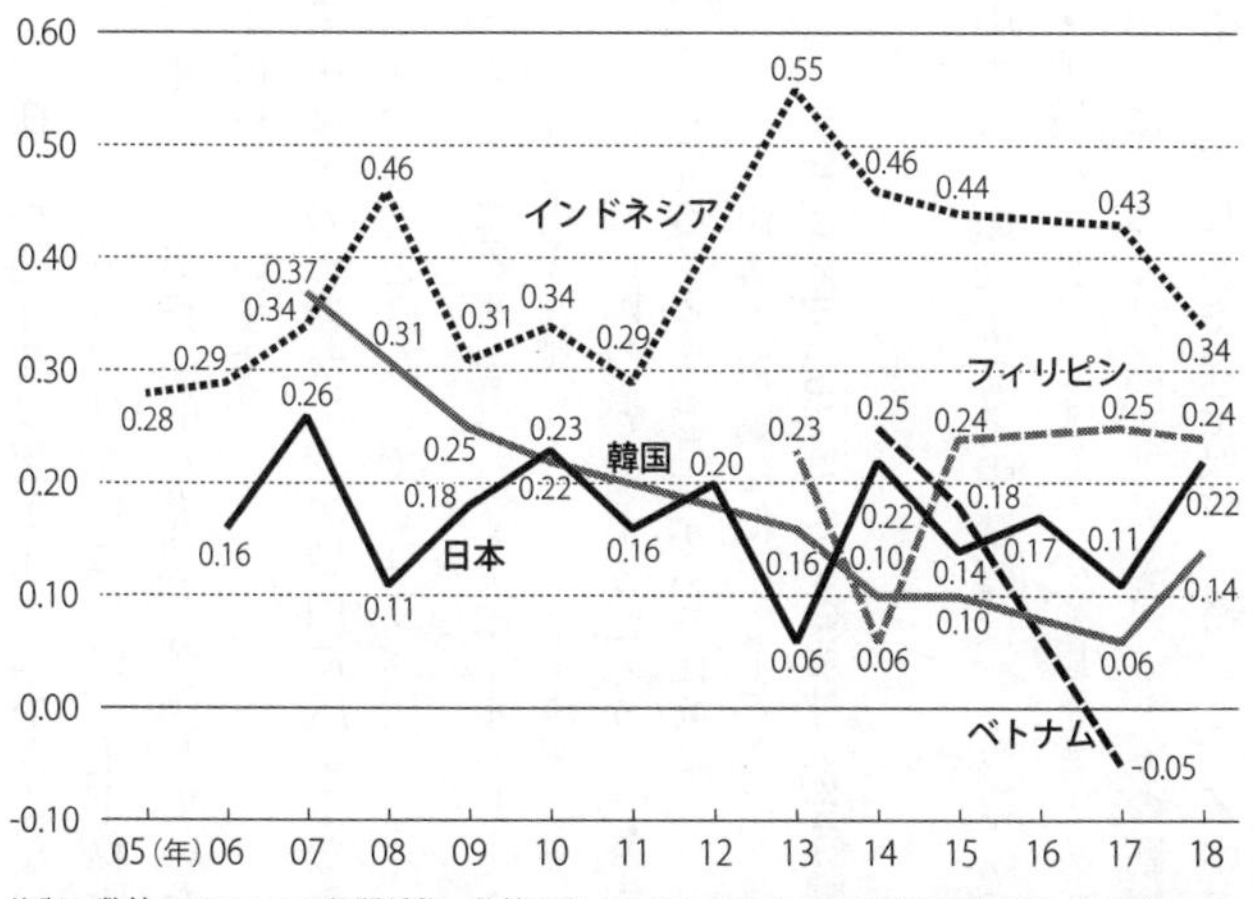

注記：数値はピアソンの相関係数。数値が高くなるほど米中への評価の相関が高いことを示す。１次データは2018年までしか利用できないため、19年の数値は得られていない
出典：ピュー・リサーチ・センター　Global Attitudes Survey

5‐14では、ピュー・リサーチ・センターのデータを用い、回答者が中国に対して与えた評価（四点スコア）と、アメリカに対して与えた評価（四点スコア）の間の相関係数を時系列的に表示しています。この相関係数の絶対値が高いほど、両者のスコアには結びつきがあることを、値がプラスであれば、米中への評価の方向性が同じであること（アメリカへの評価が高くなればなるほど、中国への評価も高くなること）を意味します。

ベトナムでは、この四年の間に値がコンスタントに低下してきており、二〇一七年には値がマイナスになったことから、ベトナムの人びとが徐々に米中を天秤にかけるようになってきていることがわかります。似た傾向を示しているのが韓国

で、同様に相関係数の値が徐々に小さくなってきています。

ところが、それ以外の地域では、上下移動を繰り返しながらもプラスの値を維持しています。米中を二者択一的な発想で評価していないからですが、アジア学生調査からも、同じ結果が得られています。

米中摩擦の影響がアジア域内に広がるなかで、こうしたアジアの国民感情の特徴は強調してすぎることはないでしょう。*

＊二〇二〇年三月、シンガポールのリー・シェンロン首相は、コロナ禍の責任をなすりつけ合う米中を非難し、トランプ大統領に対して「速やかにアメリカの指導力を発揮せよ、さもなければ他国の信頼を失うだろう」と警告しました。全方位外交を堅持することで自らの国益を守ろうとする意志があるにせよ、シンガポール政府は米中を二者択一的視点から見ておらず、両者の協調を促そうとしています（https://www.scmp.com/news/asia/southeast-asia/article/3077479/coronavirus-singapore-pm-calls-end-us-china-blame-game）。

＊

中国の台頭による米中摩擦は、アジアでどのように受け取られているのか。それぞれの国・地域から見てきましたが、以下まとめてみると、次のようにいえるでしょう。

第一に、多くの国・地域でアメリカの覇権の衰退と中国の台頭が強く意識されています。

第二に、政治や安全保障が絡むと、米中のいずれを支持するかをめぐって意見が分かれます。

第三に、留学、企業の選択、大衆文化受容、言語の利便性といった、より具体的な利益に関わる行動では、アメリカの影響力が中国を圧倒しています。

中国の影響力が大きくなると認識しながらも、そのための準備をしていない。こうなると、実際には覇権移行が起こらない可能性があります。このようなねじれ現象が見られるのも、中国の大国化を事実として知ってはいても、自分たちの生活に関わる事象と認識していない学生が多かったからではないかと考えられます。

国民感情は、さまざまな要因によって形成・維持・変容されています。経済的な利益や政治的な理念、人為的な接触がもたらす効果、生活様式や文化への憧れ・反発、安全保障上の判断・選択、過去の記憶や自国で受けた教育、その時々の国際的なイベントや、その際に用いられる説明のフレームなど、さまざまな要因が私たちの国民感情に影響を与えています。

第5章では、アメリカへの評価が地域によって複雑な陰翳（いんえい）を持っていることを確認しました。次章では、日本への評価を取り上げましょう。

第6章　日本への視線——アジアからの評価、アジアへの目

「クールジャパン」という言葉が人口に膾炙（かいしゃ）するようになって、しばらく経ちます。日本が持つ魅力が肯定的に評価され、これを利用した対外的な政策も打ち出されるようになりました。

日本はどのように見られ、評価されているのか。戦後の日本研究では、この問いが多くの研究者や調査機関によって取り上げられてきました。テレビ番組のラインアップを見ても、「外から見た日本」という問題設定が日本人に人気があることがわかります。

この章では、いままで各地の対外認識を検討した際に触れてきた日本に対する評価をまとめ、その特徴を確認します。同時に、日本の魅力を説明するうえで有力なソフトパワー仮説の妥当性を検証します。*

＊筆者が知る範囲で、日本の大衆文化と国家イメージをテーマにした実証研究のなかで最も優

れた成果は、石井・小針・渡邉（2019）らによるものです。石井らは、二〇一二年から一四年にかけて、韓国、台湾、香港で実施したインターネット調査のデータを用い、日本に対するイメージと大衆文化受容との関係について比較分析をし、本書と似た結論を得ています。

本書は、石井らがカバーできなかった東南アジアも取り上げます。

日本への知的関心――言語、伝統文化から大衆文化へ

筆者は近年、勤務先で国際総合日本学（Global Japan Studies）という研究領域の推進役を果たしてきました。大学のグローバル化を進め、海外から多くの学生を集めるには、大学が位置する日本の魅力を訴えるべきだと感じ、日本国内でどのような研究が行われているかを積極的に発信する必要があると考えたからです。同時に、日本国内の日本研究と海外の日本研究の「対話」を促し、どこに違いがあり、この違いを軸にどのような研究を進めるべきかを考えてきました（http://gjs.ioc.u-tokyo.ac.jp/ja/）。

その過程でいくつか面白いことに気づいたのですが、そのうちの一つが、海外における日本研究の内容が時期によって異なっていることでした。しかもその点では、どの国・地域も似た状況にあるようです。

近代以降、日本研究は、言語や文化への関心から日本の伝統文化を理解しようとする研究者によって推進されてきました。戦後の日本の高度経済成長は、日本の経済の仕組みや、こ

れを支える政治体制への関心を広げました。日本の製造業が世界的に注目され、科学技術の高さが認知されるようになると、その背後にある制度や政策、人びとの心理にも関心が広がります。その後、漫画やアニメの影響力が強くなり、日本の文化製品が注目されるようになります。特に若い研究者の関心はこうした大衆文化に移っています。研究の蓄積によって日本への関心も多様になっている――これが海外の日本研究の状況です。

留学生の受け入れ業務を担当してきた自らの経験からも、ひと昔前であれば、日本の政治や経済を学びたい学生が大半だったのが、最近では、幼いころから日本のアニメや漫画に触れていたという理由から、留学してくる学生が増えていることを実感しています。

アメリカの日本研究者であるパトリシア・スタインホフは、一九八九年と二〇一二年に、博士学位取得者を対象にアメリカにおける日本研究の領域を調べています。その結果からは、政治学や経済学が凋落（ちょうらく）し、歴史学や学際研究が台頭していることがわかります（Steinhoff 2013: 37）。アメリカに次ぐ「日本研究大国」である中国や、日本研究学会の歴史が半世紀以上に及ぶインドネシアでも、似たような傾向が見られます。

魅力を測る三つの尺度――中韓以外からの高い評価

そもそも日本の魅力は、どうすれば測ることができるのでしょうか。「日本に行きたい」「日本が提供する財やサービス、知識などを吸収したい」といった欲望を調べればよいので

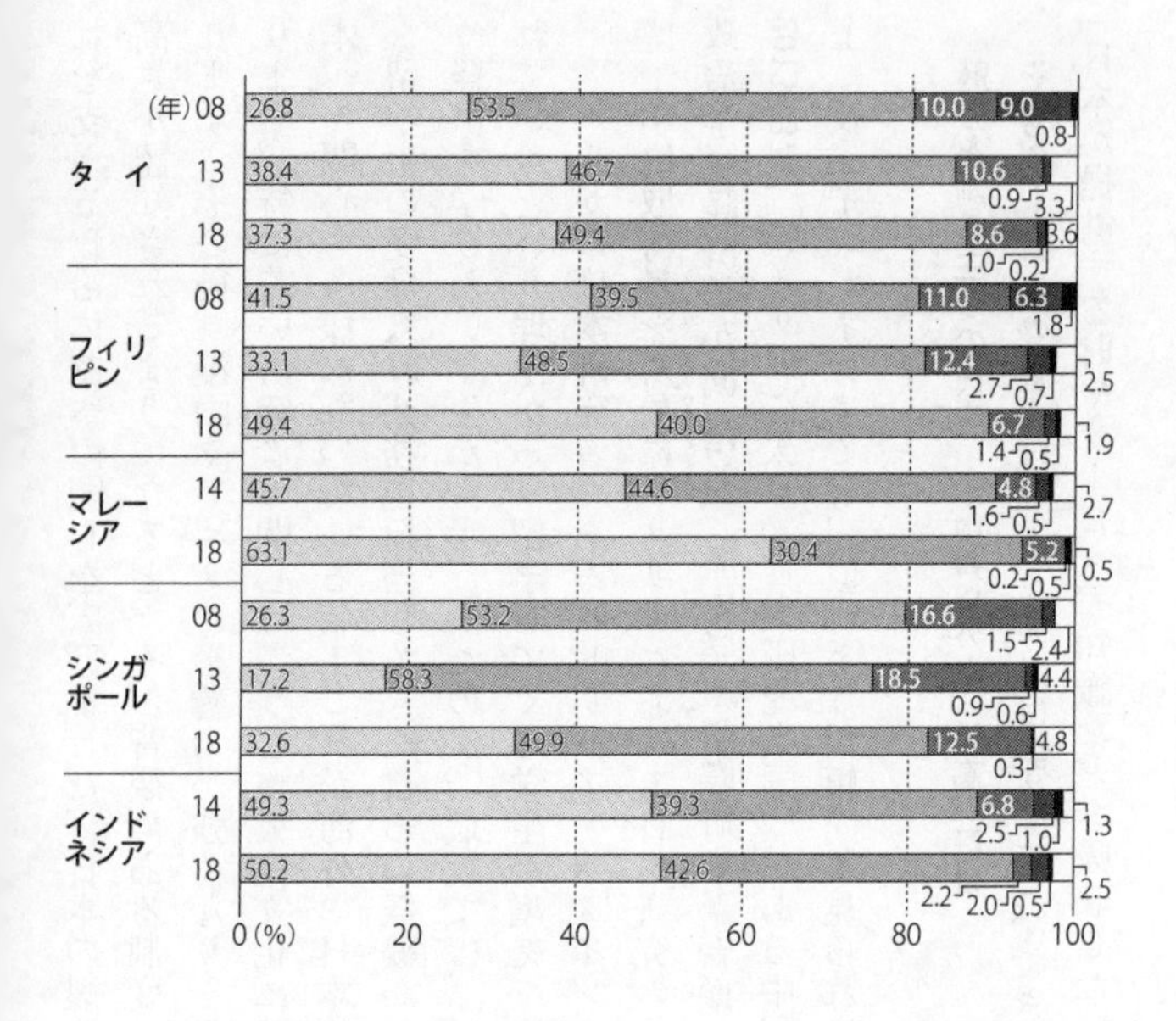

出典：アジア学生調査第１・第２・第３波調査

しょうが、問題はこれをどうやって可視化するかです。

この章では、海外の日本に対する評価と、日系企業への就職希望の有無、日本への留学希望の有無の三つを、日本の魅力を測定する尺度とします。

6-1は、自国に対する日本の影響を、国・地域ごとに時系列で示したものです。

韓国と中国は、日本に厳しい評価をしているものの、それ以外の地域では肯定的な回答が多く見られます。また「わからない」という回答は、どの地域でも七%以下です。第4章の4-2（ロシアへの評価）や、4-

6-1 日本の影響への評価（2008〜18年）

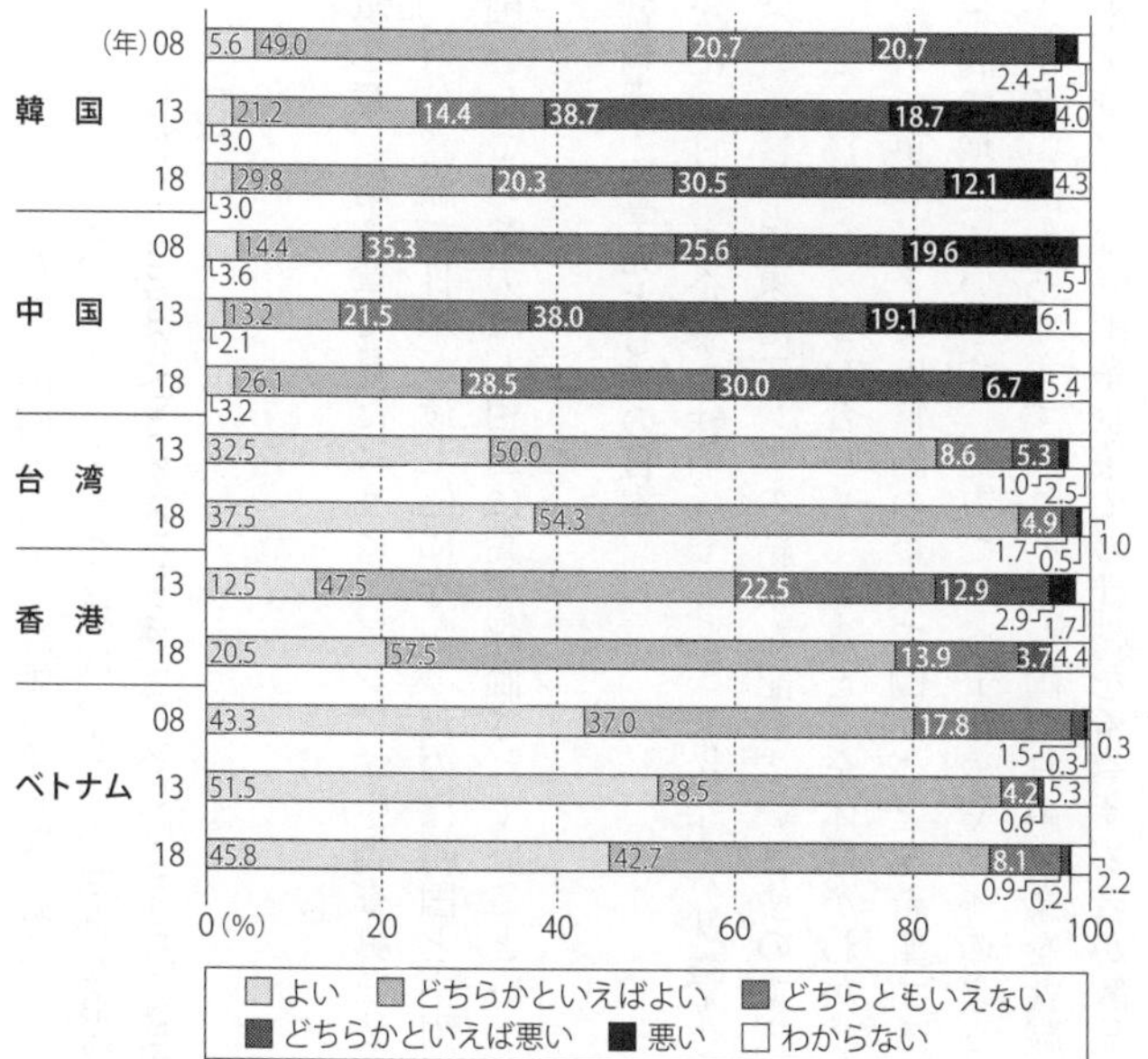

13（フィリピンへの評価）とは違い、日本の影響が理解され、評価されていることがわかります。*

*こうした特徴は、他の世論調査からもわかります。例えばBBCの世界世論調査が、二〇〇六年から一七年にかけて対日イメージを調べていますが、「よい」と回答した者の割合から「悪い」と回答した者の割合を引いた数値は二〇ポイントから三五ポイントを上下しています。二〇一七年時点では、調査対象となった世界一九ヵ国のなかでスコアが

マイナスなのは中国のみで、評価対象となった一六ヵ国のなかで、日本はカナダ、フランス、イギリス、ドイツと並ぶ好感度の高い国家群を形成しています（https://globescan.com/images/images/pressreleases/bbc2017_country_ratings/BBC2017_Country_Ratings_Poll.pdf）。

第2章、第3章で見たように、アジア学生調査第三波調査の対象となった一〇の国・地域で、対外認識で日本が最上位になかったのは韓国と中国、香港だけです。アジア域内で日本の国としての魅力は、相当に高く評価されているといってよいでしょう。

就職先・留学先としての日本

次に、日本の企業の魅力はどうか。希望する就職先については、すでに第2章の2-15（九〇ページ）に東南アジアの結果を記していますので、ここでは東アジアに限定して示します。2-15と6-2を合わせて見ると、全体像がわかります。

総じて東アジアでは自国の企業で働くことを希望する者が多く、しかもその割合は、この五年間で増えています。他方で、ベトナムやタイのように、自国の企業での就職を希望しない者が多い国もあります。こうした国で日系企業を就職先として希望する者が一定数います。東南アジアでは韓国系企業での就職を希望する者が散見されましたが、東アジアでは韓国を

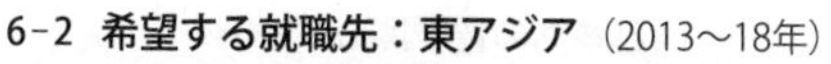
6-2 希望する就職先：東アジア（2013～18年）

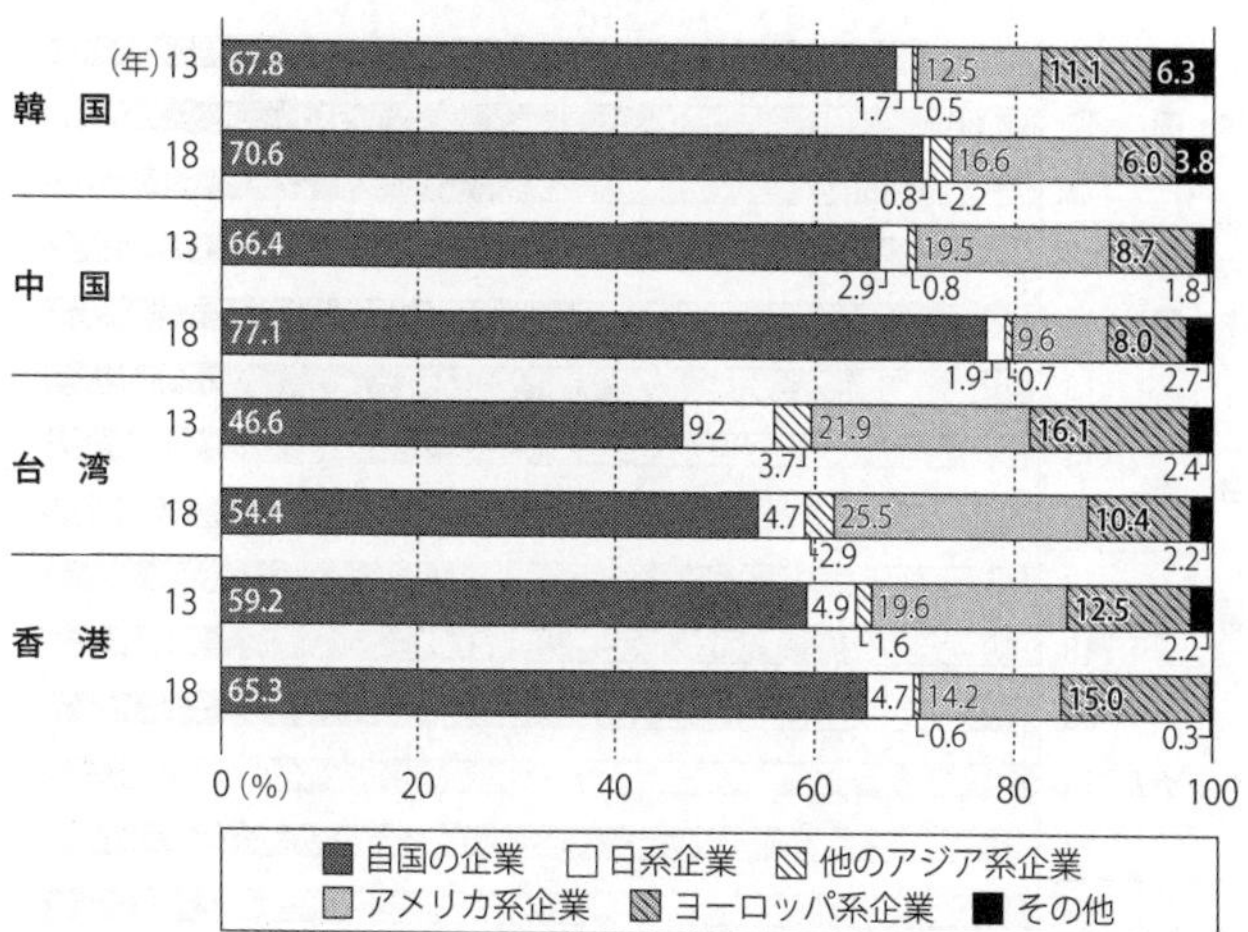

出典：アジア学生調査第2・第3波調査

除きほとんどいません。

親日的な台湾で、日系企業で就職したいと思っている学生がさほど多くなく、アメリカ系やヨーロッパ系の企業での就職を希望する学生の方が多い点にも注意が必要です。国レベルか、企業レベルかによって、評価が変わることを示す典型的なケースだからです。

中国では、経済成長とともに自国企業のプレゼンスが大きくなり、外資系企業への就職希望者が、この一〇年の間に急速に減っています。*

＊筆者は、一九九一年と二〇一四年の二回、中国の日系企業で働く人たちを対象に企業選好を調査したことがあります（園田・岸 2013）。外資系企業と現地企業のどちらに就職した

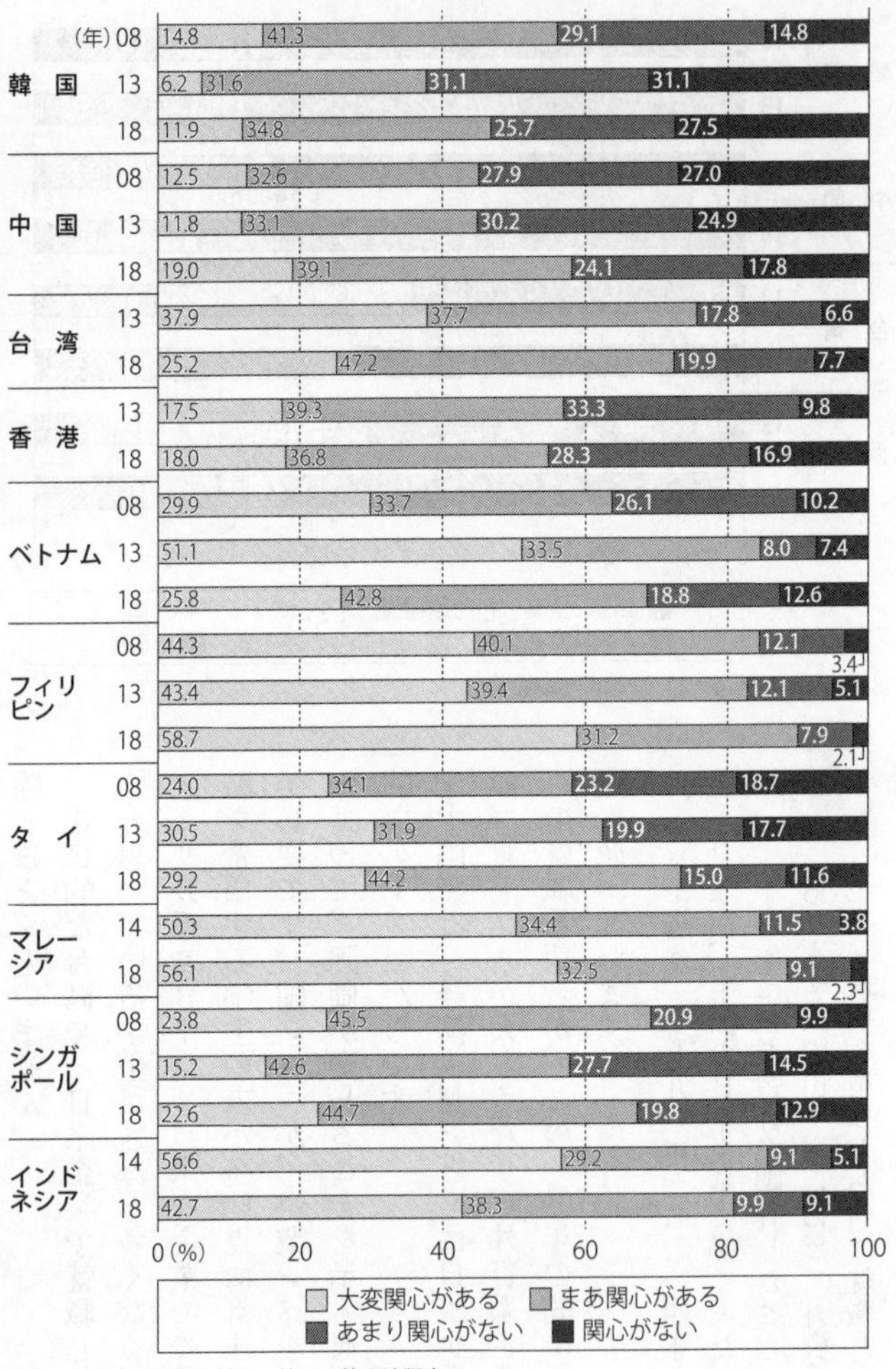

出典：アジア学生調査第１・第２・第３波調査

いかと質問した場合、一九九一年時点では、外資系企業を選ぶ者が多くいました。近年、若者を中心に自国企業の人気が高くなっている点に中国社会の変化を感じます。

6-3では、日本への留学関心をまとめた結果を示しています。すでに述べたように、アジア域内では英米への関心が突出して高く、その次にカナダ、オーストラリア、日本はシンガポールとともに第三のグループを形成しています。ただし地域によって日本への関心が若干異なります。

対日感情がよくない韓国や中国では、日本への留学に「大変関心がある」「まあ関心がある」とする回答は、全体の半数近くにとどまります。他方で、日本語の能力はさほど高くないものの、日本の影響を高く評価するフィリピンやマレーシアでは、日本への留学に関心を示す学生が九割近くいます。

日本の大衆文化や日本語は受容されているか

では、国、企業、留学など日本の魅力を評価するにあたって、日本の大衆文化や日本語の習得は影響しているのでしょうか。ソフトパワー仮説を検証する前に、まず大衆文化の受容状況や、日本語能力の状況を確認しておきましょう。

6-4は前章の5-9、5-10に対応する、日本語のアニメやドラマ視聴に対する調査の

6-4 日本語のアニメやドラマ視聴の頻度（2013〜18年）

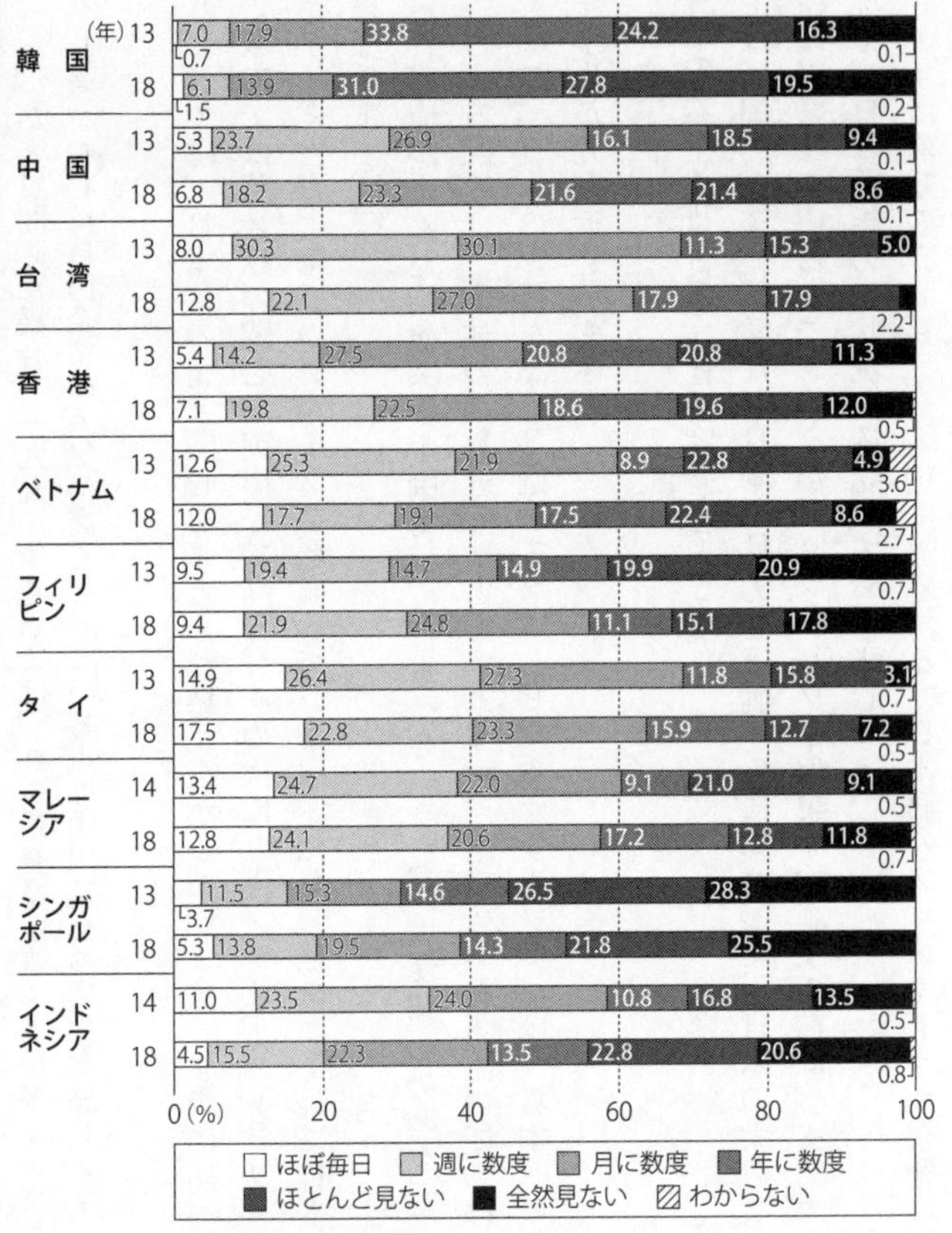

出典：アジア学生調査第２・第３波調査

結果を示したものです。[*] ここでは第二波調査と第三波調査の両方の結果を示していますが、日本のドラマの視聴が国・地域によって違うことがわかります。

＊日本の大衆文化については、日本語の歌を聴く頻度についても調査しています。しかし、その頻度がアニメやドラマの視聴に比べて明らかに低く、しかもこれが日本語能力によって強く規定されていることから、ここでは取り上げず、アニメやドラマの視聴のみ扱っています。

韓国の場合、自国のコンテンツが充実しているからでしょう、英語のアニメやドラマもそうであったように（5‐10参照）、日本語のアニメやドラマもさほど受容されていません。中国、香港、台湾、シンガポールでは、日本語よりもむしろ中国語のアニメやドラマが好まれています。[*]

＊ここではデータを出しませんが、日本語のアニメやドラマ視聴と韓国語のアニメやドラマ視聴は、東南アジアで激しく競い合っています。ベトナムでは韓国語コンテンツの人気が勝りますが、マレーシアでは日本語コンテンツの人気が勝るなど、その差はわずかです。

日本語能力を示したのが6‐5です。マレーシアやシンガポールのように、華人が多い地域では、中国語能力で突出した数値もありましたが、日本語について「流暢」「日常会話レベル」とする回答は、どの地域でも一〇％未満です。唯一の例外が二〇一三年時の韓国です。

6-5 回答者の日本語能力（2008〜18年）

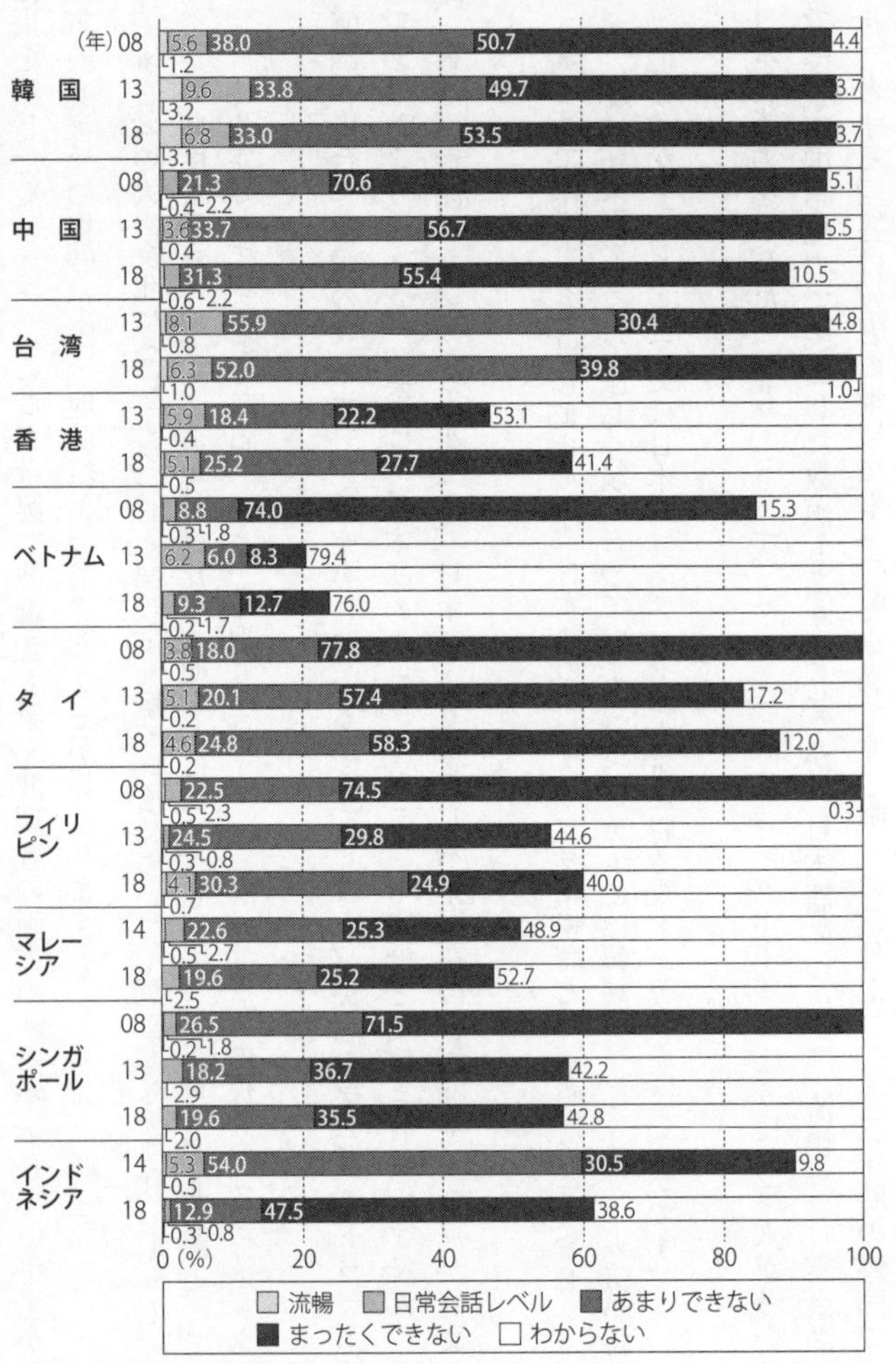

注記：「わからない」とする回答を含めて集計している
出典：アジア学生調査第１・第２・第３波調査

香港、ベトナム、フィリピン、マレーシア、シンガポール、インドネシアで「わからない」とする回答が多いのですが、回答する際「できない」というのが恥ずかしかったのでしょう。韓国語やドイツ語、フランス語など、別の外国語の回答でも、状況は似ています。自己申告なので、どの程度能力を客観的に表現しているか疑う必要はありますが、英語能力との対比でいうと、アジア地域におけるエリート学生の日本語能力が高くないことは確かです。

地域全体では日本語学習人口が増えているにもかかわらず、です。*

*国際交流基金による海外日本語教育機関調査では、日本語学習人口がアジアで急速に増えている点が指摘されています。事実、二〇一八年時点では、日本語学習人口の多い順に、中国（約一〇〇万人、一位）、インドネシア（約七〇万人、二位）、韓国（約五三万人、三位）、タイ（約一八万人、五位）、ベトナム（約一七万人、六位）、台湾（約一七万人、七位）、フィリピン（約五万人、九位）、マレーシア（約四万人、一〇位）と、上位一〇ヵ国に八つのアジアの国・地域が入っています（https://www.mofa.go.jp/mofaj/kids/ranking/nihongo.html）。

ソフトパワー仮説の検証1——アニメやドラマの視聴

では、ソフトパワー仮説が前提とする、日本語のアニメやドラマの視聴が、日本の国、企業、大学に対する評価や関心を上昇させているのでしょうか。日本語の習得によって、日本の魅力を強く意識するようになっているでしょうか。*

6-6 日本語のアニメやドラマ視聴の頻度別に見た日本の影響への評価

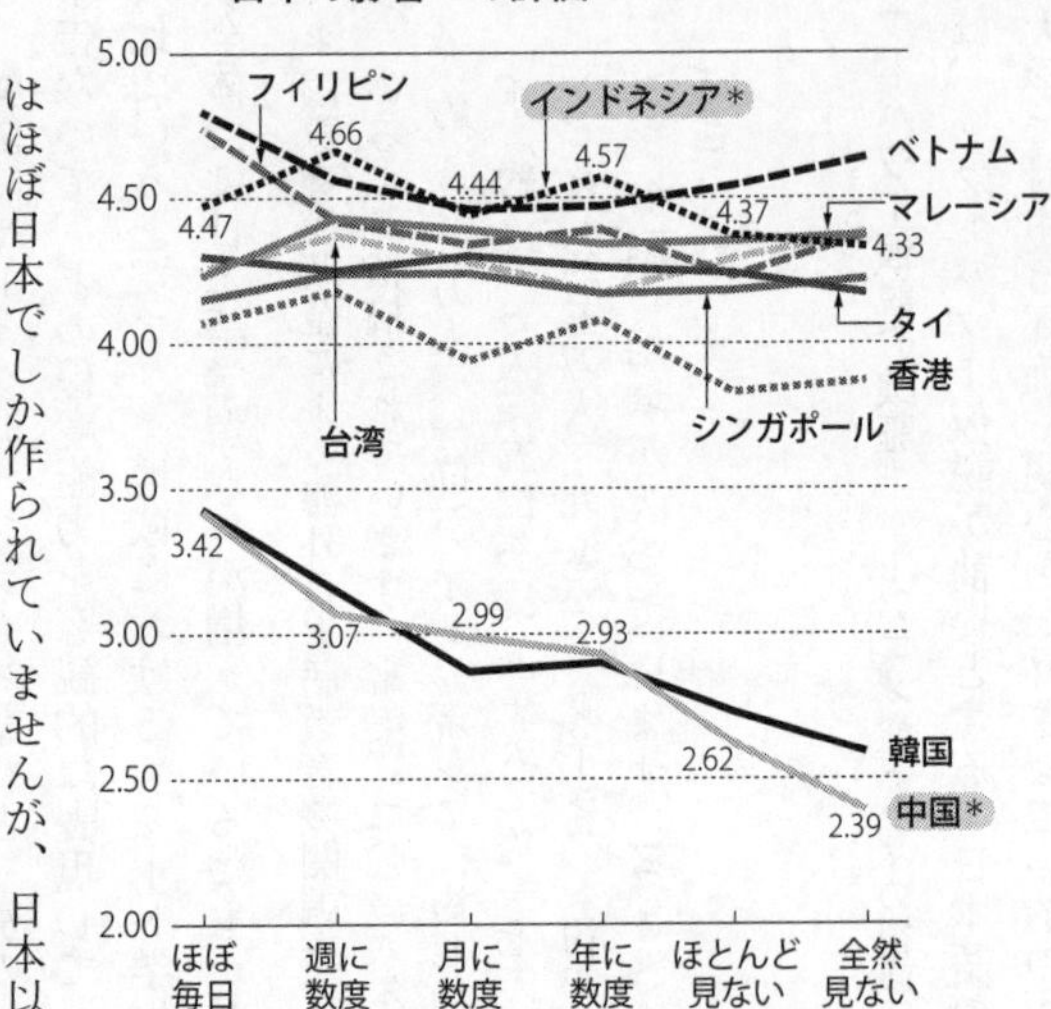

注記：＊は平均値の差が統計的に有意であることを示す
出典：アジア学生調査第３波調査

＊第1章で中国を対象にしたソフトパワー仮説を取り上げた際に、中国語のアニメやドラマ視聴を説明変数として取り上げませんでしたが、その理由は、①中国語のアニメやドラマは中国語圏以外であまり視聴されていない、②中国語のアニメやドラマは中国以外の国・地域（香港や台湾など）でも作られているといった理由によります。これに対し、日本語のアニメやドラマはほぼ日本でしか作られていませんが、日本以外でも視聴されている点で（これは韓国語のドラマも同様です）、ソフトパワーを測定するのに適しています。

6-6は、日本語のアニメやドラマ視聴の頻度別に見た、日本の影響への評価を分析したものです。評価の数値は第2章以降使ってきた五ポイントスコアで、数値が高ければ高いほど日本の影響を肯定的に評価していることを意味します。

6-6でアスタリスクがつけられている中国とインドネシアでは、アニメやドラマ視聴の頻度と日本の影響への評価が、統計的に有意な関係にあります。逆にいうと、この二ヵ国以外の国・地域では、どんなに関連性があるように見えても、統計的に有意ではありません。

インドネシアは、スコアが上下するために、明確なトレンドが見えにくいのですが、中国の場合、その傾向が顕著に見て取れます。日本のアニメやドラマをほぼ毎日視聴する者のスコアが三・四二と三を上回っているのに対して、まったく見ない中国人学生のスコア

6-7　日本語のアニメやドラマ視聴の頻度別に見た日本への留学関心

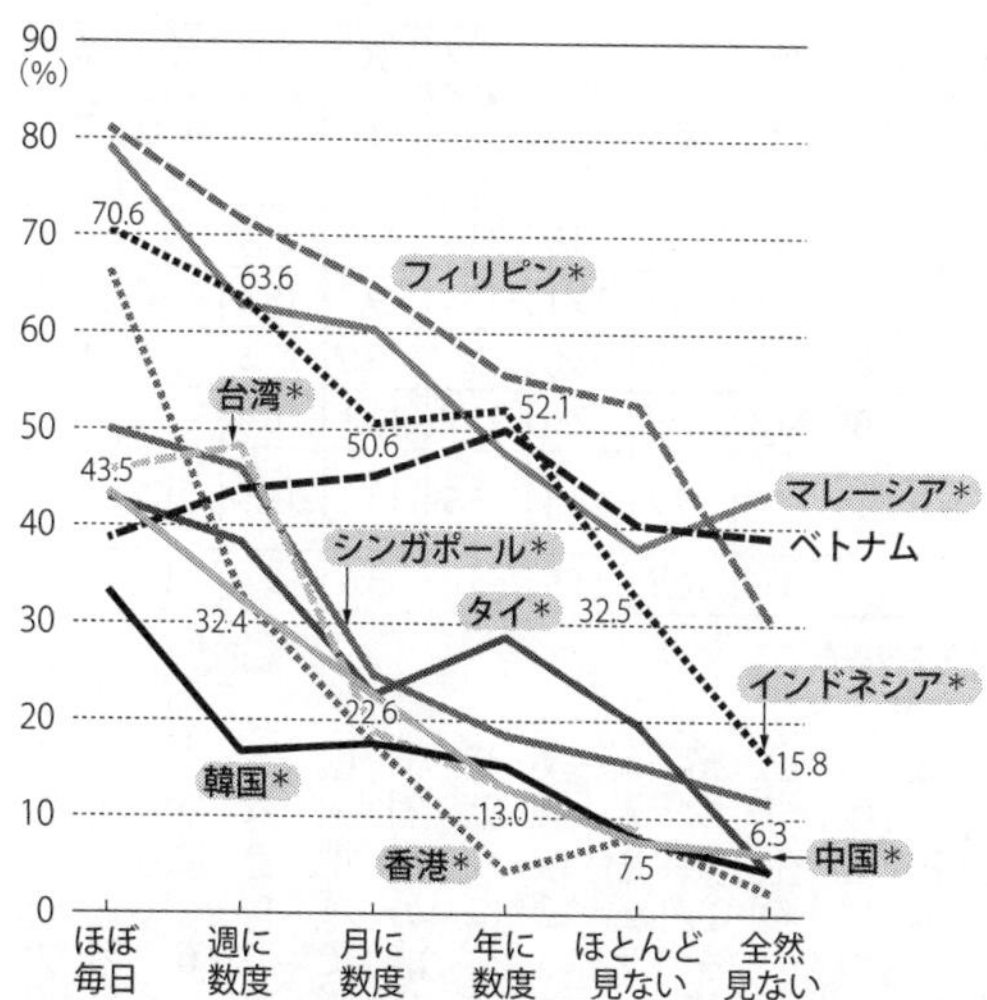

注記：＊は平均値の差が統計的に有意であることを示す
出典：アジア学生調査第3波調査

6-8 日本語のアニメやドラマ視聴の頻度別に見た日系企業への就職を希望する者の割合

（単位：%）

	韓国	中国	台湾	香港	ベトナム	フィリピン	タイ	マレーシア	シンガポール	インドネシア
ほぼ毎日		5.4	10.6	17.9	34.9	33.3	27.9	32.4	14.3	25.0
週に数度	3.8	2.0	7.3	6.5	19.1	22.5	19.3	19.1	5.6	18.8
月に数度	3.3	1.0	1.0	3.6	23.0	13.3	9.0	17.5	2.7	13.0
年に数度		1.8	4.3	2.9	7.6	21.7	11.1	6.4		4.5
ほとんど見ない		1.1		2.7	18.4	6.3	13.2	10.5	1.2	7.2
全然見ない				16.3	11.5	5.6	3.6	9.4	1.3	9.1

出典：アジア学生調査第3波調査

が二・三九と、大きな差があるからです。中国に限っては、ソフトパワー仮説が当てはまるようです。

次に、6-7から留学に対する関心との関連性を見てみましょう。ここではベトナムを除いたすべての国・地域で、アニメやドラマ視聴の頻度と日本への留学関心が結びついています。6-7では、先ほどと同じように、インドネシアと中国の数値だけグラフに書き出していますが、インドネシアの場合、日本語のアニメやドラマをほぼ毎日視聴している人で、日本への留学関心を持っている者が七〇・六%。まったく見ない学生の一五・八%と、大きな違いがあります。

中国については、ほぼ毎日視聴していると回答した者の日本への留学関心は、インドネシアほど高くはありませんが、それでも線形的な関係、つまり、視聴頻度が高くなればなるほど、日本への留学関心を高く持つといった関係が見て取れます。

面白いのは、6-8の日系企業への就職希望との関係です。

日本の影響への評価や日本への留学関心同様、両者の間に統計的な有意性があれば、アスタリスクをつけるように準備をしていたのですが、６－８でアスタリスクがついている国・地域はありません。つまり、学生がアニメやドラマを視聴する頻度と、日系企業への就職希望との間には、どの国でも関連性がないのです。

学生たちは、日本語のアニメやドラマを視聴することで、日本の大学に行ってみたいと思うようになっても、卒業後、日本の企業に勤めたいとまでは考えていないようです。

ソフトパワー仮説の検証２――日本語能力

次に、日本語の能力と、日本の影響への評価、日本への留学、日系企業への就職の希望がどのように関係しているかを、６－９から６－11に示しています。

６－９でアスタリスクがついている中国では、日本語能力と日本の影響への評価とが統計的に有意に関連していますが、それ以外の国・地域では、この両者は相関していません。いままで示してきたように、東南アジアで日本の影響への評価は高く、学生の日本語能力は低い傾向があるのですが、この両者は関連していないのです。

他方、日本の影響への評価が低い中国については、アニメやドラマの視聴と日本語能力が、日本に対する評価の高さにつながっています。日本に対する評価が低い国・地域では、ソフトパワーが威力を発揮するようです。

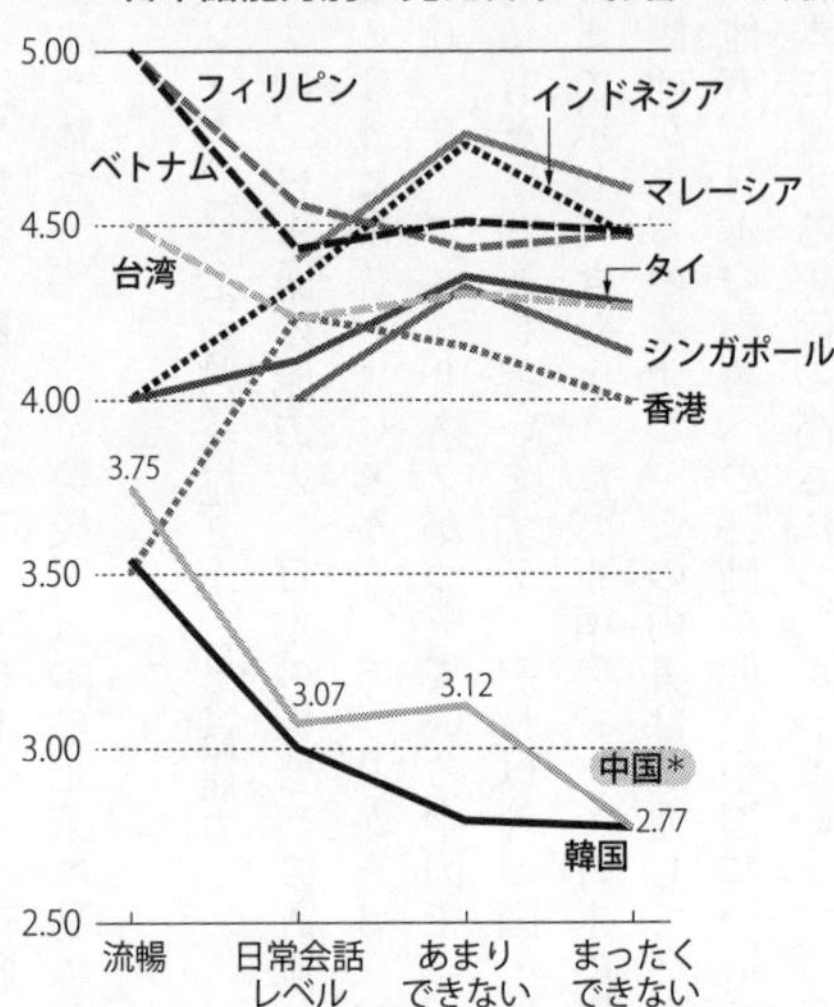

6-9 日本語能力別に見た日本の影響への評価

注記：＊は平均値の差が統計的に有意であることを示す
出典：アジア学生調査第３波調査

では、アニメやドラマの視聴が留学への関心を高めたように、日本語能力も留学への関心を高めるのでしょうか。

6-10は日本語能力と日本への留学関心が統計的に有意な関連を示している五つの国・地域だけを抜き出しています。ここでも中国が入っています。「流暢」か「日常会話レベル」の日本語ができる学生で、日本への留学に「すごく関心がある」「ある程度関心がある」と回答した者は九割強ですが、日本語ができない学生の場合、これが五七・一％へと激減します。

韓国、台湾、香港、シンガポールといった国・地域でも、中国同様に日本語能力が高いグループで日本への留学関心が高くなっています。*

6-10 日本語能力別に見た日本への留学関心

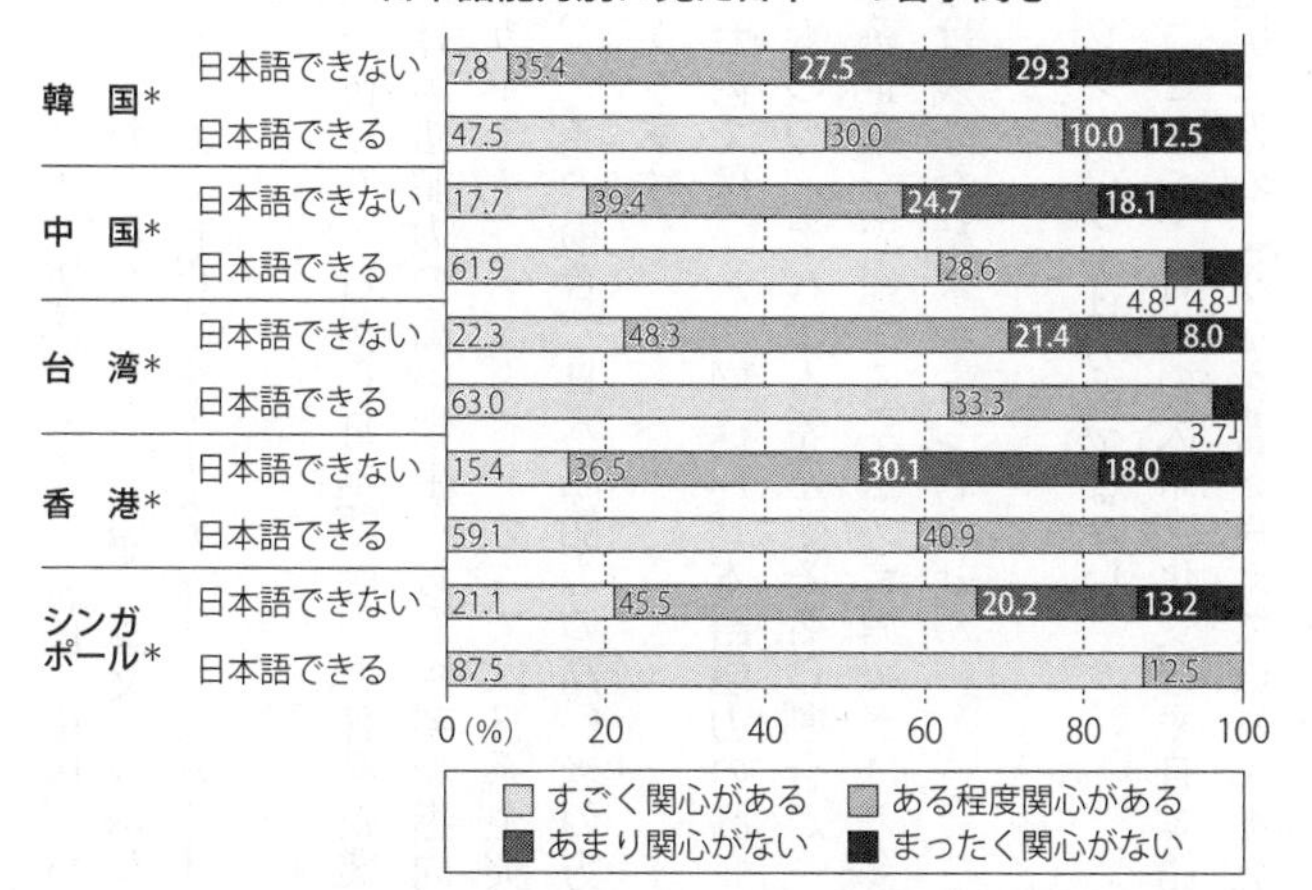

6-11 日本語能力別に見た日系企業への就職を希望する者の割合

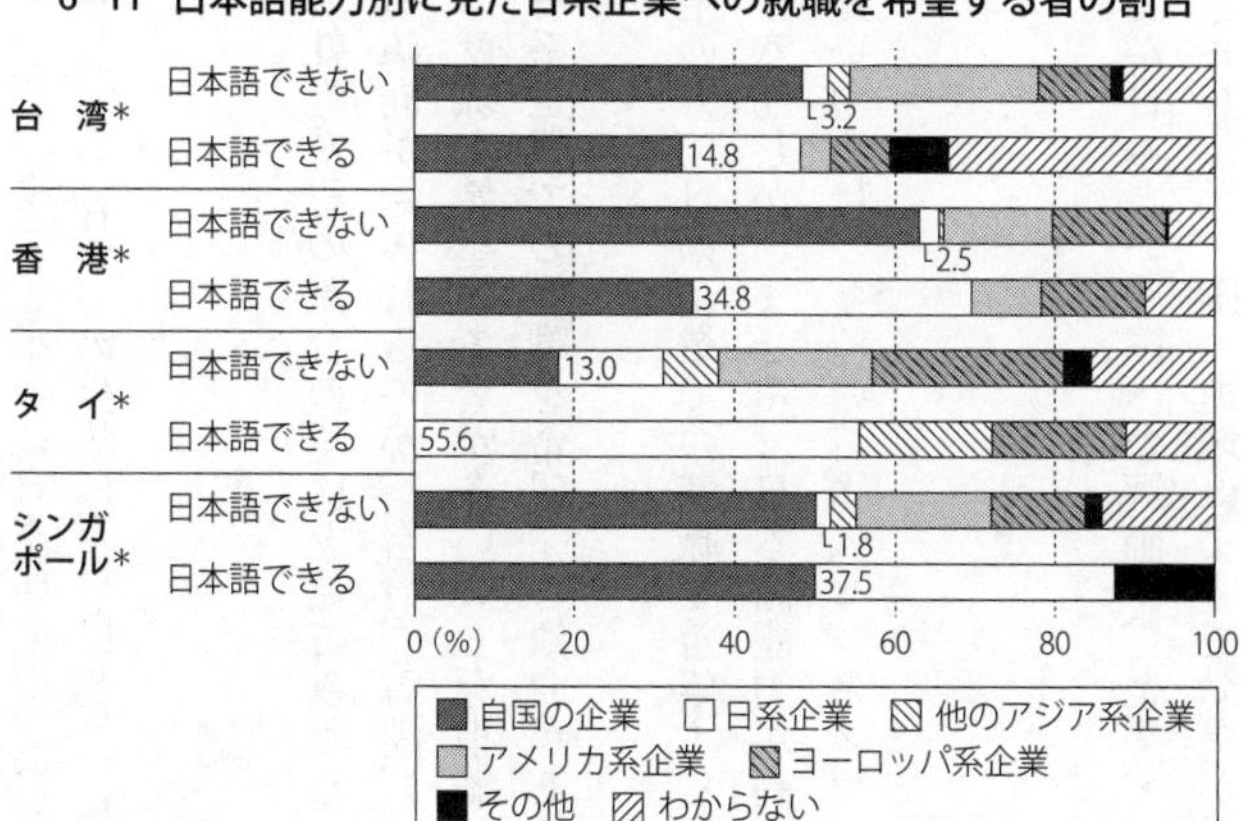

注記：「流暢」「日常会話レベル」と回答した者を「日本語できる」、「あまりできない」「まったくできない」と回答した者を「日本語できない」とグルーピングしている。＊は平均値の差が統計的に有意であることを示す

出典：アジア学生調査第3波調査

＊筆者の実感でいえば、韓国、中国、台湾からやってきた学生には日本語能力の高い学生が少なくなく、彼らは英語で論文を執筆したとしても、日本での生活に不自由しないだけの日本語を習得するケースが多く見られます。

最後に6-11から日本語能力と日系企業への就職希望の割合の関係を見てみましょう。日本語能力の高い学生に日系企業を指向する傾向が見られるのが、台湾、香港、タイ、シンガポール。タイとベトナムでは日系企業での就職を希望する者が多いことを指摘しましたが、タイの場合、日本語能力の高い者の方で日系企業での就職を希望する傾向があることがわかります。

台湾では、タイ同様に日本語能力の高い学生の方で日系企業での就職を希望する傾向があるものの、それでも希望する者の割合が一四・八％しかいません。日本語能力が高くても、日系企業を志望する学生が台湾でさほど多くない現実は、多くの日本人ビジネスマンにとっては残念な結果かもしれません。

ソフトパワーは万能ではない

ここまで、日本の大衆文化受容や日本語能力が日本という国への評価や、企業・留学への選択にどのような影響を与えているかを見てきましたが、国・地域によって効果が異なることが確認されました。

東南アジアでの日本への高い評価は、必ずしも日本語能力とは関係していません。逆に日本への評価が低い中国では、大衆文化の受容や日本語の習得が、対日イメージ改善の効果を持っています。日本という国への評価が高くても、必ずしも日系企業で働くことを望まない台湾や香港のような地域もあります。日本語はできなくても、日系企業で働きたいと思う者が多い、タイやベトナムのような国もあります。

近年、東南アジアでも韓流がブームとなり、大衆文化受容が国のイメージを改善する効果があるのではないかといわれています。実際、アジア学生調査のデータを用いても、本章で紹介した日本のケース同様に、韓国でも、ソフトパワー仮説の妥当性を確認することができます。*

＊アジアを一括り（くくり）で見た場合、韓国語のアニメやドラマを「ほぼ毎日」視聴する者の韓国評価のスコアは四・一一。これが、視聴頻度が低くなるにつれて三・九五、三・七七、三・五六、三・四八と下がっていき、「全然見ない」者では三・三四と、きれいな線形的関係が見られます。また、韓国語のアニメやドラマの視聴頻度と韓国への留学の関心の間にもきれいな線形的な関係が見られるなど、日本と似た特徴が見られます。

こうした傾向は、英語を媒介にした国家間関係では見られません。英語ができるからアメリカやトランプ大統領に対する評価が高くなる、英語圏に留学したい、アメリカ系企業に勤めたいと思うようになるといった傾向はないのです。

ともあれ、他の仮説同様、ソフトパワー仮説も、成り立つ場合と成り立たない場合がありますソフトパワーが万能の処方箋でないことに留意しておく必要があるでしょう。

アジアイメージはアップデートされているか

最後に、日本のアジアイメージを確認することにしましょう。

対外認識をめぐる日本の特徴を示すため、6-12で日本のデータとアジア全体のデータを対比させています。第二波調査と第三波調査では、中国に対する評価が変わっていますが、それ以外では似た傾向にあります。

日本は、アジアの他の地域に比べて韓国と北朝鮮を低く評価しがちです。それに対して東南アジア諸国には、総じて高い評価をしています。オーストラリア、インド、アメリカについては他の地域より高く、ロシアについては低くなっています。こうした特徴は、第二波調査、第三波調査ともに共通しています。ロシアと北朝鮮の評価が低いのは、日本で冷戦体制メンタリティーが比較的強く残っているからでしょう。

冷戦体制メンタリティーが残っているのは、アジアの変化に日本人の認識が対応しきれていないからではないか。アジアイメージがアップデートされていないからではないか。筆者

6-12 対外認識をめぐる日本の特徴

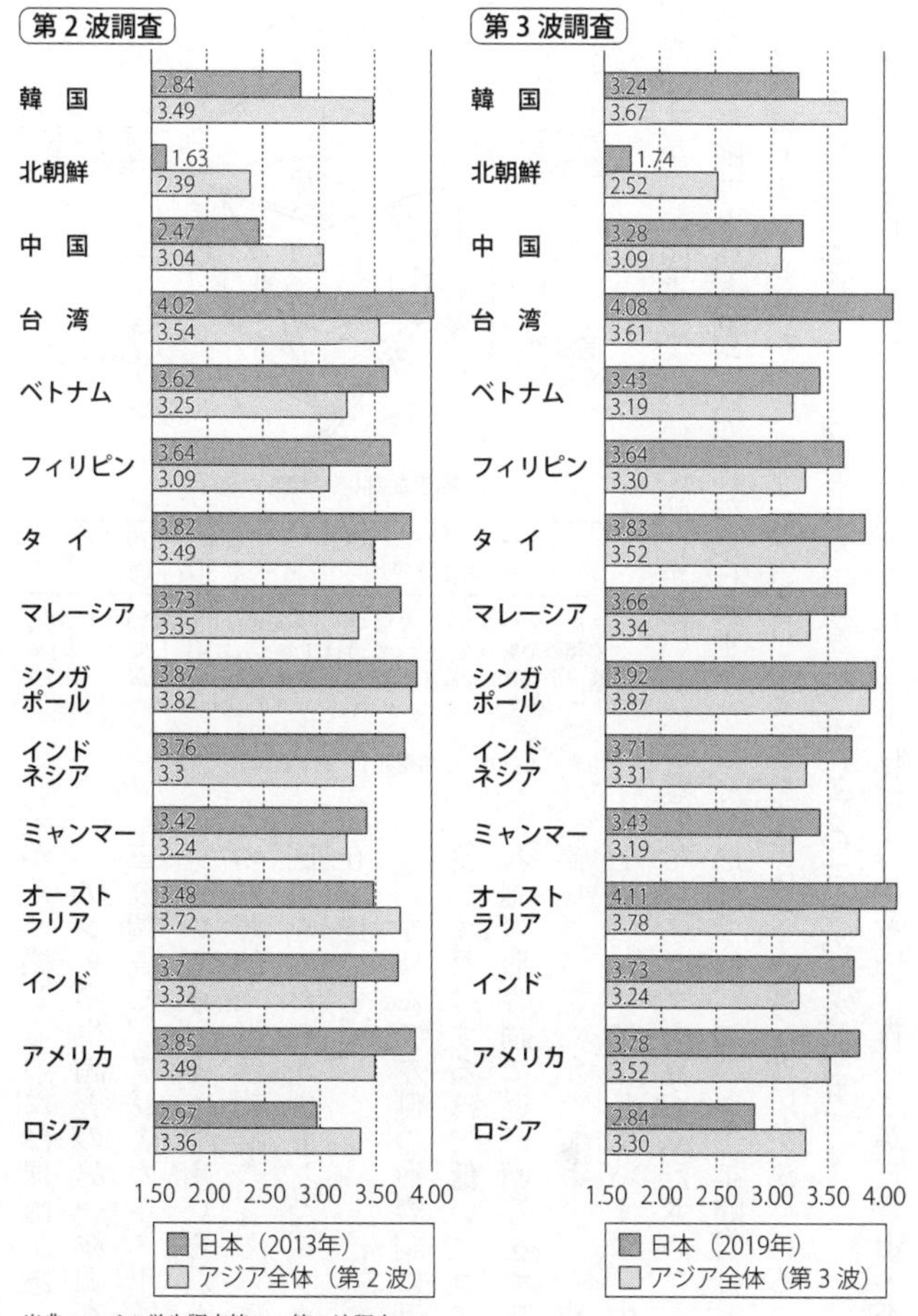

出典：アジア学生調査第2・第3波調査

6-13 日本のアジアイメージ

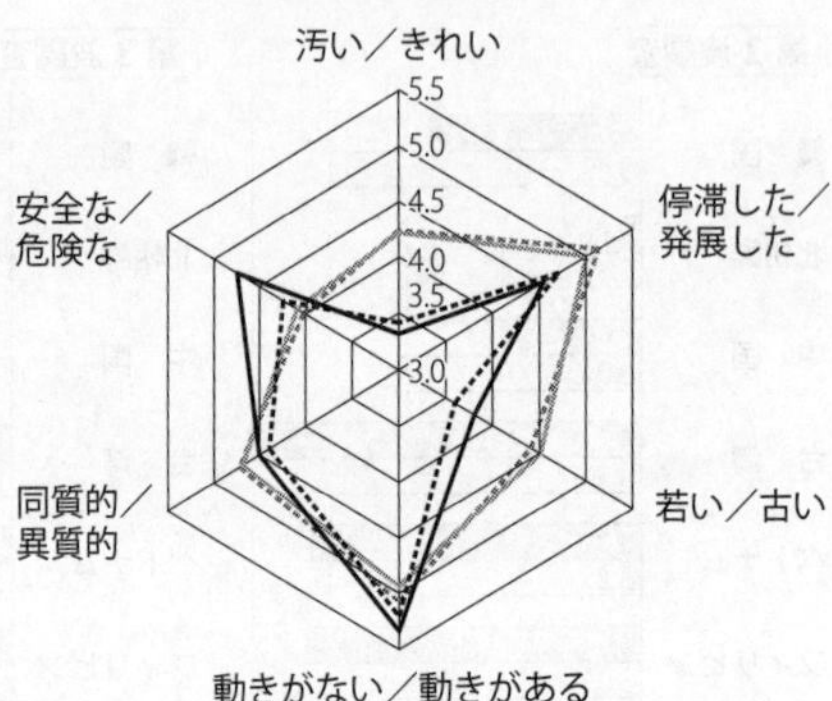

注記：４が中央値。左側の形容詞を選択した者は１から３を、右側の形容詞を選択した者は５から７を選択している。２時点で平均値を比較するため、第３波調査の値は韓国、中国、ベトナム、フィリピン、タイ、シンガポール、日本の平均を利用している
出典：アジア学生調査第１・第３波調査

がそう感じるのには理由があります。

アジア学生調査の第一波調査と第三波調査で、アジアのイメージを聞いています。そこで用いられた六つの対照的な形容詞群のどちらに近い回答をしたのかを表したグラフが、6-13です。

／を挟んで左側の形容詞に近い回答をすればするほど低いスコアを、右側の形容詞に近い回答をするほど高いスコアを示しており、一点から七点でスコア化しています。中央値が四点ですから、四点よりも値が高いか低いかに注意して、グラフを見てください。

「安全／危険」という軸では変化が見られますが、それ以外では、この一〇年間、日本のスコアはあまり大きく変わっていません。日本とアジア全体で大きく違いが見られるのは、「汚い／きれい」「停滞した／発展した」「若い／古い」の三つの形容詞群です。

筆者が特に注目したいのは「汚い／きれい」の軸です。「若い／古い」が、肯定・否定の

どちらに近いか判別しがたいのに対して、「汚い」が悪いイメージ、「きれい」がよいイメージであることは明らかですが、アジア全体が四・二強あるのに、日本は三・五弱と四を下回っています。この両者の間に〇・七五ポイントの差があり、この差はこの一〇年間変わっていません。

また「停滞した／発展した」という軸でも、似た特徴が見られます。筆者はそこに、日本におけるアジアイメージの「停滞」を感じ取っています。

＊

アジア諸国の多くは日本に好意的な評価をしてくれています。アジア学生調査の対象となった多くの国・地域では、日本の影響を最も高く評価し、英米豪ほどではないにせよ、多くの学生が日本への留学を希望しています。日本語能力は高くないものの、日本語の持つ有用性は広く理解され、日本の大衆文化受容も進んでいます。

社会的距離という点でも、日本人は「特別扱い」されています。対日感情がよくない中国でも「自国から出て行ってほしい」とする回答は八・八％、韓国でも三・三％と、さほど多くありません。日本を必ずしも好意的に見ていない中国では、大衆文化受容と日本語学習が、日本イメージを向上することに一役買っています。

アジア、とりわけ東南アジアでの評価の高さは、意外にも思えます。第二次世界大戦で日本の侵略対象となった東南アジア諸国では、その歴史的経緯から反日感情が強いとされてきたからです。

しかし戦後七〇年以上が経ち、先人たちが地道な努力を積み重ねてきた結果、こうした結果が得られるに至っています。日本にとって、この貴重な財産を今後どのように活用し、アジアに、そして世界のためにどのように利用することができるか。私たちの知恵が問われています。

終章　国民感情のゆくえ

本書は、全世界が新型コロナウイルスと闘っている、その最中に執筆されています。ウイルスの基本特性ばかりか、感染ルートの特定が難しく、その爆発的拡大を阻止しにくい八方塞（ふさ）がりの状況にあって、私たちは不安な生活を余儀なくされています。

不安な心理を抱えるなかで、私たちは、自分が信じたいことを信じようとします。いわゆる楽観バイアスです。また、時に妙な犯人探しをしては、気持ちを晴らそうとします。トランプ大統領が「ウイルスは武漢の研究所で人工的に作られた可能性がある」と主張し、中国側が「まったくのでっち上げだ」と反論するなど、新型コロナウイルスの発生源をめぐって米中のさや当てが生じたのは、まさにこうした不安心理の現れです。

コロナ禍が収まらない状況にあって、国民感情はどうなってしまうのでしょうか。

コロナ禍によって世界が変わるか

世上には、コロナ禍によって世界秩序が大きく変わるとする議論があります。各国が自国第一主義に走り、移動が制限されるなかで世界が内向きになっていくと警告する識者もいます。

国際関係にも何らかの変化は見られるでしょう。しかし筆者は、コロナ禍で世界が一時的に「フリーズ」しているだけで、変化はさほど大きくないと判断しています。

新型コロナウイルスの発生源をめぐるさや当ては、従来の米中摩擦の延長線上にあります。感染拡大地域に医療機器を供与する中国の「マスク外交」には、物量戦的特徴を持つ一帯一路政策との親和性が見られます。台湾やベトナムが、中国との対抗を意識して独自の「マスク外交」を展開しているのも、コロナ禍以前と変わりません。

コロナ禍によって開催が遅れた中国の全人代（全国人民代表大会：日本の国会に相当）で香港に国家安全法を導入する提案がなされ、五月二八日に可決されました。コロナ禍の影響でひっそりしていた香港でも、これによって反中国運動が活発化しつつあります。

李克強（りこっきょう）首相は政治活動報告で「台湾の独立を目指す活動家の動きに断固として反対し、これを阻止する」と発言するなど、台湾に対する姿勢を変えていません。台湾政府がこれに猛烈に反発する姿も、以前と変わりません。

こうした状況にあって、本書で紹介した各国・地域の国民感情は、少なくともしばらくの間は大きな変化を見せないでしょう。

証拠を挙げましょう。

三九県で緊急事態宣言が解除された直後の五月一六日と一七日の両日、筆者は日本全国の三〇〇〇人を対象にネット調査を実施しました。「コロナ後の世界秩序に関する意識調査」と銘打って実施した調査で、対象者に各国のコロナ対策への評価や各国の日本に与える影響に対する評価、今後の国際連携のあり方などについて質問しています。その結果は、本書の知見と驚くほど似ています。

依然強い中国への警戒感

第一に、以前から見られた中国への警戒感や否定的な評価が、今回の調査結果でも表れています。

「あなたは、日本で新型コロナウイルスの感染が拡大したのは、中国のせいだと思いますか」との質問に、「まったくそう思う」と回答した者が三八・一%で、「だいたいそう思う」と回答した三六・六%を合わせると、調査対象者の約四分の三が中国に帰責すると考えています（「わからない」は八・六%）。中国政府は「自分たちもウイルスの被害者だ」としていますが、日本では、こうした中国側の説明は受け入れられていません。

また、「新型コロナウイルスの感染拡大を防ぐために、中国との経済的結びつきに依存しすぎないようにした方がよい」とする文言に「おおいに賛成」が三四・三％、「賛成」が三五・四％と、七割近い回答者が賛成しています。同種の質問でアメリカとの経済的結びつきについて質問していますが、こちらに対しては、同様に賛成している者が五割弱ですから、両者に二割近い差が見られます。

中国への警戒感は、今後の連携への評価をめぐって顕著に表れています。「新型コロナウイルスの感染拡大を防ぐため、私たちは海外との連携を強めなければならない」とする文言に「おおいに賛成」と回答した者が二一・六％、「賛成」と回答した者が四八・二％と、七割近い回答者が賛成しています。ところが「海外」を「アメリカ」に替えると四四・七％、「中国」だと二二・五％にまで低下します。

根強い冷戦体制メンタリティー

第二に、日本の冷戦体制メンタリティーが確認されています。

今回の調査で、その感染対策を高く評価されたのは、台湾、ドイツ、韓国で、低く評価されたのがロシア、中国、アメリカです。「大変よい」「まあよい」と回答した者の合計を比べてみると、台湾で六〇・一％、ドイツで四六・六％、韓国で四四・七％なのに対して、ロシアで一五・〇％、中国で一七・二％、アメリカで一九・五％となっています。

ところが調査実施時の、各国一〇〇万人当たりのコロナウイルスによる死者数を比較してみると、台湾は〇・二九人、韓国は五・一一人と好成績を収めていますが、ドイツは九四・四六人と、実績は芳しくありません。またアメリカは二六八・一四人であるのに、ロシアは一七・三八人、中国は三・二二人ですから、ロシアと中国への評価が実際以上に低いことがわかります*(https://web.sapmed.ac.jp/canmol/coronavirus/death.html)。

*こうした現象の背後に、各国のメディアによる報道への評価が関係しています。ロシアのメディアによる報道を「おおいに信頼している」「ある程度信頼している」と回答した者は一七・〇%、中国に至っては六・四%と、その報道への信頼がきわめて低くなっています。多くの日本人が、ロシアや中国で報道されている死亡者数を信頼していないことが、こうした低い評価につながっているのです。

筆者はそこに、冷戦体制メンタリティーが強い日本の国民感情を感じ取っています。

変わらない対外認識の特徴

第三に、隣国である韓国と台湾への異なる評価が、今回の調査でも確認されています。コロナ感染拡大への対応をめぐっては、韓国も高く評価されています。ところが、本書でも用いられている影響への評価をめぐる設問では、厳しい意見が支配的です。「日本にどのような影響を与えていると思いますか」とする問いに、「よい」が二・六%、「どちらかとい

「どちらかといえば悪い」が二八・九%、「どちらかといえばよい」が八・二%。これに対して「悪い」が二〇・九%と、悪いとする意見が支配的です。

同様に、コロナ感染拡大対策が高く評価された台湾の場合、「よい」が一九・六%、「どちらかといえばよい」が三一・七%であるのに対して、「悪い」が〇・九%、「どちらかといえば悪い」が一・四%と、その評価が逆転します。

第四に、台湾同様に評価が高いのがオーストラリアで、評価の最底辺にいるのが北朝鮮という状況にも変わりが見られません。

この間、オーストラリア政府が、新型コロナウイルスの発生源を調べる独立調査を提案したのに対し、中国政府が「独自調査は政治をもてあそび、感染防止のための国際協力を妨害するもので、支持は得られない」と反発するなどのやり取りがありました。他方で、北朝鮮は長く「我が国にはコロナウイルス感染者がいない」と主張してきました。多くの日本人は、オーストラリア政府の提案に快哉(かいさい)を叫び、北朝鮮政府の発表に胡散臭(うさんくさ)さを感じたに違いありません。

本書3-13で見た日本の対外認識と、五月に行われた調査結果との間に各国・地域の位置の変化は見られません。日本の国民感情に与えるコロナ禍の影響は、対外認識の点ではさほど大きくないのです。

国民感情をめぐるギャップ

国民感情が厄介なのは、本来個々の人間の感覚をもとに成り立つ認識や評価が、あたかもすべての人に共有されているもののように感じられ、客観的に存在しているかのように思われる点にあります。しかも自らのバイアスに気づきにくく、理解のためのフレームと現実が同じものに見える特徴を持っています。

本書では、フレーム受容と実際の行動の間や、政治的主張と現実認識の間にギャップが存在していることを何度となく確認してきました。

国・地域によって対外認識が異なり、国・地域の内部で意見の不一致が見られること、また冷戦体制の崩壊がもたらすインパクトに地域差があることは、ある意味健全なことです。認識を支えるミクロ／マクロな条件が、国・地域や個人・集団によって異なるからです。

重要なのは、国民感情のこうした特性を知ったうえで、これを尊重する姿勢を維持できるかどうかです。

相互予期仮説の検証の際にも指摘しましたが、日本と韓国、中国とベトナム、マレーシアとインドネシア、フィリピンと中国といった二国間関係は、同質的な隣国同士でありながら、互いに相手を低く評価する関係です。しかし、これらの国ぐにの間で熱戦が起きていないのは、これをクールダウンするメカニズムが、不十分ながらも働いているからです。

同じことは、国民感情をめぐるギャップについてもいえます。私たちが認識のギャップを知り、そのための対策を打てば、最悪の事態を避けられるはずです。

同じ対象を目にしていながら、異なる意味づけをし、異なる解釈をするのは人間の本質です。とすれば、アジアの国民感情にさまざまなギャップが存在していて当然です。

アジアは「データの砂漠」から「データのオアシス」に変わりつつあります。しかし、域内の多様な国民感情については、本格的な研究対象となってきませんでした。

本書が、今後の研究に一石を投じることができれば、そしてその結果、域内の相互理解が深まることになれば、筆者としてそれに勝る幸せはありません。

あとがき

中公新書で『不平等国家 中国』を上梓(じょうし)してから、一二年の歳月が経ちました。幸いなことに同書は、二〇〇八年のアジア・太平洋賞特別賞の授賞作品となりましたが、その受賞式に列席し、受賞を喜んでくれた私の父も、鬼籍に入ってしまいました。

この間、私の研究教育環境も大きく変化しました。

前著が刊行された二〇〇八年は、偶然なことに、本書が利用しているアジア学生調査の第一波調査を行った年です。附録①で説明しているように、第一波調査は早稲田大学大学院における大規模プロジェクトの一環として行われ、私は質問票の設計をするだけでよい立場でした。第二波調査の際には、東京大学と早稲田大学の学部生たちと一緒に質問票の設計から翻訳、配付、データの入力から基本集計までの、すべての作業を行いました。その結果、学部生が執筆した論文も収録して本を刊行する「奇跡のプロジェクト」を実施することができました。

第三波調査が二〇一九年夏に終わり、バタバタと統合データを作って、本書執筆の準備を整えました。この数年、年一〇回のペースで海外出張をしていたのが、コロナ禍のために完全な在宅勤務となりました。それによって本書の執筆が進んだのですから皮肉というしかありません。

第二波調査の際もそうでしたが、第三波調査でも、私の指導学生が大きな助けとなりました。ソウル、台北（タイペイ）、北京、上海（シャンハイ）、バンコク、マニラでの調査は、東京大学大学院博士課程の院生諸君が力を発揮してくれました。香港とシンガポールの調査は、私の友人が紹介してくれた若手研究者が、調査票の配布・回収の責任者となってくれました。ベトナム、マレーシア、インドネシアでは、私の研究仲間が調査実施を請け負ってくれ、彼らが回収してくれた質問票は、私の研究室に大切に保管されています。

本書を執筆するためにデータを読み込み、関連文献を調べたのは当然のことですが、世界各地で報告し、研究者からコメントをもらうことで、扱うべきテーマや論点などを作り込んでいきました。高麗大学校や北京大学、台湾大学、香港大学、フィリピン大学、インドネシア大学の研究者とは学生を巻き込んだワークショップや共同授業を実施し、意見交換をしました。それ以外にも、ソウル大学校、南京（ナンキン）大学、中南民族大学、マラヤ大学、南洋理工大学、アジアの域外では、マンチェスター大学とフランス国立東洋言語文化学院が、本書のもととなる研究成果の報告をする場を提供してくれました。復旦（ふくたん）大学、中央研究院（台湾）、フライブルク大学、フランス国立社会学高等研究院が、それぞれに組織してくださった学会大会でも報告の機会を得、貴重なコメントを得ています。

本書執筆の計画は、第二波調査終了後に始まっていたのですが、原稿を書き進めるうちに、「このデータだけでは説得力が足りない」と思うようになり、作業をいったん止めました。第二波調査のデータしかない国・地域を記述するには、データを蓄積する必要があると感じたからです。

第三波調査終了時には、一万四〇〇〇を超えるサンプルが集まり、「これならば」と作業を再開しました。小著を刊行するのにも、一二年以上の歳月と気が遠くなるほどの移動が必要だったかと思うと、実に感慨深いものがあります。

今回も編集部の白戸直人さんが、本書作成にあたってペースメーカーとなってくださいました。執筆作業を中断してから五年以上待っていただくなど、ずいぶんと迷惑をかけてしまいましたが、こうして本が出来上がりホッとしています。

二〇二〇年八月

園田茂人

若林正丈, 2008,『台湾の政治：中華民国台湾化の政治史』東京大学出版会.

◎アジア学生調査のデータを用いて発表された書籍・論文

（「引用文献」に掲げられているものを除く）

園田茂人, 2014a,「中国の台頭はアジアに何をもたらしたか：アジア学生調査第2波調査・概要報告」『アジア時報』4: 36-57.

園田茂人, 2014b,「中国の台頭をめぐる内外の温度差」『東亜』5: 2-3.

園田茂人, 2014c,「アジアの『アジア認識図』」『アジア研究』59(1･2): 23-27.

園田茂人, 2014d,「『中国をどう見るか』という重要な課題」『東亜』11: 2-3.

園田茂人編, 2015a,『連携と離反の東アジア：アジア比較社会研究のフロンティアⅢ』勁草書房.

園田茂人, 2015b,「中国人エリート学生の意識調査にみる『中国』」『東亜』2: 2-3.

園田茂人, 2016,「中国の台頭を世界はどう受け止めているか」『UP』5: 5-11.

Zhai, Yida, 2018, “The Gap in Viewing China’s Rise between Chinese Youth and Their Asian Counterparts,” *Journal of Contemporary China* 27: 848-866.

Zhai, Yida, 2019, “A Peaceful Prospect or a Threat to Global Order: How Asian Youth View a Rising China,” *International Studies Review*, 21(1): 38-56.

代』NHK出版.
倉田徹，2009，『中国返還の後の香港：「小さな冷戦」と一国二制度の展開』名古屋大学出版会.
小針進，2004，『韓国人は、こう考えている』新潮新書.
白石隆，2016，『海洋アジア vs. 大陸アジア：日本の国家戦略を考える』ミネルヴァ書房.
白石隆／ハウ・カロライン，2012，『中国は東アジアをどう変えるか』中公新書.
末廣昭，1993，『タイ：開発と民主主義』岩波新書.
末廣昭，2009，『タイ：中進国の模索』岩波新書.
園田茂人編，2012，『日中関係史 1972-2012　Ⅲ　社会・文化』東京大学出版会.
園田茂人／蕭新煌編，2016，『チャイナ・リスクといかに向きあうか：日韓台の企業の挑戦』東京大学出版会.
谷口誠，2004，『東アジア共同体；経済統合のゆくえと日本』岩波新書.
坪井善明，1994，『ヴェトナム：「豊かさ」への夜明け』岩波新書.
ナイ，ジョセフ・S（山岡洋一・藤島京子訳），2011，『スマート・パワー：21世紀を支配する新しい力』日本経済新聞社.
ナイ，ジョセフ・S（村井浩紀訳），2015，『アメリカの世紀は終わらない』日本経済新聞社.
濱下武志，1996，『香港：アジアのネットワーク都市』ちくま新書.
古城利明編，1990，『世界社会のイメージと現実』東京大学出版会.
古田元夫，1995，『ベトナムの世界史：中華世界から東南アジア世界へ』東京大学出版会.
舛山誠一，2014，「中堅・中小企業のチャイナプラスワン戦略の枠組み」『産業経済研究所紀要』24: 51-82
丸川哲史，2010，『台湾ナショナリズム：東アジア近代のアポリア』講談社選書メチエ.
水本達也，2006，『インドネシア：多民族国家という宿命』中公新書.
毛里和子，2006，『日中関係：戦後から新時代へ』岩波新書.
山本武彦／天児慧編，2007，『東アジア共同体の構築1：新たな地域形成』岩波書店.
吉川雅之／倉田徹編，2016，『香港を知るための60章』明石書店.
読売新聞中国取材団，2006，『膨張中国：新ナショナリズムと歪んだ成長』中公新書.
我妻洋／米山俊直，1967，『偏見の構造：日本人の人種観』NHK出版.

Kai, J., 2016, *Rising China in a Changing World: Power Transitions and Global Leadership*, Palgrave Macmillan.
Kaplan, R. D., 2014, *Asia's Cauldron: The South China Sea and the End of a Stable Pacific*, Random House（＝2014, 奥山真司訳『南シナ海：中国海洋覇権の野望』講談社）.
Kurlantzick, J., 2007, *Charm Offensive: How China's Soft Power Is Transforming the World*, Yale University Press.
Nathan, A.J. and A. Scobell, 2012, *China's Search for Security*, Columbia University Press（＝2016, 河野純治訳『中国安全保障全史：万里の長城と無人の要塞』みすず書房）.
Pan, Chengxin, 2012, *Knowledge, Desire and Power in Global Politics: Western Representations of China's Rise*, Edward Elgar.
Shambaugh, D., 2013, *China Goes Global: The Partial Power*, Oxford University Press（＝2015, 加藤祐子訳『中国グローバル化の深層：「未完の大国」が世界を変える』朝日新聞出版）.
Zhang, W., I. Alon and C. Lattemann, eds., 2018, *China's Belt and Road Initiative: Changing the Rules of Globalization*, Palgrave Macmillan.

†日本語（五十音順）
阿南友亮／佐橋亮／小泉悠／クリストファー・ウォーカー／保坂三四郎／マイケル・マッコール／川島真, 2018,『シャープパワーの脅威』中央公論新社.
井出穣治, 2017,『フィリピン：急成長する若き「大国」』中公新書.
猪口孝編, 2005,『アジア・バロメーター：都市部の価値観と生活スタイル』明石書店.
猪口孝編, 2007,『アジア・バロメーター：躍動するアジアの価値観』明石書店.
猪口孝編, 2011,『アジア・バロメーター：東アジアと東南アジアの価値観』慈学社.
岩崎育夫, 2001,『アジア政治を見る眼：開発独裁から市民社会へ』中公新書.
小川忠, 1993,『インドネシア：多民族国家の模索』岩波新書.
加藤修他, 2007,『チャイナ・プラスワン：ボーダレス化進むアジアビジネスのダイナミズム』エヌエヌエー.
木宮正史, 2003,『韓国民主化と経済発展のダイナミズム』ちくま新書.
クォン・ヨンソク, 2010,『「韓流」と「日流」：文化から読み解く日韓新時

日本国際問題研究所，2015，『平成26年度外務省外交・安全保障調査研究事業（調査研究事業）　主要国の対中認識・政策の分析』日本国際問題研究所.
http://www2.jiia.or.jp/pdf/resarch/H26_Views_and_Policies_vis-a-vis_China/13-analysis_of_key_actors_views_and_policies_vis-a-vis_china_h26.pd
ヒューイソン，ケヴィン，2018，「タイ――不安定な国内政治が生み出した対中関係」園田茂人他編，上掲書所収.
村嶋英治，2002，「タイにおける華僑・華人問題」『アジア太平洋討究』4: 33-47.
楊國慶，2018，「マレーシア――親中心理を支える構造」園田茂人他編，上掲書所収.
吉見俊哉，2007，『親米と反米――戦後日本の政治的無意識』岩波新書.

†中国語（ピンイン順）
馮志強／葉瀚璋／李峻嶸，2019，「徘徊在家門之外：『反送中』運動的政治經濟基礎」2019年台灣社會學會年會『在虛實之間：關鍵時代的台灣社會與社會學』中央研究院社會學研究所.
環球輿情調査中心編，2015，『中国民意調査　第四輯』人民日報出版社.
呉介民／蔡宏政／鄭祖邦編，2017，『吊燈裡的巨蟒：中國因素作用力與反作用力』左岸文化.
鄭必堅，2014，『中國發展大戰略：論中國的和平崛起與兩岸關係』遠見天下文化出版股份有限公司.

◎**参考文献**（本書執筆の際に参考にした単行本のみ）
†英語（アルファベット順）
Cheung, F. M. and Y. Hong, eds., 2018, *Regional Connection under the Belt and Road Initiative: The Prospects for Economic and Financial Cooperation*, Routledge.
Halper, S., 2010, *The Beijing Consensus: How China's Authoritarian Model Will Dominate the Twentieth Century*, Basic Books（＝2012，園田茂人／加茂具樹訳『北京コンセンサス：中国流が世界を動かす？』岩波書店）.
Jacques, M., 2012, *When China Rules the World: The End of the Western World and the Birth of a New Global Order*, Penguin Books（＝2014，松下幸子訳『中国が世界をリードするとき（上・下）：西洋世界の終焉と新たなグローバル秩序の始まり』NTT出版）.

Zhang, Biwu, 2012, *Chinese Perceptions of the U.S.: An Exploration of China's Foreign Policy Motivations*, Lexington Books.

†日本語（五十音順）
石井健一／小針進／渡邉聡，2019,『日中韓の相互イメージとポピュラー文化：国家ブランディング政策の展開』明石書店.
倉田徹／張彧暋，2015,『香港：中国と向き合う自由都市』岩波新書.
佐橋亮編，2020,『冷戦後の東アジア秩序：秩序形成をめぐる各国の構想』勁草書房.
園田茂人，2001,『中国人の心理と行動』NHKブックス.
園田茂人，2005,「『ナショナリズム・ゲーム』を抜け出よ」『世界』7: 78-85.
園田茂人，2009,「食文化の変化にみる東アジアのグローバル化：アジアバロメーターのデータ分析から」『社会学評論』60: 396-414.
園田茂人，2018,「中国政府が一帯一路に専念できるのはなぜか：中国市民の党・政府への高信頼の背後にあるもの」『運輸と経済』78(12): 188-193.
園田茂人，2019a,「アジア学生調査第三波調査から見えてきたこと」『UP』11: 18-24.
園田茂人，2019b,「中国台頭の国際心理：アジア域内の温度差をめぐって」『社会学評論』70(3): 264-283.
園田茂人，2020,「アジアのエリート学生への調査から読み解く：2040年、中国は覇権を握っているか」『中央公論』5: 112-123.
園田茂人／岸保行，2013,「アジア日系企業における現地従業員の『まなざし』：時系列分析による知見から」『組織科学』46(4): 19-28.
高井潔司，2012,「もう一つの天安門事件（一九八九年）」園田茂人編『日中関係史 1972-2012　III　社会・文化』東京大学出版会所収.
タンシンマンコン・パッタジット，2019,「戦後タイ社会における中国認識の変遷－1960年代～1990年代を中心に－」早稲田大学審査学位論文（博士）
http://hdl.handle.net/2065/00062696
ドー，タン・ハイ，2018,「ヴェトナム――揺れ動く対中認識」園田茂人／デヴィッド・S・G・グッドマン編『チャイナ・インパクト：近隣からみた「台頭」と「脅威」』東京大学出版会所収.
ナイ，ジョセフ・S（山岡洋一訳），2004,『ソフト・パワー：21世紀国際政治を制する見えざる力』日本経済新聞社.

文献一覧

◎引用文献

†英語（アルファベット順）

Acharya, A., 2017, "The Myth of ASEAN Centrality?," *Contemporary Southeast Asia: A Journal of International and Strategic Affairs*, 39(2): 273-279.

Gries, P. H., 2014, *The Politics of American Foreign Policy: How Ideology Divides Liberals and Conservatives over Foreign Affairs*, Stanford University Press.

Herrick, C., Z. Gai and S. Subramaniam, 2016, *China's Peaceful Rise: Perceptions, Policy and Misperceptions*, Manchester University Press.

Page, B. I., Julia Rabinovich and David G. Tully, 2009, "How Americans Feel About Asian Countries and Why," *Journal of East Asian Studies*, 8(1):29-59.

Page, B. I. and Tao Xie, 2010, *Living with the Dragon: How the American Public Views the Rise of China*, Columbia University Press.

Pang, Qin and Fan Jiang, 2019, "Hong Kong's Growing Separatist Tendencies against China's Rise: Comparing Mainland and Hong Kong College Students' National Identities," *Journal of Current Chinese Affairs*, 48(1):3-28.
https://doi.org/10.1177/1868102619886597

Steinhoff, P. G., 2013, "A Demographic Profile of Japan Specialists," *Japanese Studies in the United States: The View from 2012* (Japanese Studies Series XXXX), The Japan Foundation, pp. 20-39.
http://japandirectory.socialsciences.hawaii.edu/Assets/Volumes/2013%20monograph%20final.pdf

The Asan Institute for Policy Studies, 2019, *South Koreans and Their Neighbors 2019*, The Asan Institute for Policy Studies.
http://en.asaninst.org/contents/south-koreans-and-their-neighbors-2019/

The ASEAN Secretariat, 2019, *Poll on ASEAN Awareness 2018: PoAA Report*, The ASEAN Secretariat.
https://asean.org/storage/2019/12/Poll-on-ASEAN-Awareness-2018-Report.pdf

Thompson, E. C. and Chulanee Thianthai, 2008, *Attitudes and Awareness Towards ASEAN: Findings of a Ten-Nation Survey*, ISEAS Publishing.

Thompson, E. C., Chulanee Thianthai and Moe Thuzar, 2017, *Do Young People Know About ASEAN?: Update of Ten-nation Survey*, Yusof Ishak Institute.

⑸ 東南アジア

東南アジアの場合、シンガポールを除き、東アジアほど政府が果たしてきた役割は大きくない。そのため、国内の有力大学で比較的資源を有する研究者がシンクタンクの立ち上げや運営に関わったり、海外とのネットワークを利用したりして調査を実施している場合がほとんどである。

シンガポールでは、1968年に東南アジア研究所として発足し、2015年に改組された国の研究機関ISEASユソフ・イシャク研究所（ISEAS Yusof Ishak Institute）が、19年から「東南アジア諸国の現状（The State of Southeast Asia）」と題する調査プロジェクトを開始し、東南アジア10ヵ国の経済・金融界や政府関係者、研究者、メディア関係者を対象に、1000名から1300名規模の調査を実施している。その前身である東南アジア研究所（ISEAS）が2007年と15年に実施したASEAN域内の学生を対象にした「10ヵ国調査（Ten-nation Survey）」を引き継いだ形だが、東南アジア全体をカバーした調査は珍しく、しかも質問項目が多いこともあって、その調査結果が言及されることは多いものの、詳細なサンプリング方法などは開示されていない。

フィリピンでは、1985年に設立されたソーシャル・ウェザー・ステーションズ（Social Weather Stations）や1999年に設立されたパルス・アジア・リサーチ（Pulse Asia Research Inc.）などの調査機関が、国の外交政策への評価や海外諸国への信頼などを定期的に調査している。具体的に取り上げられる国は、中国、アメリカ、日本、ロシアなどの大国であって、扱われる国の数も限られている。

インドネシアでは、大手新聞社のコンパス（Kompas）や、サイフル・ムジャニ・リサーチ・アンド・コンサルティング（Saiful Mujani Research and Consulting）、インドネシア世論調査研究所（Lingkaran Survei Indonesia）といった2000年以降設立された民間の調査機関が世論調査を主導しているが、対外認識に関わる調査は実施していない。またベトナムやタイ、マレーシアにも専門的な世論調査機関が存在しているが、インドネシア同様、対外認識に関わる調査は行われていない。

ASEAN事務局は、域内での啓蒙（けいもう）活動の一環としてASEAN意識調査（Poll on ASEAN Awareness）を定期的に実施しているが、これもASEAN加盟国のみを対象にしており、それ以外の地域に手を広げた調査は実施していない。

の、調査スペックの開示の仕方が不十分で、単純集計の結果も完全には公開されていない。しかも英語での発信が少ないため、中国語を解さない海外の研究者には、その存在がほとんど知られていない。また、多くの調査が党や政府による対外宣伝工作の一環として実施されているといった問題もある。

(4) 台湾・香港

韓国にとって北朝鮮がそうであるように、台湾にとって中国大陸との関係が重要であることから、対外認識に関わる調査に公的機関が関与している。台湾の行政院大陸委員会は国立政治大学選挙研究センターに委託して、1994年から年3回のペースで定型的な対中政策に関わる世論調査を実施しており、1996年の年次報告書から、すべてウェブサイトで公開している。サンプル数は1000程度。2017年以降のデータについては、申請ベースでクロス集計表が提供されるようになっている。また、特定の問題に関するアドホックな調査は全国公信力民意調査公司に委託され、同様のスペックで調査が行われている。https://www.mac.gov.tw/Content_List.aspx?n=5867DB0B09378095

学術的な調査研究の場合、上述の国立政治大学以外にも、中央研究院や台湾大学、清華大学などの研究者が、対外認識に関わる調査研究に従事している。とりわけ中国との関係については「両岸関係研究」という独特な研究領域を作り上げ、さまざまなデータを蓄積している。なかでも特筆すべきは、台湾大学胡佛東亜民主研究中心が主導するアジアン・バロメーター（Asian Barometer）で、第2波調査（2005～08年）から第4波調査（2014～16年）にかけて、国際関係に関する質問を行っている点である。特に第4波調査では、本書が取り上げた11の国・地域以外に、モンゴル、カンボジア、ミャンマーでも調査が行われており、1次データも公開している。ただ、質問はアメリカや中国、ASEAN に関するものなどで、本書が扱っている域内の細かな関係性を明らかにするには適当でない。http://www.asianbarometer.org/

台湾智庫民調中心や台湾指標民調といったシンクタンク、民間調査会社、民間の放送局などもその時々に調査を実施し、結果が報告されるが、国民党系／民進党系など政治色が入っているケースも少なくない。

香港は中国の一部で、行政特別区政府は外交権を持たないこともあって、対外認識に関する調査は行ってこなかった。香港大学民意研究計画は、中国大陸との関係から香港人アイデンティティーに関する調査を1997年から毎年実施してきたが、長くプロジェクトを主導してきた鍾庭耀が定年を迎えたこともあり、事業は新設された香港民意研究所に移管されている。

にとって重要な国ぐにやその元首に対する評価、韓国の外交政策などについて調査をしており、2014年から『韓国人とその近隣たち（South Koreans and Their Neighbors)』とする報告書（英語）を毎年発行している。

(3) 中国

中国で社会調査が本格的に実施されるようになったのは1990年代以降で、対外認識に関する調査の歴史は長くない。ところがインターネットが普及し始める2000年代以降、政府機関やシンクタンク、新聞社などが世論調査をもとに政策立案を行うようになり、2003年には中国国家調査数据庫（中国国家調査アーカイブ）が設立されるなど、データの集約化を始めるようになる。

中国における対外認識に関する調査をリードしているのは、環球時報社が運営する調査部門の環球輿情調査中心や、1992年に市場調査会社として設立された零点調査公司といった「民間」の調査機関であり、2000年代の半ば以降、さまざまな調査を実施している。

環球輿情調査中心の場合、「中国人看世界（中国人が見た世界)」と題された世論調査プロジェクトを2006年に開始し、2019年まで計14回の調査を実施している。調査対象は北京、上海、武漢、広州、重慶といった大都市が中心で、調査時点によって調査地もサンプル数も異なる。また、2012年に始まった「全球民意調査（グローバル世論調査)」プロジェクトでは、日本、韓国、中国、インドネシアなど17ヵ国を対象に、2019年まで8回の調査が実施されている。国内調査同様、調査時点によって調査地もサンプル数も異なるが、これらの調査結果は環球時報社が管理するホームページ環球網にアップロードされ、一部は本の形で出版されている。

また零点調査公司は、2017年に中国外文局（中国外文出版発行事業局）や国家旅遊局などの委託を受けて「中国話語海外認知度調研報告」で英語圏8ヵ国における中国語彙の認知度を調査したり、2018年にはタイとシンガポールを含む17の国を対象にした「一帯一路沿線重要国家民衆中国観（一帯一路に関わる重要国家の民衆が見た中国)」調査プロジェクトで、中国の政策への理解度や中国との文化交流への期待度を調査したりと、中国に対する世界的な評価をテーマに調査を行っている。

他方、共産党中央の直属機関である中国外文局などが2013年から毎年実施している「中国国家形象調査（中国国家イメージ調査)」の場合、調査対象国は当初イギリスなど7ヵ国だったものが、2019年には19ヵ国にまで増えている。

このように中国における対外認識に関する調査は規模が拡大しているもの

ン」というテーマのもとで、東アジア域内の大衆文化の受容や社会的距離など、本書でも扱われたテーマが質問票の中に入れ込まれている。2020年時点では08年のデータのみが公開されている。http://www.eassda.org/modules/doc/index.php?doc=intro

日本のマスメディアも積極的に世論調査を行っている。特にNHK放送世論調査研究所（現・NHK放送文化研究所）の場合、1960年からアメリカに対する好感度を継続的に調査してきた。また新聞各社は、1980年代中葉から、韓国や中国の機関と連携して共同調査を行うようになってきている。朝日新聞社は1984年から韓国の東亜日報社と「日韓世論調査」を実施し、同種の試みの先鞭（せんべん）をつけた。読売新聞社は1995年に「アジア7ヵ国世論調査」、毎日新聞社は同年、朝鮮日報社と「日韓世論調査」を実施するなど、アジア域内での調査が容易になるなかで、一時、多くの調査結果がプレスリリースされることになった。ところが2010年代に入ってからは、こうした動きも鎮静化し、後述する中国とは対照的な状況にある。

残念なことに、マスメディアが実施する調査の結果は、断片的に報道・紹介されるだけで、ホームページなどで統合・整理されていない。また、1次データや質問票も公開されていないことから、その結果を時系列的に把握するのは難しい。この点では、アジアの他国も同様である。

インターネットで容易に調査ができるようになった近年では、多くの企業、とりわけマーケティング関係の企業が、対外認識、とりわけ日本の好感度に関わる調査結果をプレスリリースし、ウェブ上で公開している。ところが、その調査の精度については玉石混交である。

(2) 韓国

対外認識に関わる調査については、韓国では1980年代以降、民主化後に新聞各社が主導する形で行われるようになった。また、韓国社会科学データアーカイブ事業が1983年に開始されることで、国内における調査データの集約化と時系列調査の重要性が意識されるようになり、現在に至っている。

もっとも、韓国にとって最大の外交課題は北朝鮮との関係で、調査内容もこれに集中する傾向がある。政府系シンクタンクである統一研究院は、主に北朝鮮との関係に関する1000名規模の各種世論調査を1990年代から実施しており、毎年、レポートを発行している。

また、NGOや企業による対外世論調査も行われるようになってきている。なかでも有名なのが2008年、現代グループによって設立された峨山政策研究院（Asan Institute for Policy Studies）による調査で、2013年から20歳以上の市民1000名を対象に、日本や中国、アメリカ、北朝鮮といった、韓国は、そうした体制になっていないからである。

内閣府と外務省が日本の内外で分業しているとすれば、対象国の相互認識を同時に調査対象としてきたのが言論NPOである。

2001年に設立された認定NPOである言論NPOは、2005年から日中双方で相互認識・相互理解を軸にした日中共同世論調査を、中国の中国国際出版集団と毎年共同で行ってきている。日本で1000サンプル、中国で1500サンプル前後を集めている。また、2013年からは韓国のシンクタンクである東アジア研究院と共同で日韓共同世論調査も実施しており、日中共同調査同様、日韓の相互認識・相互理解をテーマにした調査の結果をウェブサイトで公開している。日本では1000サンプル、韓国では1000サンプル前後を集めているが、日中共同世論調査も含め、その具体的なサンプリング方法については開示されていない。また、調査データをまとめたサイトはなく、年度ごとに結果をチェックしなければ全容がわからないようになっている。

研究機関が実施する時系列的な世論調査のなかに、一部、アジア諸国との関係性や認識に関わる質問が含まれることもある。

統計数理研究所の吉野諒三（当時）が主導した東アジア価値観国際比較調査（2002〜05年）、環太平洋価値観国際比較調査（2004〜09年）及びアジア・太平洋価値観国際比較調査（2010〜13年）では、日本、韓国、北京、上海、台湾、香港、ベトナム、シンガポールで調査がなされ、自国との関係が最も友好的になった国や、生まれ変わったら生まれてみたい国についての質問が行われている。各地でのサンプリング方法や単純集計結果などはウェブサイトに公開されているが、１次データは公開されていない。

東京大学の猪口孝（当時）が主導したアジア・バロメーター（AsiaBarometer）は2003年から08年まで毎年、800から1000サンプル規模での調査を実施しており（2006年の中国調査のみ2000サンプル）、本書の対象となった国・地域をすべてカバーしている。対外認識に関する結果はいまでも利用価値が高いが、残念なことに2009年以降、調査は実施されていない。また域内の関係性をあぶり出す質問もさほど多くない。６年分のデータは統合データとしてまとめられ、利用された質問票も含め、ウェブを通じて入手できるようになっている。http://www.ricas.ioc.u-tokyo.ac.jp/aasplatform/

大阪商業大学JGSS研究センターが2000年から毎年実施しているJGSS（Japanese General Social Survey 日本総合社会調査）は2006年から２年に１度、韓国の成均館大学Survey Research Center、台湾の中央研究院社会学研究所、中国の香港科技大学・中国人民大学（のちに中国人民大学中国調査与数据中心に変更）と共同でEASS（East Asian Social Survey）を実施している。そのうち2008年と18年の２度、「東アジアの文化とグローバリゼーショ

附録② アジア各地の国民感情・対外認識を理解する際に有用なデータ

⑴ 日本

アジア域内で対外認識に関する質問票調査が最も広範かつ長期にわたって実施されているのが日本で、政府機関をはじめ、多くの研究機関や研究者が調査を実施している。

内閣府は1975年から毎年「外交に関する世論調査」を実施しており、その集計結果はウェブ上で公開されている。全国の18歳以上を対象に（2015年調査までは20歳以上を対象としていた）層化二段無作為調査法を用い、目標サンプル数は3000。回収率は1975年の81.0％から漸減し、2019年調査では53.6％まで低下している。調査票や集計表、標本抽出法などの情報もオンラインで公開されている。1978年からアメリカ、ロシア（調査開始時にはソ連）、中国、韓国への親近感、及びこれらの国ぐにとの二国間関係についての質問が行われている。https://survey.gov-online.go.jp/index-gai.html

内閣府が日本国民を対象にした世論調査を実施しているのに対し、海外の市民を対象にした世論調査を行っているのが外務省である。本書が扱っている地域に限っていえば、「ASEAN 諸国における対日世論調査」がこれにあたり、1978年、83年、87年、92年、97年、2002年、07年の7時点でASEAN 6ヵ国（ベトナム、フィリピン、タイ、マレーシア、シンガポール、インドネシア）を対象に調査が実施されている。2013年にはミャンマーを加え、2015年と19年の調査ではASEAN 加盟国10ヵ国をカバーすることに成功している。他方で、調査開始当初はサンプル数を800から895に設定していたのが、2002年調査からはサンプル数が300へと減少しており、具体的なサンプリング方法は開示されていない。質問項目は日本への評価に関わるものが主で、年次によって質問内容は変わっている。https://www.mofa.go.jp/mofaj/gaiko/culture/pr/yoron.html

外交関係がないこともあって、台湾は外務省の対日世論調査の対象となっていない。そのため日本台湾交流協会が2008年から19年まで6回にわたって「台湾における対日世論調査」を実施している。調査スペックの公開については、最も進んでいるといってよい。https://www.koryu.or.jp/business/poll/

このように同じ日本の省庁でも、調査対象地が異なると、調査スペックが大きく異なっている。日本を対象にした場合には、選挙人名簿を用いて無作為抽出を行うことができるのに対して、アジアでも韓国、台湾、中国以外でインタビュー記録は日豪で共有し、今後、その成果を発表することになる。本書では、これらの質問への回答結果の分布のみを利用している。

(4) コロナ後の世界秩序に関する意識調査

日本在住の18歳から69歳までの3000名を対象にしたインターネット調査。男女半々としたうえで、在住地（北海道・東北／関東／中部／近畿／四国・中国／九州の6カテゴリー）と年齢階層（10歳刻みの年齢コーホート）による比例割当法によりサンプリングしている。調査は2020年5月16日と17日の両日にかけて行われた。質問票の一部は、プリンストン大学の謝宇教授らのグループと共同で設計され、アメリカや中国、台湾、香港などと比較する予定となっている。実施にあたってはクロス・マーケティング社に調査を委託し、予算は科研費（基盤研究（B)「中国台頭の国際心理：アジア太平洋地域におけるポスト冷戦体制世代の中国認識を中心に」研究代表者：園田茂人）を利用した。

調査内容はアジア学生調査とも共通する対外認識に関する質問群と、コロナ禍によって生じた変化に関する質問群とに大別され、本書では後者の一部の結果を紹介している。

した作業が可能になったからだが、そこで得られた結果については、本書に反映されていない。

調査実施にあたって、時期を一定にするよう苦労したが、ソウル大学校では質問票の配布が難しく、また東京大学では調査を担当した者の事情により、質問票を配布するタイミングが遅れてしまっている。

調査時期や回収サンプル数などの基本的な情報については、表のとおり。

(2) ピュー・リサーチ・センター Global Attitudes Survey

2004年に設立されたピュー・リサーチ・センターが、その前身であるタイムズ・ミラー・センター（Times Mirror Center for the People & the Press）の調査を引き継ぐ形で実施している時系列調査で、アジアが調査対象地に入ったのは、44ヵ国を対象に調査が行われた2002年からである。日本（702)、韓国（719)、中国（3000)、ベトナム（772)、フィリピン（700)、インドネシア（1017)、インド（2186)、バングラデシュ（689）が調査対象となった（カッコ内はサンプル数)。

質問票の内容は毎年異なり、ほぼ毎年継続的に質問されているものと、そうでないものとがある。また特定の国・地域のみで聞かれる質問があるなど、調査対象地すべてで同じ質問票を用いているわけではない。調査データ、質問票、及び調査実施レポートは調査終了後2年以内に公開され、誰もが利用できるようになっている。

本書が利用したデータは、以下の URL からダウンロードしている。

https://www.pewresearch.org/global/datasets/

(3) 中国系二世調査

冷戦体制が崩壊した1991年以降に生まれ、調査実施時点でシドニー大学か東京大学で学ぶ学生（学部生と大学院生を含む）であり、少なくとも中等教育以降をオーストラリア／日本で受けた者を対象に行われたインタビュー調査。サンプル数はそれぞれ30。男女半々となるよう設計され、東京では2018年8月から19年10月まで、シドニーでは2018年11月から19年9月まで、それぞれ調査がなされた。調査を依頼した学生から次の調査対象者を紹介してもらう「雪だるま式サンプリング（snow-ball sampling)」が用いられている。

調査内容は、本書第1章で紹介された中国の台頭をめぐるいくつかのフレームに対する評価が主で、アジア学生調査で用いた質問文と同じものを利用した。そして、どうしてそう考えるかについて、具体的な根拠を挙げてもらいながらインタビューを進めた。

調査時期			サンプル数		
第1波	第2波	第3波	第1波	第2波	第3波
2008.11.15 – 2009.1.10	2013.10.1 – 11.15	2019.4.26 – 7.19	200	230	211
			200	234	235
2007.12.22 – 2008.1.4	2013.9.30 – 10.4	2018.10.2 – 2019.1.31	206	345	203
			204	395	262
2008.1.4 – 1.12	2013.10.1 – 10.8	2018.9.15 – 12.12	200	200	207
			220	—	—
			—	200	203
2008.11.15 – 12.31	2013.9.15 – 10.25	2018.9.18 – 10.1	203	200	216
			198	200	245
—	2013.9.15 – 10.15	2018.9.12 – 12.6	—	200	201
			—	200	—
	—		—	—	212
—	2013.9.25 – 12.15	2018.9.28 – 2019.1.13	—	240	211
	—		—	—	201
2008.1.17 – 1.24	2013.9.17 – 9.25	2018.10.3 – 11.22	200	270	230
			200	261	230
2008.1.17 – 1.24	2013.9.15 – 10.25	2018.9.6 – 9.27	200	205	208
			200	200	209
2008.1.11 – 1.18	2013.9.2 – 9.7	2018.9.15 – 9.22	202	211	206
			198	219	218
—	2014.11.30 – 2015.3.17	2018.11.1 – 2019.1.11	—	62	206
			—	124	202
2008.1.24 – 1.28; 2.21 – 2.28	2013.10.1 – 11.30	2018.10.1 – 11.30	233	321	200
	—		220	—	200
—	2014.11.30 – 2015.3.17	2018.9.14 – 9.24	—	200	206
			—	200	201
—	—	2018.11.1 – 11.30	—	—	207
			—	—	201
—	—	2018.10.29 – 11.11	—	—	227
			—	—	109
			—	—	100
			3,284	4,917	5,967

の実施にあたっては、筆者が指導する（元）博士課程学生に協力してもらい、韓国、台湾、中国（北京、上海）、フィリピン、タイでは、これら学生に質問票の配布・回収の責任を持ってもらった。それ以外の地域については、研究プロジェクトで知り合った現地の研究者に委託したり（ベトナム、インドネシア）、彼らから研究者（香港、シンガポール、マレーシア）を紹介してもらったりすることで、データ収集を行うことができた。サンプリングは、前２回と同様の方法を用いている。調査実施にあたっては、科研費を利用した（基盤研究（A）「対中関係のアジア間比較：４要因モデルからのアプローチ」研究代表者：高原明生、及び基盤研究（B）「中国台頭の国際心理：アジア太平洋地域におけるポスト冷戦体制世代の中国認識を中心に」研究代表者：園田茂人）。

第２波調査の際には香港では香港大学のみだったのが、第３波では香港中文大学も調査対象とし、台湾では南部にある中山大学から台北市内にある国立政治大学へと調査対象を換えた。シンガポールでは再度、南洋理工大学を対象に加えることができたため、第１波調査との継続性は高い。

第３波調査のみ、ウズベキスタンとカザフスタンの中央アジア２ヵ国で調査を実施することができている。筆者が指導する博士課程学生がウズベキスタン出身であったため、こう

アジア学生調査の概要

国・地域	大学名
日　本	東京大学
	早稲田大学
韓　国	ソウル大学校
	高麗大学校
中　国	北京大学
	中国人民大学
	清華大学
	復旦大学
	上海交通大学
台　湾	台湾大学
	中山大学
	国立政治大学
香　港	香港大学
	香港中文大学
ベトナム	ベトナム国家大学ハノイ校
	ベトナム国家大学ホーチミン市校
フィリピン	フィリピン大学
	デ・ラ・サール大学
タ　イ	チュラロンコーン大学
	タマサート大学
マレーシア	マラヤ大学
	マレーシア国民大学
シンガポール	シンガポール国立大学
	南洋理工大学
インドネシア	インドネシア大学
	ガジャ・マダ大学
ウズベキスタン	ウズベキスタン国立世界言語大学
	世界経済外交大学
カザフスタン	カザフ国立大学
	カザフ英国工科大学
	ナルホーズ大学
Total	

附録① 分析の際に利用した一次データ

(1) アジア学生調査（第1波：2008年、第2波：2013〜14年、第3波：2018〜19年）

早稲田大学大学院アジア太平洋研究科を拠点にグローバルCOEプログラム「アジア地域統合のための世界的人材育成拠点」を実施するにあたり、アジア6ヵ国（韓国、中国・北京、ベトナム、フィリピン、タイ、シンガポール）、合計12のトップ大学で学ぶ学生を対象に質問票調査を実施し、そのアジアイメージの構造を捉えるプロジェクトを立ち上げた。その結果、日本リサーチセンターを委託先に、2007年12月から08年2月にかけて調査が実施された。筆者は2008年、早稲田大学のゼミ生と共同で日本と中国・上海でも調査を行い、第1波のデータを完成させた。

5年後の2013年、東京大学東洋文化研究所東洋学研究情報センターで2つのプロジェクト（「アジア学生調査第2波調査の実施」と「政治的リスクと人の移動：中国の大国化に関する国際共同研究」）を立ち上げ、調査実施に伴う予算を確保するとともに、東京大学の文学部と人文社会系研究科の合併授業を開講し、第2波調査のプロジェクトに参加する学生を募った。

基本的に前回と同じ大学を対象に、同じサンプリング方法（割当法で、各学年50サンプルずつ、男・女と文系・理系が、それぞれ半々になるよう目標サンプル数を設定した）で調査をすることとしたものの、第1波調査ほど予算が潤沢でなく、業者を利用することができなかったため、学生が直接現地に乗り込んで質問票の配布・回収を行うか、これが不可能な地域では、現地の知り合いの研究者に調査を委託し、記入済みの質問票を返送するよう依頼した。

調査は2013年の9月から12月にかけて実施された。第1波調査では、北京では中国人民大学が対象となったが、理系サンプルを容易にとれるよう、第2波調査から清華大学へと変更された。また、シンガポールでは前回、南洋理工大学も対象とされていたが、時間的・予算的な制約から第2波調査ではシンガポール国立大学のみとし、サンプル数を233から321へと増やした。第1波調査では含まれていない台湾と香港の大学も調査対象となっている。

その後、2014年には2013年に作った質問票をそのまま利用し、現地の言語に翻訳したうえで、ネットによる調査を実施した。実施にあたってはシタシオンジャパンを委託先としたが、インドネシアでは2013年と同じサンプリング・スキームを利用して調査が実施されたものの、マレーシアの場合、目標サンプル数が得られていない。

第3波調査は、2018年9月から19年7月にかけて実施した。第3波調査

園田茂人（そのだ・しげと）

1961（昭和36）年秋田県生まれ．84年東京大学文学部社会学科卒．88年東京大学大学院社会学研究科博士課程中退．東京大学文学部助手，中央大学教授，早稲田大学教授などを経て，現在，東京大学東洋文化研究所教授（比較社会学・アジア文化変容論・中国社会論）．

著書『日本企業アジアへ』（有斐閣，2001年）
『中国人の心理と行動』（NHKブックス，2001年）
『不平等国家 中国』（中公新書，2008年．第20回アジア・太平洋賞特別賞受賞）ほか多数

アジアの国民感情
中公新書 2607

2020年9月25日発行

著　者　園田茂人
発行者　松田陽三

本文印刷　三晃印刷
カバー印刷　大熊整美堂
製　　本　小泉製本

発行所　中央公論新社
〒100-8152
東京都千代田区大手町 1-7-1
電話　販売 03-5299-1730
　　　編集 03-5299-1830
URL http://www.chuko.co.jp/

定価はカバーに表示してあります．
落丁本・乱丁本はお手数ですが小社販売部宛にお送りください．送料小社負担にてお取り替えいたします．

本書の無断複製（コピー）は著作権法上での例外を除き禁じられています．また，代行業者等に依頼してスキャンやデジタル化することは，たとえ個人や家庭内の利用を目的とする場合でも著作権法違反です．

©2020 Shigeto SONODA
Published by CHUOKORON-SHINSHA, INC.
Printed in Japan　ISBN978-4-12-102607-1 C1236

中公新書刊行のことば

いまからちょうど五世紀まえ、グーテンベルクが近代印刷術を発明したとき、書物の大量生産は潜在的可能性を獲得し、いまからちょうど一世紀まえ、世界のおもな文明国で義務教育制度が採用されたとき、書物の大量需要の潜在性が形成された。この二つの潜在性がはげしく現実化したのが現代である。

いまや、書物によって視野を拡大し、変りゆく世界に豊かに対応しようとする強い要求を私たちは抑えることができない。この要求にこたえる義務を、今日の書物は背負っている。だが、その義務は、たんに専門的知識の通俗化をはかることによって果たされるものでもなく、通俗的好奇心にうったえて、いたずらに発行部数の巨大さを誇ることによって果たされるものでもない。現代を真摯に生きようとする読者に、真に知るに価いする知識だけを選びだして提供すること、これが中公新書の最大の目標である。

私たちは、知識として錯覚しているものによってしばしば動かされ、裏切られる。私たちは、作為によってあたえられた知識のうえに生きることがあまりに多く、ゆるぎない事実を通して思索することがあまりにすくない。中公新書が、その一貫した特色として自らに課すものは、この事実のみの持つ無条件の説得力を発揮させることである。現代にあらたな意味を投げかけるべく待機している過去の歴史的事実もまた、中公新書によって数多く発掘されるであろう。

中公新書は、現代を自らの眼で見つめようとする、逞しい知的な読者の活力となることを欲している。

一九六二年一一月

現代史

社会・生活

11

- 2484 社会学 加藤秀俊
- 1242 社会学講義 富永健一
- 1910 人口学への招待 河野稠果
- 2282 地方消滅 増田寛也編著
- 2333 地方消滅 創生戦略篇 増田寛也 冨山和彦
- 2355 東京消滅―介護破綻と地方移住 増田寛也編著
- 2580 移民と日本社会 永吉希久子
- 2454 人口減少と社会保障 山崎史郎
- 2446 人口減少時代の土地問題 吉原祥子
- 1914 老いてゆくアジア 大泉啓一郎
- 1479 安心社会から信頼社会へ 山岸俊男
- 2322 仕事と家族 筒井淳也
- 2475 職場のハラスメント 大和田敢太
- 2431 定年後 楠木新
- 2486 定年準備 楠木新
- 2577 定年後のお金 楠木新
- 2422 貧困と地域 白波瀬達也
- 2488 ヤングケアラー―介護を担う子ども・若者の現実 澁谷智子
- 1894 私たちはどうつながっているのか 増田直紀
- 2138 ソーシャル・キャピタル入門 稲葉陽二
- 2184 コミュニティデザインの時代 山崎亮
- 1537 不平等社会日本 佐藤俊樹
- 265 県民性 祖父江孝男
- 2474 原発事故と「食」 五十嵐泰正
- 2489 リサイクルと世界経済 小島道一
- 2604 SDGs（持続可能な開発目標） 蟹江憲史
- 2607 アジアの国民感情 園田茂人